现代警官高等职业教育规划教材

法院书记员工作实务

FAYUAN SHUJIYUAN GONGZUO SHIWU

主　编◎许文海

副主编◎任雪原　卫　智　宁翔宇

撰稿人◎（以撰写内容先后为序）

　　　任雪原　卫　智　许文海

　　　宁翔宇　刘　杰

中国政法大学出版社

2015·北京

现代警官高等职业教育规划教材
编审委员会

编 写 说 明

警官类高等职业教育如何实现与政法行业人才需求零对接，是目前一个亟待解决的重大课题。山西警官职业学院坚持"就业导向、能力本位"的宗旨，在专业建设、课程建设、实践教学条件建设、师资队伍建设、教学信息化建设和教学质量监控等方面做了大量有益的探索，取得了较大成效，本次推出的系列规划教材正是其中一项改革尝试。本套教材在编写过程中，坚持"课岗融合"理念，力求兼顾高等职业教育教学和干部培训需要，在教学内容和教学结构重组方面作了大胆的改革与创新，希望通过本套教材的实践，进一步推动教学过程的职业化、项目化和任务化，为提高教育教学质量奠定良好基础。

本系列教材的主要特点有：

1. 校行合作编写，职业特色明显。本系列教材注重校行合作，所有教材均有行业专家或一线骨干教师参与编写和审稿，从教材内容的选取到专业术语的组织，均经过行业人员的审核把关，突出了相关职业或岗位群所需实务能力的教育和培养，保证了教材与行业实际工作的对接，具有很强的实用性。

2. 体例设计新颖，方便学生学习。本系列教材针对各课程教学目标需要，在体例上设置了学习目标、引导案例（或新闻素材）、案例评析、实务训练、延伸阅读、思考练习等相关教学项目，引导学生快速掌握学习内容，促进学以致用，丰富教学形式，拓宽学习视野，促进巩固提高。

3. 理论联系实际，注重能力培养。本系列教材针对警官类高职学生的特点，以职业岗位需求为导向，选用了大量的案例、资料和实务素材，将我国现行法律、法规、司法解释和岗位工作标准要求，与案例、材料分析、实务操作紧密结合，使学生能够更为直观地体会法律的适用，体验工作的情境和流程，增强学生的综合能力。

　　本系列教材共9本，在其编写过程中借鉴吸收了相关教材、论著成果和网络媒体资料，中国政法大学出版社给予作者们大力支持和指导，责任编辑在审读校阅过程中更是付出了辛勤的劳动，在此一并表示谢忱！由于受作者的理论水平和实践能力限制，加之时间紧、任务重，教材中难免出现不足和疏漏，敬请专家、学者、实践工作者批评指正。

现代警官高等职业教育规划教材编审委员会
2014 年 12 月

前　言

　　法院书记员是人民法院审判队伍的重要组成部分。当今，法院书记员的职业资格准入制度和管理制度尚不够健全和完善，为探寻书记员职业的专业化模式和发展规律，满足国家职业教育改革和发展的客观需求，培养适岗性强、职业性广、专业性精的法律服务型和辅助型实务人才，《法院书记员工作实务》一书应运而生，期盼其成为高职法律职业教育培养高素质书记员和法律文秘实务型人员的教材，同时期盼该书能够对法院书记员和法律文秘实务型人员的工作有所裨益。

　　本书共三篇，上篇设置为法院书记员基础知识篇，主要包括书记员的概念及法律地位、主要职责、管理制度、回避制度以及素质和能力。中篇设置为法院书记员职业技能篇，主要包括书记员笔录制作实务技巧、笔录制作实训、常用司法文书制作实训以及诉讼文书管理工作。对于书记员常用的各种笔录和司法文书而言，该学习内容设置了专门的制作实训案例，通过案例实训的方式使学习者能真正掌握各种常见笔录和司法文书的写作方法。下篇设置为法院书记员工作流程篇，主要包括民事案件书记员工作流程、刑事案件书记员工作流程和行政案件书记员工作流程。中篇与下篇蕴含着密切的联系，两者密不可分、缺一不可。对于中篇而言，该篇旨在培养书记员具备处理民事案件、刑事案件、行政案件所通用、必备的基本职业技能；对于下篇而言，法院书记员工作流程都要用到法院书记员职业技能，比如笔录制作等。因此，学习者只有系统联系地学习中篇与下篇，才能为日后从事法院书记员工作和法律文秘实务型工作奠定职业基础，从而实现职业能力的提升，真正成为适应法院书记员职业要求的实务型人才。

　　本教材的创新涉及以下几个方面：首先，构建以法院书记员工作任务为导向的内容体系，体现职业性。依据法律事务专业人才培养目标，确定就业岗位群，分析法院书记员工作岗位所对应的典型工作任务及其职业核心能力，明确法院书记员在其职业岗位所应具备的职业知识、职业能力和职业素质，重构教材内容体系，即基础知识篇、职业技能篇和工作流程篇。其次，构建以"法院书记员工作情境"为依托的流程设计。每个工作流程都设计有【任务导入】、【任务分析】、【基本知识】、【基本程序】、【注意事项】、【任务拓展】和【实训设计】，并以【基本程序】为核心，实现对"法院书记员工作情境"的全面掌握，培养学生从事书记员工作的职业能力和职业素养。

参与本书编写的作者均是教学一线的法律教师和从事法院实际工作的法律工作者，这样有利于使高等职业教育提出的"融教、学、做为一体"和"全面培养实践能力、就业能力、创造能力、社会交际能力"的理念得到落实，有利于法律职业理论知识教学与职业能力实务教学相结合。其具体分工如下：

上篇法院书记员基础知识篇由任雪原、卫智编写。

中篇法院书记员职业技能篇由许文海、宁翔宇、刘杰编写。

下篇法院书记员工作流程篇中，"民事案件书记员工作流程"由宁翔宇、卫智编写；"刑事案件书记员工作流程"由刘杰、卫智编写；"行政案件书记员工作流程"由卫智编写。

本书在编写过程中参考了大量有关书记员工作的资料，在此我们对这些资料的编者和作者表示诚挚的谢意！由于时间仓促，加之本书编写人员水平有限，书中不足之处在所难免，恳请广大读者批评指正。

编者
2014 年 12 月

目录CONTENTS

上篇　法院书记员基础知识篇

中篇　法院书记员职业技能篇

下篇　法院书记员工作流程篇

上 篇
法院书记员基础知识篇

学习目标

一、知识目标

掌握书记员职业的相关基本理论知识。具体包括：书记员的概念、法律地位、主要职责、管理制度、回避制度、素质和能力。

二、能力目标

具备从事书记员职业所需的诉讼文书制作能力，庭审记录能力，案卷整理归档能力，人际合作、交流与协调的能力等。

三、素质目标

培养学生正确的世界观和人生观、积极的学习态度和职业态度、良好的思想道德、文明的礼仪举止等。

学习内容一　书记员的概念及法律地位

任务导入

张某是一家公司的速录员。某市人事局的网站公布该市中级人民法院面向社会招聘书记员，张某了解到该市人民法院的书记员都是签合同的聘任制书记员，所以他认为书记员就是一般合同工。

你认为张某的理解正确吗？

任务分析：这是关于书记员的概念和法律地位的理解问题。

基本知识

一、书记员的概念

《人民法院组织法》第39条规定："各级人民法院设书记员，担任审判庭的记录工作并办理有关审判的其他事项。"根据我国现行的法律规定，书记员是指依法在我国各级人民法院和专门人民法院中以诉讼活动的记录工作为主要职责，并协助法官办理有关审判工作的事务性辅助人员。

二、书记员的法律地位

根据现行的法律规定，并结合近几年来人民法院关于书记员管理制度的改革实践，对书记员的法律地位，应从三个方面去认识：

1. 书记员是司法机关的法定组成人员之一，也是国家的司法工作人员。按照《人民法院组织法》的规定，人民法院的组成人员包括：院长、副院长、审判委员会委员、审判员、助理审判员、人民陪审员（在人民法院执行职务期间，是其所参加的审判庭的组成人员）、执行员、司法警察、法医和书记员。《人民法院组织法》和刑事、民事、行政三大诉讼法都对书记员的职务、职责有明确规定，书记员在履行职责过程中直接参与司法活动，具有法定职务，履行法定职责，承担法定责任。书记员在协助法官办案工作过程中，具有司法工作人员的身份，是国家的司法工作人员。

2. 书记员是在法官指导下的审判工作的事务性辅助人员。《人民法院书记员管理办法（试行）》第 1 条第 1 款规定："书记员是审判工作的事务性辅助人员，在法官指导下工作。"书记员在办案中要接受法官的指导，主要承担记录工作以及法官交办的整理案卷、司法文书打印校对等事务性工作。书记员的工作具有依附性、相对独立性、事务性和专业性，不具有独立的办案资格。

3. 书记员属于国家公务员序列，而且从司法改革的发展趋势看，正向聘任制公务员方面发展。书记员虽然在人民法院工作，但按照《法官法》的规定，不属于法官序列。《法官法》第 2 条规定："法官是依法行使国家审判权的审判人员，包括最高人民法院、地方各级人民法院和军事法院等专门人民法院的院长、副院长、审判委员会委员、庭长、副庭长、审判员和助理审判员。"新中国成立后，人民法院对书记员长期实行与法官混合管理的办法。近几年来，人民法院在推进司法改革过程中都提出要实行法院人员分类管理制度，积极推进书记员管理体制改革。2003 年 10 月 20 日，中共中央组织部、人事部、最高人民法院联合发布的《人民法院书记员管理办法（试行）》实施后，人民法院新招收的书记员已实行聘任制合同管理。《人民法院书记员管理办法（试行）》规定，在书记员管理体制改革前各级法院正式录用的书记员，实行"老人老办法"。除人民法院录用时另有规定、约定外，这些书记员可以根据本人条件、工作需要，转任到法官、法官助理和其他职位，也可以作为录用制书记员从事书记员工作。

任务拓展

调研本省、市、区人民法院的书记员的编制性质，判断其属于聘任制公务员，还是属于事业编制或其他。

学习内容二　书记员的主要职责

◎ 任务导入

在某市中级人民法院面向社会招聘书记员之前，张某经常浏览一些有关人民法院庭审现场的视频，他认为书记员只是负责人民法院审判庭记录的工作人员。

你认为张某的理解正确吗？

任务分析：这是关于书记员的主要职责的问题。

基本知识

《人民法院组织法》对书记员的职责作了原则性规定，即担任记录工作和办理审判工作中的有关事项。《人民法院书记员管理办法（试行）》进一步细化了书记员职责。我国《人民法院书记员管理办法（试行）》第 2 条规定，书记员履行以下职责：①办理庭前准备过程中的事务性工作；②检查开庭时诉讼参与人的出庭情况，宣布法庭纪律；③担任案件审理过程中的记录工作；④整理、装订、归档案卷材料；⑤完成法官交办的其他事务性工作。

当前在实践中法官与书记员职责不分的问题仍然存在。我们认为，人民法院对书记员的职责应作进一步的明确和规范，不应让书记员承担法律规定应由法官完成的工作，以便提高办案质量，同时减轻书记员的工作压力。

任务拓展

张某认为人民法院的书记员相当于人民法院的法官助理，你认为张某的理解正确吗？

学习内容三　书记员管理制度

◎ 任务导入

张某是某职业技术专科学院的法律专业毕业生，具备速录技能。某市人事局的网站公布了某市中级人民法院面向社会招聘书记员后，张某不知道自己是否具备报考条件以及书记员的前途如何。

任务分析：这是关于书记员的任职条件、聘任、任免、职级、考核与奖惩的问题。

基本知识

一、书记员的任职条件

《人民法院书记员管理办法（试行）》第3条规定，担任法院书记员必须同时具备下列五项条件：①具有中华人民共和国国籍；②拥护中华人民共和国宪法；③身体健康，年满18周岁；④有良好的政治业务素质，具备从事书记员工作的专业技能；⑤具有大学专科以上文化程度。适用本条第5项规定的学历条件确有困难的地方，经高级人民法院审核同意，在一定期限内，可以将担任书记员的学历条件放宽为高中、中专。同时《人民法院书记员管理办法（试行）》第4条还规定有下列三种情形之一的人员不得担任书记员：①曾因犯罪受过刑事处罚的；②曾被开除公职的；③涉嫌违法违纪正在接受审查，尚未作出结论的。

二、书记员的聘任和任免

2003年10月20日中共中央组织部、国家人事部、最高人民法院联合发布的《人民法院书记员管理办法（试行）》实施后，人民法院新招收书记员实行聘任制和合同管理。即人民法院与受聘人依法订立聘任合同，在合同有效期内，人民法院与受聘人双方履行合同规定，聘任合同解除或者终止后，双方即解除聘任关系，受聘人不再具有国家工作人员身份，不再履行书记员职责。书记员聘任制与合同管理的主要内容如下：

（一）聘任的原则和方式

实行公开招考，择优聘任。《人民法院书记员管理办法（试行）》第8条规定："人民法院新招收书记员应当按照公开、平等、竞争的原则，通过考试、考核，择优聘任。最高人民法院和地方各级人民法院聘任书记员的考试工作分别由中央和省级考录工作主管部门负责。"

（二）聘任合同的签订与生效

《人民法院书记员管理办法（试行）》第9条第1款规定："人民法院聘任书记员应当签订聘任合同。"最高人民法院政治部于2003年10月发布了《人民法院书记员聘任合同（示范文本）》，要求各级法院在签订聘任合同时参照适用。聘任合同自双方签字盖章之日起生效。合同一式两份，甲乙双方各执一份。

（三）聘任合同期限

《人民法院书记员管理办法（试行）》第9条第2、3款规定："聘任合同的期限一般为3～5年，期满可以续聘。书记员在同一单位连续工作满10年，且距离法定退休年龄不足10年，双方同意续延聘任合同的，如果书记员提出订立无固定期限的聘任合同，人民法院应当与其订立无固定期限的聘任合同。新聘任书记员试用期限为1年。"

（四）合同的变更与解除

《人民法院书记员聘任合同（示范文本）》第13条规定："订立本合同所依据的客观情况发生重大变化，致使本合同无法履行的，经甲乙双方协商同意，可以变更本合同的相关内容。"《人民法院书记员聘任合同（示范文本）》第14条规定："经甲乙双方协商一致，本合同可以解除。"《人民法院书记员管理办法（试行）》第10条规定："聘任制书记员有下列情形之一的，人民法院应当解除聘任合同：①严重违反公务员管理有关规定或者人民法院规章制度的；②严重失职，营私舞弊，对公正司法造成重大损害的；③被依法追究刑事责任的；④在试用期内不能胜任工作的；⑤法律、法规规定的其他应当解除聘任关系的情形。"《人民法院书记员聘任合同（示范文本）》第15条亦有相同规定。《人民法院书记员管理办法（试行）》第11条规定："聘任制书记员有下列情形之一的，人民法院可以解除聘任合同，但是应当提前30日以书面形式通知本人：①患病或者非因公负伤，医疗期满后，不能从事书记员工作的；②年度考核被确定为不称职等次，通过培训后仍不能胜任工作的；③国家机构变动、调整，需要裁减人员的；④未经单位批准参加各类脱产学习、培训，经单位要求仍不能正常工作的；⑤其他法律法规规定或合同约定的情形。"《人民法院书记员聘任合同（示范文本）》第16条亦有相同规定。为了保障聘任制书记员的合法权利，《人民法院书记员管理办法（试行）》第12条还对人民法院解除合同作了限制性规定："聘任制书记员有下列情形之一的，人民法院不得依据本办法第11条解除聘任合同：

①女性书记员在孕期、产期、哺乳期内的；②因公负伤，治疗终结后被确认丧失或部分丧失劳动能力的；③法律、法规规定的其他情形。"《人民法院书记员聘任合同（示范文本）》第 18、19 条规定，有下列情形之一的，乙方（聘任制书记员）可以解除合同，但应当提前 30 日以书面形式通知甲方（人民法院）：①在试用期内的；②甲方严重不履行本合同规定的义务的。

（五）聘任制书记员的权利和义务

《人民法院书记员管理办法（试行）》第 6 条规定："除法律、法规和聘任合同另有规定外，人民法院书记员的权利义务及教育培训、考核奖惩、辞职辞退、申诉控告、职务升降等，参照执行国家公务员的有关规定。人民法院聘任制书记员的工资、保险和福利制度由国家另行规定。在国家有关规定出台之前，人民法院聘任制书记员的基本工资可按国家公务员的规定执行，其他工资和福利等待遇，可暂由各地根据本地区实际情况进行处理。待国家有关规定出台后，人民法院聘任制书记员的工资、保险和福利待遇改按国家统一规定执行。"《公务员法》第 98 条第 3 款规定："聘任制公务员按照国家规定实行协议工资制，具体办法由中央公务员主管部门规定。"

聘任制书记员除享有《公务员法》规定的权利外，按照《人民法院书记员管理办法（试行）》和《人民法院书记员聘任合同（示范文本）》的有关规定，聘任制书记员还享有下列具体权利：其一，8 小时工作权。《人民法院书记员聘任合同（示范文本）》第 6 条规定："甲方安排乙方每日工作时间不超过 8 小时，平均每周不超过 40 小时。甲方由于工作需要，在保障乙方身体健康的条件下延长工作时间每日不超过 3 小时，每月不超过 36 小时。"《人民法院书记员聘任合同（示范文本）》第 7 条规定："甲方安排乙方加班的，应安排乙方同等时间补休或依法支付加班工资；加点的，甲方应支付加点工资。"其二，休假权。《人民法院书记员聘任合同（示范文本）》第 8 条规定："乙方有休假的权利。具体办法按照公务员的有关规定及甲方单位的规章制度执行。"其三，提起仲裁权。《人民法院书记员管理办法（试行）》第 13 条规定："聘任制书记员对人民法院解除聘任关系有异议的，可以向当地人事主管部门提起仲裁。"其四，辞职或提出解除合同权。《人民法院书记员管理办法（试行）》第 14 条规定："聘任制书记员可以辞去被聘职务或提出解除聘任合同，但是应当提前 30 日以书面形式通知所在人民法院。"其五，劳动保障权。《人民法院书记员管理办法（试行）》第 12 条规定："聘任制书记员有下列情形之一的，人民法院不得依据本办法第 11 条解除聘任合同：①女性书记员在孕期、产期、哺乳期内的；②因公负伤，治疗终结后被确认丧失或部分丧失劳动能力的；③法律、法规规定的其他情形。"

《人民法院书记员聘任合同（示范文本）》规定聘任制书记员的具体义务有：其一，根据人民法院的安排履行书记员职责。书记员职责，是指《人民法院书记员管理办法（试行）》规定的书记员职责。其二，遵守工作纪律。《人民法院书记员聘任合同（示范文本）》第4条规定："乙方受聘期间必须遵守以下工作纪律：①国家工作人员根据法律、法规、规章应当遵守的各项工作纪律；②人民法院工作人员根据法律、法规、规章应当遵守的各项工作纪律；③甲方单位所规定的工作纪律；④本合同所规定的各项纪律。"其三，保守国家秘密和审判秘密。《人民法院书记员聘任合同（示范文本）》第5条规定："乙方在聘任期限届满之后，仍应当严格保守审判秘密和国家秘密。"

（六）解除合同时相关的经济补偿与赔偿

《人民法院书记员聘任合同（示范文本）》第20条规定："甲方根据本合同第16条的规定解除聘任合同的，甲方应根据乙方在人民法院的工作年限，每满1年发给乙方月平均工资1个月的经济补偿金，不足1年的部分，按1年计算。月平均工资以国家核定的工资标准计算。"《人民法院书记员聘任合同（示范文本）》第21条规定："乙方解除合同的，如乙方曾接受甲方出资培训并未满双方达成的协议中规定的最低服务年限，乙方应当偿付培训费。"

（七）合同纠纷的解决办法

《人民法院书记员聘任合同（示范文本）》第22条规定："本合同履行过程中发生纠纷的，双方应积极协商解决。乙方对甲方做出的关于解除、终止、变更聘任合同或有关工资福利待遇等决定不服的，可以向当地人事主管部门提起仲裁。法律、法规、规章对人民法院的人事纠纷处理办法另有规定的，从其规定。"《公务员法》第100条规定："国家建立人事争议仲裁制度。人事争议仲裁应当根据合法、公正、及时处理的原则，依法维护争议双方的合法权益。人事争议仲裁委员会根据需要设立。人事争议仲裁委员会由公务员主管部门的代表、聘用机关的代表、聘任制公务员的代表以及法律专家组成。聘任制公务员与所在机关之间因履行聘任合同发生争议的，可以自争议发生之日起60日内向人事争议仲裁委员会申请仲裁。当事人对仲裁裁决不服的，可以自接到仲裁裁决书之日起15日内向人民法院提起诉讼。仲裁裁决生效后，一方当事人不履行的，另一方当事人可以申请人民法院执行。"这里存在一个需要研究的问题，人民法院聘任制书记员不服仲裁时要到法院起诉，而这不符合"任何人不能做自己案件中的法官"的公理。对此，我们认为书记员与人民法院发生争议，只能通过人事仲裁解决，人事仲裁即为终局裁决，不宜再向法院起诉。

三、书记员的职级、考核与奖惩

（一）职级

《人民法院书记员管理办法（试行）》第15条规定："人民法院书记员可以按规定正常晋升职级。各级人民法院书记员的最高职级配备为：最高人民法院书记员的职级最高配备为正处级。高级人民法院书记员的职级最高配备为副处级。中级人民法院书记员的职级最高配备为正科级。基层人民法院书记员的职级最高配备为副科级。直辖市、副省级城市的中级人民法院和基层人民法院部分书记员的职级配备可以略高于本条第4、5款的规定。"《人民法院书记员管理办法（试行）》第16条："书记员职务职数在其所在人民法院的非领导职务职数中解决。"

（二）考核、奖惩

目前对书记员的考核、奖惩没有单独统一的规范。在实践中大多是参照适用《法官法》和人民法院对审判人员奖惩的有关司法解释。我们认为，《公务员法》出台后，对审判人员的考核办法都应尽快加以修改，对书记员的考核，应单独作出规定。在新规定未出台前，应适用《公务员法》的有关规定。

根据《公务员法》的规定，考核内容涉及"德、能、勤、绩、廉"五个方面，重点考核工作实绩。考核方式有两种，包括平时考核和年度考核，年度考核以平时考核为基础。考核程序：对非领导成员公务员的定期考核采取年度考核的方式，先由个人按照职位职责和有关要求进行总结，主管领导在听取群众意见后，提出考核等次建议，由本机关负责人或者授权的考核委员会确定考核等次。目前在实践中人民法院对书记员的年度考核一般是由所在庭、处提出考核等次建议，由分管的院领导审核后，由本院法官考评委员会确定考核等次。年度考核的结果分为优秀、称职、基本称职和不称职四个等次。考核的结果以书面形式通知书记员本人。考核的结果作为调整书记员职务、级别、工资以及奖励、培训、辞退的依据。

对法院书记员的奖励种类包括嘉奖，记三等功、二等功、一等功，授予荣誉称号。奖励程序一般要经过评选推荐、审核呈报和批准授予三个阶段。法院书记员的行政处分有警告、记过、记大过、降级、撤职、开除六种具体形式。受处分期间不得晋升职务和级别，其中受记过、记大过、降级、撤职处分的，不得晋升工资档次。处分必须按照法定的程序进行，在规定的期限内作出处理决定，一般经过立案调查、审查结论、决定执行三个阶段。处分应以书面形式通知本人，并在适当的范围内公布。

任务拓展

张某被某市中级人民法院聘任为书记员后，经过1年的学习，通过了国家司法考试，张某是否可以直接转为该法院的法官？

学习内容四　书记员回避制度

◎ 任务导入

张某是某市中级人民法院书记员，他在处理一件关于货物买卖合同纠纷的民事案件的庭前事务时，发现该案件的被告是自己的亲叔叔，张某该如何处理？

任务分析：这是关于书记员的回避的问题。

基本知识

书记员的回避适用《公务员法》和刑事、民事、行政三大诉讼法及有关司法解释的规定。书记员的回避分任职回避和公务回避两种。

一、任职回避

《公务员法》第68条规定："公务员之间有夫妻关系、直系血亲关系、三代以内旁系血亲关系以及近姻亲关系的，不得在同一机关担任双方直接隶属于同一领导人员的职务或者有直接上下级领导关系的职务，也不得在其中一方担任领导职务的机关从事组织、人事、纪检、监察、审计和财务工作。因地域或者工作性质特殊，需要变通执行任职回避的，由省级以上公务员主管部门规定。"《法官法》第16条规定："法官之间有夫妻关系、直系血亲关系、三代以内旁系血亲以及近姻亲关系的，不得同时担任下列职务：①同一人民法院的院长、副院长、审判委员会委员、庭长、副庭长；②同一人民法院的院长、副院长和审判员、助理审判员；③同一审判庭的庭长、副庭长、审判员、助理审判员；④上下相邻两级人民法院的院长、副院长。"《法官法》第17条规定："法官从人民法院离任后2年内，不得以律师身份担任诉讼代理人或者辩护人。法官从人民法院离任后，不得担任原任职法院办理案件的诉讼代理人或者辩护人。法官的配偶、子女不得担任该法官所任职法院办理案件的诉讼代理人或者辩护人。"

二、公务回避

《最高人民法院关于审判人员在诉讼活动中执行回避制度若干问题的规定》第1条规定："审判人员具有下列情形之一的，应当自行回避，当事人及其法定代理人有权以口头或者书面形式申请其回避：①是本案的当事人或者与当事人有近亲属关系的；②本人或者其近亲属与本案有利害关系的；③担任过本案的证人、翻译人员、鉴定人、勘验人、诉讼代理人、辩护人的；④与本案的诉讼代理人、辩护人有夫妻、父母、子女或者兄弟姐妹关系的；⑤与本案当事人之间存在其他利害关系，可能影响案件公正审理的。本规定所称近亲属，包括与审判人员有夫妻、直系血亲、三代以内旁系血亲及近姻亲关系的亲属。"

《最高人民法院关于审判人员在诉讼活动中执行回避制度若干问题的规定》第2条规定："当事人及其法定代理人发现审判人员违反规定，具有下列情形之一的，有权申请其回避：①私下会见本案一方当事人及其诉讼代理人、辩护人的；②为本案当事人推荐、介绍诉讼代理人、辩护人，或者为律师、其他人员介绍办理该案件的；③索取、接受本案当事人及其受托人的财物、其他利益，或者要求当事人及其受托人报销费用的；④接受本案当事人及其受托人的宴请，或者参加由其支付费用的各项活动的；⑤向本案当事人及其受托人借款，借用交通工具、通讯工具或者其他物品，或者索取、接受当事人及其受托人在购买商品、装修住房以及其他方面给予的好处的；⑥有其他不正当行为，可能影响案件公正审理的。"

任务拓展

张某是某市中级人民法院书记员，他在处理一件关于故意伤害的刑事案件的庭前事务时，发现该案件的公诉人是自己的亲叔叔，张某该如何处理？

学习内容五　书记员的素质和能力

任务导入

张某是某市中级人民法院书记员，在开庭前核对当事人的身份时，他与当事人随意说笑；在开庭前核对当事人的身份后，他将当事人身份证件，扔到当事人的桌前。

你认为张某的言谈举止是否恰当？

任务分析：这是关于书记员的素质和能力问题。

基本知识

一、书记员的素质

（一）具有较高的政治修养

较高的政治素养具体包括：具有一定的政治理论修养；坚持四项基本原则；严守职业道德。其中，严守职业道德涉及以下几个方面：①勤勉敬业，忠于职守；②公正廉洁，讲求效率；③严守秘密，严明法纪；④正直善良，以人为本；⑤谦和诚信，仪表端庄；⑥举止文明，谨言慎行。

（二）具有良好的专业素质

良好的专业素质具体包括：具有比较全面的法律知识；树立社会主义现代法治理念——"依法治国、公正执法、公平正义、服务大局、党的领导"；比较扎实的语文功底；具有一定的计算机知识和速录技能。最高人民法院曾于1997年8月专门发出通知，要求在全国法院系统大力推广使用"亚伟"中文速录机。速录机由于采用多键并击的方式，每秒钟平均可击键2.5次，每分钟可达到200个汉字的高速度；用速录机记录下来的笔录等案件材料，可以在笔录形成的同一时间上网，实现信息资源共享。掌握速录技术已成为书记员的一项基本要求。

（三）具有良好的心理素质

教育心理学家张大均教授认为心理素质是以生理条件为基础的，将外在获得的东西内化成稳定的、基本的、衍生性的，并与人的社会适应行为和创造行为密切联系的心理品质，它由认知因素、个性因素和适应性因素三个方面构成。书记员心理素质是书记员在司法工作实践中的认知因素、个性因素和适应性因素综合作用形成的。书记员具备良好的心理素质有助于维护国家司法机关的形象，有助于法院诉讼工作的顺利进行，有助于保护当事人的正当权益。

1. 角色意识。书记员必须明确自己的角色。书记员是在法官指导下，处理庭前事务、庭审事务和庭后事务的辅助人员。书记员的言行举止代表着国家司法机关的形象。这就要求书记员遵守法纪，保持清正廉洁，不徇私情，自尊自重，严格依法定程序处理事务，文明处理事务，以人为本，服务群众，接受群众监督，捍卫宪法和法律尊严。

2. 团队意识。书记员是辅助法官处理审判工作的事务性人员，同时，书记员还要与其他部门发生工作关系，书记员必须处理好与法官、其他部门工作人员的人际关系，相互配合，和谐办公，不断提高办案的质量和效率。

3. 程序意识。书记员承担着庭前事务、庭审事务和庭后事务，这些事务涉及法院办公程序、民事诉讼程序、刑事诉讼程序和行政诉讼程序，这必然要求书记员严格遵守程序，避免程序违法，切实维护法院的威信并维护当事人的合法权益。

4. 责任意识。书记员是审判工作的事务性辅助人员，在法官指导下工作。在每个工作环节中，书记员都要认真负责、注意细节，诸如庭前法律文书及时送达当事人、庭审笔录准确无误、庭后案卷整理归档到位等，每个工作环节出现失误，就会导致法院承担责任和法院威信降低，当事人实体权益和诉讼权益受到损害。

二、书记员的能力

人民法院书记员的能力主要涉及三方面，具体包括：专业能力、方法能力和社会能力。

（一）专业能力

书记员通过已掌握的职业岗位所需的相关专业知识操作基本工作的能力，去发现和解决书记员岗位工作过程中遇到的实际问题的能力，同时能协助法官办理各种不同类型的案件，从而提高人民法院的办案效率。

（二）方法能力

书记员必须具备从事职业岗位所需的诉讼文书制作能力、庭审记录能力、案卷整理归档能力。诉讼文书制作能力是指在民事审判工作、刑事审判工作、行政审判工作过程中，书记员必须具备制作诉讼文书的能力，诸如制作案件受理通知书能力、制作举证通知书能力、制作送达地址确认书能力、制作开庭传票能力、制作合议庭组成人员通知书能力等。庭审记录能力是指在民事案件的庭审、刑事案件的庭审、行政案件的庭审中，书记员必须具备当庭记录法庭审理全部活动的能力。案卷整理归档能力是指人民法院审判活动形成的大量内容不同的诉讼文书材料，书记员必须具备将这些材料进行系统整理和归档的能力。

（三）社会能力

书记员必须具备从事书记员职业岗位所需的语言表达能力，人际合作、交流与协调能力，执行力的能力。语言表达能力是指在民事审判工作、刑事审判工作、行政审判工作过程中，书记员应当具备运用规范的语言以及法律专业术语进行表达的能力。人际合作、交流与协调能力是指在民事审判工作、刑事审判工作、行政审判工作过程中，书记员应当具备与各部门的工作人员相互合作、配合、协调的能力，以及文明礼貌地与当事人、各部门的工作人员进行交流的能力。执行力的能力是指在民事审判工作、刑事审判工作、行政审判工作过程中，书记员应当具备完成法官交办的各项具体事务的能力。

任务拓展

张某在某市中级人民法院担任书记员已经有一年多了，他与各部门的同事们相处得很融洽；但是当诉讼代理人和当事人询问案件的一些程序上的问题时，他总是生硬地回答："法律有明确规定，自己去看吧。"

你认为张某的回答是否恰当？

中 篇
法院书记员职业技能篇

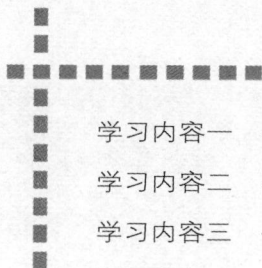

学习内容一　书记员笔录制作实务技巧

学习内容二　书记员笔录制作实训

学习内容三　书记员常用司法文书制作实训

学习内容四　书记员诉讼文书管理工作

学习目标

　　一、知识目标

　　熟悉各种专业技能的适用前提和条件，掌握各种法律文书的制作格式、基本内容、注意事项，掌握诉讼文书立卷、归档的程序与标准。

　　二、能力目标

　　会制作民事诉讼案件、刑事诉讼案件、行政诉讼案件的各种法律文书，会立卷与归档，通过制作法律文书与管理诉讼文书培养书记员的业务能力。

　　三、素质目标

　　制作法律文书与管理诉讼文书是书记员的核心工作，书记员可以此为基石全面提高自己的职业技能，协助法官完成审判和执行工作。

学习内容一　书记员笔录制作实务技巧

学习任务一　笔录制作的规范

任务导入

　　小王是某人民法院新聘任的书记员，她认为制作笔录就是记录每个人说的话，按照每个人的说话顺序原原本本记录下来就行，没有什么特别的形式和内容要求。

　　小王的看法正确吗？

　　任务分析：这是关于笔录制作规范的问题，为此要进一步了解笔录的含义、种类及制作要求。

基本知识

　　笔录，顾名思义就是用笔记录。广义上讲，是指公安机关、检察院、法院在办理案件的过程中，依法对案件办理过程的记录。狭义上的笔录，即本书中的笔录是指人民法院在依照法定程序办理案件的过程中，对诉讼活动的记录。笔录的形式可以是手写体，也可以是打印体。虽然现在的诉讼活动会使用录音、录像，但只能作为笔录的辅助材料，并不能代替笔录，因为笔录是使用文字符号在纸张上形成的材料，其准确性和稳定性是无可置疑的；同时程序法要求必须使用笔录，不能用视听资料代替笔录。在案件办理过程中形成的视听资料等文件，应按照有关法律规定保存并在卷宗中注明。

概括而言，人民法院的笔录可分为刑事诉讼笔录、民事诉讼笔录、行政诉讼笔录，最高人民法院公布了参考的笔录样式，其中有的笔录通用于各种案件，如开庭审理笔录、调查笔录；有的笔录适用于部分案件，如执行笔录、执行死刑笔录。

诉讼活动离不开笔录，笔录的制作必须符合法律规定，笔录制作的基本要求就是笔录的特征，二者是统一的，笔录制作的基本要求如下：

一、笔录制作须具备合法性

笔录是用文字记录来反映诉讼活动，必须具备合法性。制作主体的合法性，《人民法院组织法》第 39 条规定："各级人民法院设书记员，担任审判庭的记录工作并办理有关审判的其他事项。"各诉讼法也规定了制作笔录的主体是书记员。制作过程的合法性要求书记员在记录期间不得离开记录现场，并当场记录，不能由他人代替。在实际工作中，有时会出现紧急情况，如在开庭审理过程中，需要更换书记员时，审判人员需要再次询问当事人是否对更换后的书记员申请回避，这样才符合法律的规定。另外，依法应当有其他人员在场的，应邀请有关人员到场并要求其按规定在笔录上签名或者盖章。制作形式的合法性要求笔录的核对、宣读、署名等手续必须完备，并符合法律规定。

二、笔录制作须具备客观性

笔录是对审判活动的客观记录，因此真实客观是笔录最本质、最核心的特征，失去客观性，笔录会失去意义，就可能会影响到案件的正确审理，会使人民法院的裁判文书失去真实性。笔录制作的客观性表现为全面性和真实性。制作笔录既要记录制作笔录的原因和法律依据，又要全面记录制作的过程；既要对案件的基本事实、基本证据完整记录，又要对重要、关键问题着重记录；既要记录审判人员的审理活动，又要记录当事人的诉讼活动；既要记录各方的陈述，又要记录当事人的表情、语气、声调、神态及动作。这样的全面记录是为了在以后再看到笔录时，能清晰地全面再现制作笔录时的客观情况。制作笔录要求客观、真实，书记员需如实记录，不得作虚假记录，不得凭空猜测、推断被记录对象的陈述。全面性和真实性是统一的；只有记录全面，才是真实的记录；只有真实的记录，才能全面反映诉讼活动。

三、笔录制作须具备即时性

绝大多数笔录只能与当场正在进行的诉讼活动同步制作，不允许记录者事后进行加工、修改、润色。即时性与笔录制作的合法性、客观性是一体的，即时性是合法性和客观性的体现，只有即时记录才能保障记录的合法、客观，不影响记录的权威，有利于审判活动的顺利进行。

四、笔录制作须具备规范性

现行法律对笔录字词的使用没有明确严格的规定，但笔录制作应具备规范性，笔录的行文既要符合法律的规定，又要符合《国家机关公文格式》中规定的公文格式规范与汉语字词使用规范。

（一）制作格式要规范

不同种类的笔录适用场合和适用对象不同，格式要求也不同。制作笔录时首先要确定笔录适用的程序、种类和对象，才能选用正确的笔录格式，如开庭审理就不能用调查笔录格式，而要用庭审笔录格式。

（二）语言文字要规范

制作笔录所使用的语言文字，要以国家通用的语言文字即普通话和规范汉字为主，但在民族自治地方，要依照法律规定使用该民族自治地方的通用语言文字。此外需要注意的是，书记员制作笔录不能用速记文字和拼音文字。

（三）书写数字要规范

笔录中的数字用法需符合国家质量监督检验检疫总局、国家标准化管理委员会发布的《出版物上数字用法》，该用法规定使用阿拉伯数字和汉字的情形主要有三点：

1. 应当使用阿拉伯数字的情形：用于计量的数字；用于编号的数字；已定型的含阿拉伯数字的词语，如 3G 手机、MP3 播放器、维生素 B12 等。

2. 应当使用汉字的情形：非公历纪年；概数，如三四个月、一二十个；已定型的含汉字数字的词语，如星期五。

3. 既可用阿拉伯数字又可用汉字的情形：如果表达计量或编号所需要用到的数字个数不多，选择汉字数字还是阿拉伯数字，在书写的简洁性和辨识的清晰性两方面没有明显差异时，两种形式均可使用。如果要突出简洁醒目的表达效果，应使用阿拉伯数字；如果要突出庄重典雅的表达效果，应使用汉字数字。

（四）标点符号要规范

标点符号的名称、形式和用法须符合国家质量监督检验检疫总局颁布的《中华人民共和国国家标准标点符号用法》。

（五）引用法条要规范

引用法条须符合法律规定，《法官行为规范》第 53 条规定："法律条文的引用：①在裁判理由部分应当引用法律条款原文，必须引用到法律的条、款、项；②说理中涉及多个争议问题的，应当一论一引；③在判决主文理由部分最终援引法条依据时，只引用法律条款序号。"《最高人民法院关于裁判文书引用法律、法规等规范性法律文件的规定》对法条如何引用作了细致的规定。

（六）使用笔墨要规范

《人民法院诉讼文书立卷归档办法》、《人民法院声像档案管理办法》、《人民法院法医学鉴定文书立卷归档办法》规定了制作笔录只能用毛笔、钢笔，不能用圆珠笔和铅笔；钢笔使用的墨水只能是碳素或蓝黑墨水，不能用其他颜色的墨水。这是因为有的墨水在常温常压下化学性质很稳定，不容易与其他物质反应，可以长期保存不褪色，而有的墨水则不容易保存，因此制作笔录须使用法律规定的笔墨。

（七）书写要规范

现在大部分笔录已经是打印的，但仍有需要书写的笔录，书记员在书写时要做到字迹清晰、大小适中，总体而言要保证笔录工整、容易识别，避免笔录模糊不清影响记载内容的准确性。

【注意事项】

1. 记全每个笔录的抬头，笔录的标题、制作时间、制作地点、合议庭组成人员的姓名、案号、案由等需要准确记录。

2. 笔录须记录审判人员宣读当事人权利义务的过程和内容，告知当事人制作笔录的程序和目的，告知当事人按事情的客观发展如实回答问话，记不清就回答记不清、记得大概就回答记得的大概或者大约的内容，不要想象或推测。

任务拓展

1. 人民法院笔录的制作要求有哪些？

2. 如何掌握笔录制作的规范性？

学习任务二 书记员笔录制作技巧

任务导入

原告王某与被告张某房屋买卖合同纠纷一案于明天上午 9 时开庭，书记员小李要对开庭审理进行记录，他该做什么样的准备？

任务分析：不论制作何种笔录，制作前都要熟悉案情，在紧急情况下，可通过和法官及时沟通熟悉案情，根据要制作笔录的种类做不同的准备。

基本知识

庭审笔录是人民法院依法开庭审理案件时，由书记员当庭记录法庭审理全部活动的文字记载，通常也称为开庭审理笔录、开庭笔录、法庭笔录。开庭审理是人民法院办理案件的核心程序和步骤，凡是开庭审理的案件，不论是公开审理或者依法不公开审理的，不论是第一审程序、第二审程序或者是再审程序，都要制作开庭审理笔录。

一、庭审笔录的意义

（一）庭审笔录是审理程序合法的主要体现

开庭审理时，当事人及其他诉讼参与人可以公开发表各自的观点并进行举证，亦可以针对对方的观点和证据发表自己的意见。诉讼法规定了公开开庭审理、回避、辩护等制度，以确保开庭审理的程序合法，只有程序合法才能确保裁判正当合法。庭审笔录作为案件开庭审理的客观记录，通过其本身体现出了程序合法性。

（二）庭审笔录是法院认定事实的唯一依据

案件的开庭审理是为了查清案情，而对查清案情起决定作用的是当事人和诉讼参与人的举证和陈述，证据必须经过质证和查证属实，才能作为认定案件事实的依据。庭审笔录能固定以上的过程，形成书面的记载。审判人员只能通过庭审笔录中的举证、质证和陈述认定案件的事实，不能通过其他途径认定案情，即庭审笔录是法院认定事实的唯一依据。

（三）庭审笔录是法律监督的重要保障

法律监督是指以人民民主为基础，以社会主义法治为原则，以权力的合理划分与相互制约为核心，依法对各种行使国家权力的行为和其他法律活动进行监视、察看、约束、控制、检查和督促的法律机制。[1]对于法院而言，法律监督是指国家机关、社会组织和公民对法院所审理案件的过程与结果的监督。因为庭审笔录是对案件审理过程的全面客观的记录，能做到事后有据可查，从而确保对审判人员认定事实和适用法律进行监督。

二、庭审笔录记录的基本要点

庭审笔录要记录的内容比较多，但只要抓住了应记录的基本要点，不论是哪个案件或庭审中出现紧急情况，都能以此为基点做到全面、客观的记录。下面是刑事案件庭审笔录需要记明的基本要点。

（一）首部

需要记明的首部事项包括：法院名称、案号、案由、开庭审理的日期、开庭的时间；审判人员姓名和书记员姓名；公诉人、辩护人的姓名、工作单位、职务；当事人、证人和其他诉讼参与人的姓名或名称等基本情况及到庭情况；当事人的回避申请等，以及对回避申请等的决定；是否公开审理，如不公开审理，应记明理由。

（二）正文

需要记明的正文即案件的调查和辩论，这些内容包括：审判人员的讯问和询问；当事人的回答或陈述；鉴定人宣读鉴定结论和证人的证言；出示证物的情况；公诉人或原告及其诉讼代理人的发言；被告及其诉讼代理人的答辩；被告人和辩护人的辩护意见；辩论的主要内容；被告的最后陈述或征询原、被告的最后意见；当事人请求记入笔录的事项；当事人查阅笔录的情况；有必要记入笔录的其他事项等。另外，需要注意的是还要记录当事人的态度、神情、动作和发言的语气、声调。与问题无关及多次重复的答话、陈述，要从不同的角度来分析，决定是否记录。

（三）尾部

虽然庭审笔录的错误是由审判人员承担责任，但是书记员在记完笔录后一定要主动、及时检查，整理、改错补漏，以免过后遗忘，更不能被动等待审判人员的审阅。书记员在完成记录后，要依法宣读笔录或将笔录交给法律规定的人员阅读。对于当事人和其他诉讼参与人认为自己的陈述记录有遗漏或差错而请求补正的，书记员应将此请求在笔录上注明并报请审判人员决定，如果同意补正，书记员要对笔录补正；如果不同意，书记员要将补正请求和审判人员不同意补正的理

---

〔1〕 沈宗灵主编：《法理学》，北京大学出版社 2000 年版，第 573 页。

由一并记录附卷。最后，书记员要让当事人和其他诉讼参与人签名或者盖章，书记员和审判人员也要签名。

三、常用的庭审笔录记录方法

对于书记员来说，即使其打字速度比较快，不可能也不必要将庭审的全部情况逐字记录，因此要在有限的庭审时间里制作一份达到合格或者优秀的笔录，仅靠提高打字速度是很难实现的，书记员有必要掌握一些常用的笔录制作方法并综合运用，以提高笔录制作的质量和效率。

（一）归纳法和综合法

所谓归纳法，是指当事人或其他诉讼参与人的发言缺乏条理性时，为使记录达到规范性和通俗性的要求，书记员要根据发言人的陈述，对其想表达的意思进行总结、整理和归纳，从而将发言人的核心观点和主要意思予以记录的方法。在案件审理中，很多人是第一次参加诉讼活动，受文化程度、学历、逻辑思维能力及心理因素的影响，发言人的陈述会出现前言不搭后语、不断重复、一段话包含多层意思等情况，若如实逐字记录，其他人不能清晰地看出发言人想表达的意思，书记员只有进行归纳才能使记录事半功倍。

在庭审中，大多时候都是法官提问，当事人和其他诉讼参与人回答，或者当事人和其他诉讼参与人之间相互问答，因此笔录自然形成了一问一答的形式，这种方式的提问突出，回答有针对性，因此一目了然，有利于查明案件事实，但采用一问一答的记录方式会增加记录负担。综合法就是在不影响表达和逻辑的前提下，将法官、当事人和其他诉讼参与人一问一答的陈述综合成段落进行记录。

（二）重点法和补记法

重点法是指书记员根据不同的案情，将庭审中各发言人的重要发言进行优先、准确、详细记录的方法。不同类型的案件有不同的审理重点，甚至同一种类型的案件案情不同，也有不同的审理重点，审理重点在开庭审理前法官撰写的庭审提纲中会有体现，因此书记员应在开庭审理前与法官沟通，把握审理重点和难点，从而做好记录的心理准备。比如案件的审理重点是合同的履行问题，那合同的签订时间、合同签订者的权利义务、合同的履行期限与履行方式就是记录的重点，应准确详细记录。另外，庭审中涉及当事人或其他诉讼参与人对提问进行是或不是、有或无的回答，也是重点内容。在记录不及之时，应当优先记录这些重点内容。

补记法。书记员在庭审中是先听后记，这需要对每个人所说的话迅速作出反应，经过大脑适当编辑后再记录下来，因此难免出现记录不及时或录入有误的情况。出现这种情况后，如不能及时修改，可先用简单的符号或改变字体颜色等方法标记错漏或空行，在庭审节奏放缓或宣读、出示证据等时段，修改、补正前面笔录的错漏。[1]

（三）分句法和实时法

分句法分为二句法和三句法。二句法是指记录时，脑中记忆耳上听来的一句话，同时整理手下录入的一句话。在记录速度跟得上说话的速度时采用这种方法。三句法是手下输入一句话，脑中记忆一句话，耳上听来一句话。

实时法是指在整个记录过程中，时刻保持耳上听来的一句话是最新的一句，并及时运用其他方法记录下来。实时法适用于各种记录，它能避免遗漏内容。[2]

四、提高庭审笔录记录速度的技巧

在熟练掌握运用制作笔录常用记录方法的同时，书记员应该学习一些提高庭审笔录记录速度的技巧，以提高记录的效率和质量。

（一）制作庭审笔录模板

虽然不同法院的庭审笔录格式不一定相同，但一个法院里庭审笔录的格式基本上是一致的，有的法院会统一庭审笔录的格式，这有利于书记员的记录。书记员应根据不同的审理程序制作不同的庭审笔录模板，并将这些模板保存以方便使用。以民事庭审为例，书记员可制作普通程序庭审笔录模板和简易程序庭审笔录模板。民事庭审的各阶段分明，均有相对固定的程序化内容，比如庭前准备需记录的开庭时间、地点、案号与案由，需要宣布的法庭纪律、审判人员入庭、审判人员和书记员姓名、当事人的诉讼权利义务等，法庭调查阶段的举证与质证，法庭辩论阶段的几轮辩论，当事人最后陈述及是否调解等。根据《民事诉讼法》的规定，这些内容及引用的法条是有先后顺序并固定不变的，完全可以事先制作填充式的模板，记录时再根据审理的具体情况作修改与调整，这样可以提高记录的速度，降低工作的强度。书记员在使用模板时，注意认真选用与填充，记得要填写模板的空白内容，不要将其他案件的信息填写到正在审理的案件中。为避免以上的问题，书记员可以将模板中要选择或选填的文字字体颜色固定为红色，这样比较醒目，方便修改和调整，在庭审结束后校对笔录时要重点校对红色文字，

---

〔1〕 张洪江：“浅谈庭审笔录规范化制作”，载天津法院网，http：//tjfy.chinacourt.org/public/detail.php? id=17749，最后访问时间：2013年11月30日。

〔2〕 廖超光："浅谈庭审笔录几点方法与技巧"，载中国法院网，http：//www.chinacourt.org/article/detail/2007/05/id/248514.shtml，最后访问时间：2013年11月30日。

校对结束后统一调整成黑色打印。

（二）有书面材料的尽量简化

在庭审记录中，对于当事人或其他诉讼参与人有书面材料向法庭提交的，且发言人的发言与书面材料一致的，可以简化记录他们的发言。比如有些人会提交举证的证据目录，书记员可以提前记录当事人的举证，这样在庭审中书记员不会感到茫然或手忙脚乱。比如在民事纠纷案件的庭审中，当事人宣读起诉状且没有变更的，书记员要将诉讼请求记清楚，但起诉的事实和理由可记为"事实与理由（略，已入卷）"；当事人宣读答辩状且没有变更的，可记为"详见答辩状（略，已入卷）"。若诉讼请求或者答辩意见有变更的，则详细记录变更的部分，对于未变更的部分，可以简化记录。使用此技巧时，注意不要随意省略，随意省略可能会遗漏当事人的诉讼请求、答辩意见或其他意见，影响对事实的认定。

（三）利用简称进行记录

案件开庭审理时，免不了会出现一些较长的词汇，这些词汇在庭审中重复出现时，如果每次都记录这些词汇，记录速度就会变慢，书记员可在这些词汇第一次出现时确定简称，以方便之后的记录。如"原告（反诉被告）"可简称为"原告"、"被告（反诉原告）"可简称为"被告"、被告一的发言可记录为"被1"、"《最高人民法院关于适用〈中华人民共和国民事诉讼法〉若干问题的意见》第79条"可记录为"民诉法意见79条"。另外，可以用关联符号、关联简称代替较长的词汇。比如对于原告提交的"证据5：某物流有限公司加盖托运印章的十三份托运单"，被告陈述"对原告提交的某物流有限公司加盖托运印章的十三份托运单真实性不认可"，可记录为"被告：对原告提交的证5真实性不认可"，这是用"证5"代替了"证据5：某物流有限公司加盖托运印章的十三份托运单"。

【注意事项】

1. 开庭审理是人民法院审理案件的核心工作，庭审笔录可以准确、完整地反映庭审中的全部状况，甚至可以反映庭审前的准备工作和审理程序，优秀的法官和书记员在庭审中采取的一些措施可以补救庭审之前的审理瑕疵和漏洞，人民法院的判决或调解也会以庭审笔录为依据。因此，书记员必须从思想上认识到庭审的重要性并做好庭审前的充分准备。

2. 书记员在庭审记录时，碰到人名、地名等专用词或多音词不知选择哪个字时，应及时和法官沟通，这需要书记员和法官提前约定沟通的方式和时间，沟通不宜采用大声问答的方式。

3. 对于当事人的过激言论（此时法官一般会制止），只记录其有过激言论的行为，不必记录具体的言论。

4. 庭审结束后，只有当事人本人及其诉讼代理人可以阅读庭审笔录，其余人员不得阅读庭审笔录，书记员要注意此点。各方当事人可以阅读全部庭审笔录，但只能核对自己的陈述，不得对其他当事人陈述的内容提出修正意见。

任务拓展

根据所给案例制作开庭审理笔录。

2013 年 4 月 16 日，王某与某高新技术有限公司签订《借款协议》一份，协议主要约定，某高新技术有限公司向王某借款 40 万元整，期限为 3 个月，至 2013 年 7 月 16 日还清。某高新技术有限公司在每月的 16 日前付乙方利息款 2 万元整。某高新技术有限公司法定代表人谢某某在该协议落款处签名。当日，某高新技术有限公司收到王某的借款 40 万元并向王某出具了 40 万元的收据一张。后某高新技术有限公司支付了王某 4 万元，某高新技术有限公司未再归还王某本金和支付利息。

学习内容二　书记员笔录制作实训

学习任务一　刑事案件笔录制作实训

任务导入

某市人民检察院指控被告人包某故意杀人一案，某市中级人民法院定于2013年10月29日上午9时在大法庭开庭，书记员小赵要负责庭审记录工作，他该做哪些准备工作？如何才能提高庭审笔录的质量？

任务分析：制作刑事案件庭审笔录一定要提前熟悉案情，及时和法官进行沟通；了解案件重点调查的有争议的事实，区分刑事案件庭审过程中的几个阶段。

基本知识

制作刑事案件法庭审理笔录时应注意以下几个问题：

1. 开庭时，审判长依照《刑事诉讼法》的规定，核对当事人是否到庭，宣布案由，宣布合议庭的组成人员、书记员、公诉人、辩护人、诉讼代理人、鉴定人和翻译人员名单，告知当事人诉讼权利和义务，是否申请回避等，书记员均应将以上内容记入笔录。

2. 区分刑事案件开庭审理的几个阶段。刑事公诉案件开庭审理分为法庭调查、法庭辩论、被告人最后陈述等几个主要阶段，记录时应把几个阶段区分开来，掌握不同阶段的不同特点。

3. 要提前熟悉案情。刑事案件开庭前熟悉案情是必要的，是保证记录迅速、准确的有效方式。开庭前，应根据合议庭成员或独任审判员拟出的法庭审理提纲，熟悉合议庭成员在庭审中的具体分工，了解起诉书指控的犯罪事实部分的重点和认定性质方面的要点，讯问被告人时的案情要点，控辩双方拟出庭作证的证人、鉴定人和勘验、检查笔录制作人名单，控辩双方拟当庭宣读、出示的证人书面证词、物证和其他证据的目录，庭审中可能出现的问题及法官欲采取的措施等方面的情况，以早做准备，使制作庭审笔录时能做到有条不紊，处变不乱。此外，在参与讯问被告人时，要对被告人的表达能力、讲话的特点进行观察，做到心中有数。

4. 法庭调查阶段的记录一定要准确、具体。审判长（员）对被告人的讯问，要记清要点和关键性问话；对被告人的答话、语气、声调、表情、动作等应客观记录、描绘和注明；如果是多名被告人的案件，对每个人的问答要分别记明；对法庭核对有关证据的过程，如出示书证、物证的，宣读证据材料的，应记明出示书证、物证的名称，证据材料的要点及出处；控、辩双方对证据、证人提出的质、辩要点，证人证言的说法变化，被告人对证据的反应和意见都应完整、详实地记录。

5. 在法庭辩论阶段中，辩论各方就案件的事实、情节、性质、后果、责任承担、量刑意见等发表的看法、观点、理由、依据进行辩论的，要做详细记载，以供讨论案件时分析、研究、参考。

6. 在被告人最后陈述阶段，对被告人的最后陈述也要尽可能地记全，记下原话原意，如被告人有书面的最后陈述、意见，可在闭庭后收取附卷。

在制作刑事自诉案件法庭审理笔录时应注意：

1. 自诉案件法庭审理笔录应反映自诉案件的特点，如当事人称谓上称自诉人、被告人，一般没有公诉人出庭公诉，自诉人在宣告判决前可以同被告人自行和解或者撤回起诉，被告人可以对自诉人提出反诉，人民法院可以调解等，对自诉案件所具有的特点、内容，书记员应当准确具体地记录。

2. 对自诉人提出附带民事诉讼的，应记明：自诉人提出附带民事诉讼的依据、具体内容及理由；被告人的答辩；被告人提出反诉的，要记明提出反诉的事实、理由、依据、审判过程等。对当事人双方自行和解或者撤回自诉的，应当记明情况附卷，并由自诉人、被告人双方签名、盖章，并可以同时要求自诉人撰写撤回起诉书。

3. 适用简易程序审理的，可依法按简化的程序内容记录，但必须真实、完整、具体地记录开庭过程和情况。

任务拓展

根据所给案例模拟二审案件庭审制作开庭审理笔录。

上诉人（原审附带民事被告）中国人民财产保险股份有限公司某支公司。

负责人：刘某某，该公司经理。

诉讼代理人：周某某，男，汉族，1967年4月26日出生，住某省某县某村，系该公司法律顾问。

原审附带民事诉讼原告张某某，男，1972 年 8 月 1 日出生，汉族，住某省某县某村。

原审被告人于某，男，1981 年 12 月 8 日出生，汉族，某省某县人，小学文化，农民，被捕前住某县某乡于家庄。因涉嫌交通肇事罪于 2013 年 8 月 30 日被某县公安局刑事拘留，同年 9 月 10 日被某县人民察院批准逮捕。现羁押于某县看守所。

2013 年 8 月 27 日凌晨 4 时许，被告人于某驾驶赵某的半挂车（车牌号××）沿国道由西向东行驶至 742 公里处时，由于车辆失控，与张某某驾驶的轻型普通货车发生碰撞，造成车内杨某某当场死亡、张某某受伤和车辆不同程度损坏，于某因害怕逃离现场。后于某于 8 月 30 日在家人的陪同下到公安局投案自首，此案告破。

某市公安局交通事故认定书认定：于某承担此次事故的主要责任，杨某某、张某某无责任。原告人张某某受伤住院 35 天，花费医疗费 17 115 元。其系农民，无子女。经鉴定，张某某伤情构成八级伤残。

另查明被告人于某所驾驶车辆在中国人民财产保险股份有限公司某支公司投有机动车交通事故责任强制保险和商业责任保险。

本案经某县人民法院审理后，依法作出相应的刑事附带民事判决。原审附带民事被告中国人民财产保险股份有限公司某支公司不服，提出上诉。

学习任务二 民事案件笔录制作实训

一、法庭审理笔录实训

◎ 任务导入

王某受雇于杨某，为杨某的房屋装修施工。2011 年 8 月 16 日，王某在施工时意外摔落受伤，送至医院抢救治疗，住院期间支出 3 万余元医疗费用。2011 年 9 月 1 日，王、杨二人签订赔偿协议书，内容约定杨某赔偿王某 20 000 元。但其后王某认为该协议是在其未治疗终结时受杨某胁迫所签订的，显失公平，故将杨某诉至法院，要求撤销赔偿协议书，并重新确定赔偿数额 80 000 元。

任务分析：根据案例和下文知识掌握法庭审理笔录的制作方法。

基本知识

（一）法庭审理笔录概念

《民事诉讼法》第 147 条第 1 款规定："书记员应当将法庭审理的全部活动记入笔录，由审判人员和书记员签名。"法庭审理笔录是指书记员对开庭审理的民事纠纷案件活动的记载和反映。关于法庭审理笔录的情况，本书之前已有介绍，此处不再赘述。

（二）法庭审理笔录格式

关于法庭审理笔录的格式与应记录的基本要点，本书之前已有介绍，此处不再赘述。

（三）法庭审理笔录样式

适用普通程序与适用简易程序审理的民事案件庭审笔录区别不大，因开庭时会出现各种情况，下面以普通程序审理的庭审笔录作为参考样式。

××××人民法院
法庭审理笔录

时间：××××年××月××日×时×分至×时×分

地点：第×法庭

案号：（××××）×字第×号

合议庭成员：×××、×××、×××

书记员：×××

书记员（站立）：执勤法警传唤双方当事人及其诉讼代理人入庭。

书记员：原告及其诉讼代理人是否到庭？

原告：到庭。

书记员：被告及其诉讼代理人是否到庭？

被告：到庭。

书记员：现在宣布法庭纪律：（略）。

书记员：全体起立，请审判长×××、审判员×××、×××入庭。

书记员：报告审判长，本案当事人及其诉讼代理人已全部到庭，法庭准备就绪，请开庭。

审判长：请坐下。

审判长：××××人民法院依照《中华人民共和国民事诉讼法》第 134 条第

1 款的规定，今天在这里公开开庭审理原告×××与被告×××纠纷一案，现在开庭。现本庭核对当事人及其诉讼代理人身份。

审判长：原告向本庭报告你的基本情况。

原告：

审判长：原告你委托谁为你的诉讼代理人？

原告：

审判长：原告诉讼代理人向本庭报告你的基本情况。

原告诉讼代理人：

审判长：被告向本庭报告你的基本情况。

被告：

审判长：被告你委托谁为你的诉讼代理人？

被告：

审判长：被告诉讼代理人向本庭报告你的基本情况。

被告诉讼代理人：

审判长：原告你对被告方出庭人员有无异议？

原告：

审判长：被告你对原告方出庭人员有无异议？

被告：

审判长：经本庭核实到庭的当事人及其诉讼代理人，均符合法律规定，可以参加本案诉讼。

审判长：根据《中华人民共和国民事诉讼法》第 39 条的规定，本案由×××担任审判长，与×××、×××组成合议庭进行审理，书记员×××担任庭审记录。

审判长：依据《中华人民共和国民事诉讼法》第 49 条、第 50 条、第 51 条、第 65 条第 1 款的规定，当事人享有以下诉讼权利和义务：

当事人有权委托代理人，提出回避申请，收集、提供证据，进行辩论，请求调解，提起上诉，申请执行。当事人可以查阅本案有关材料，并可以复制本案有关材料和法律文书。查阅、复制本案有关材料的范围和办法由最高人民法院规定。当事人必须依法行使诉讼权利，遵守诉讼秩序，履行发生法律效力的判决书、裁定书和调解书。

双方当事人可以自行和解。

原告可以放弃或者变更诉讼请求。被告可以承认或者反驳诉讼请求，有权提起反诉。

当事人对自己提出的主张应当及时提供证据。

审判长：依据《中华人民共和国民事诉讼法》第44条、第45条的规定，审判人员及翻译人员，鉴定人、勘验人有下列情形之一，当事人有权申请回避：

审判人员有下列情形之一的，应当自行回避，当事人有权用口头或者书面方式申请他们回避：①是本案当事人或者当事人、诉讼代理人近亲属的；②与本案有利害关系的；③与本案当事人、诉讼代理人有其他关系，可能影响对案件公正审理的。

审判人员接受当事人、诉讼代理人请客送礼，或者违反规定会见当事人、诉讼代理人的，当事人有权要求他们回避。

当事人提出回避申请，应当说明理由，在案件开始审理时提出；回避事由在案件开始审理后知道的，也可以在法庭辩论终结前提出。

审判长：原告你对以上诉讼权利和义务是否听清？是否申请回避？

原告：

审判长：被告你对以上诉讼权利和义务是否听清？是否申请回避？

被告：

审判长：现在进行法庭调查。法庭调查的重点是双方争议的事实。当事人对自己提出的主张，有责任提供相应证据予以证明，反驳对方主张的，也应提供证据或说明理由。

审判长：原告向本庭宣读起诉状或者陈述事实并讲明具体的诉讼请求和理由。

原告：诉讼请求：……

事实与理由（略，已入卷）。

审判长：针对原告陈述，被告作承认与否定的答辩。

被告：

审判长：通过原告的陈述和被告的答辩，本庭总结法庭争议焦点是：……

根据争议焦点本庭确定法庭调查重点为：……

双方对法庭争议焦点和调查重点有无异议？有无补充？

原告：

被告：

审判长：原告陈述并举证。

原告：

审判长：针对原告的举证，被告进行质证。

被告：

审判长：针对被告的质证意见，原告还有无新的意见？

原告：

审判长：被告陈述并举证。

被告：

审判长：针对被告的举证，原告进行质证。

原告：

审判长：针对原告的质证意见，被告还有无新的意见？

被告：

审判长：当事人双方就本案事实有无问题询问对方？

原告：

被告：

审判长：法庭提问，……

原告：

被告：

审判长：

原告：

被告：

审判长：双方就事实部分还有无补充意见？

原告：

被告：

审判长：现在宣布法庭调查结束，下面进行法庭辩论。

原告：

被告：

审判长：第二轮辩论。

原告：

被告：

审判长：现在宣布法庭辩论结束，当事人作最后陈述。

原告：

被告：

审判长：就本案，双方是否同意调解？

原告：

被告：

审判长：双方发表调解意见。

原告：

被告：

审判长：鉴于双方当庭无法达成调解意见，现在宣布休庭，当事人校对笔录并签字。

审判长（签名）：

人民陪审员（签名）：

书记员（签名）：

原告（签名）：

被告（签名）：

【注意事项】

1. 当事人和其他诉讼参与人的称谓要记录准确。民事案件当事人和其他诉讼参与人的称谓不同于刑事、行政案件，在一审、二审等不同的程序中也各不相同，记录时要注意加以区分，避免混淆。

2. 正确掌握并记录民事案件法庭审理的不同阶段。民事案件开庭审理的程序包括庭审准备、法庭调查、法庭辩论、法庭调解、法庭宣判等阶段。一个案件可能要开几次庭才能审理完毕，下一次开庭可接上一次开庭记录，没有必要每次记录都生搬硬套。

3. 正确掌握并记录不同案件审理特点。民事案件的种类很多，同一种类的情况也可能千差万别。不同案件开庭审理情况尽管有差别，但也有其统一性，有其法律知识方面的共同点，如离婚案件庭审笔录都应当记明感情是否破裂、子女的情况及对子女抚养意见、财产分割等情况；合同纠纷案件庭审笔录都应当记明合同的效力、合同履行情况及是否违约。

4. 适用简易程序审理的案件，记录时不能随意省略和简化，除法庭调查、法庭辩论顺序不受普通程序规定限制外，其他内容仍应按法庭审理笔录一般要求记录。

任务拓展

某市某区人民法院
开庭笔录

时间：2013 年 9 月 19 日 8 时 30 分至 10 时 40 分

地点：第 × 法庭

案号：(2013) ×商初字第 205 号

合议庭成员：吴某、陈某、石某

书记员：刘某

书记员（站立）：执勤法警传唤双方当事人及其诉讼代理人入庭。

书记员：原告及其诉讼代理人是否到庭？

原告：到庭。

书记员：被告及其诉讼代理人是否到庭？

被告：到庭。

书记员：现在宣布法庭纪律：(略)。

书记员：全体起立，请审判长、人民陪审员入庭。

书记员：报告审判长，本案当事人及其诉讼代理人已全部到庭，法庭准备就绪，请开庭。

审判长：请坐下。

审判长：某市某区人民法院依照《中华人民共和国民事诉讼法》第 134 条第 1 款的规定，今天在这里公开开庭审理原告郝某与被告某财产保险有限公司某区分公司财产保险合同纠纷一案，现在开庭。现本庭核对当事人及其诉讼代理人身份。

审判长：原告向本庭报告你的基本情况。

原告诉讼代理人：郝某，男，1983 年 8 月 25 日出生，汉族，某建设集团有限公司车队队长，住某市某区解放路 3 号楼 2 单元 502 室。(未到庭)

审判长：原告的诉讼代理人是谁？

原告诉讼代理人：郑某某。

审判长：原告诉讼代理人向本庭报告你的基本情况。

原告诉讼代理人：郑某某，某律师事务所律师。(特别授权，代理权限见授权委托书，到庭)

审判长：被告向本庭报告你的基本情况。

被告诉讼代理人：某财产保险有限公司某区分公司，住所地某市某区中山路323号银座大厦第3层。

负责人杨某，总经理。（未到庭）

审判长：被告的诉讼代理人是谁？

被告诉讼代理人：高某，王某某。

审判长：被告诉讼代理人向本庭报告你的基本情况。

被告诉讼代理人：高某，男，某财产保险有限公司某区分公司员工，住某市东风街清华苑1号楼2单元202室。（特别授权，代理权限见授权委托书，到庭）

王某某，某律师事务所律师。（特别授权，代理权限见授权委托书，到庭）

审判长：原告你对被告方出庭人员有无异议？

原告：无异议。

审判长：被告你对原告方出庭人员有无异议？

被告：无异议。

审判长：经本庭核实到庭的当事人及其诉讼代理人，均符合法律规定，可以参加本案诉讼。

审判长：根据《中华人民共和国民事诉讼法》第39条的规定，本案由审判员吴某担任审判长，与人民陪审员陈某、人民陪审员石某组成合议庭进行审理，书记员刘某担任庭审记录。

审判长：依据《中华人民共和国民事诉讼法》第49条、第50条、第51条、第65条第1款的规定，当事人享有以下诉讼权利和义务：

当事人有权委托代理人，提出回避申请，收集、提供证据，进行辩论，请求调解，提起上诉，申请执行。当事人可以查阅本案有关材料，并可以复制本案有关材料和法律文书。查阅、复制本案有关材料的范围和办法由最高人民法院规定。当事人必须依法行使诉讼权利，遵守诉讼秩序，履行发生法律效力的判决书、裁定书和调解书。

双方当事人可以自行和解。

原告可以放弃或者变更诉讼请求。被告可以承认或者反驳诉讼请求，有权提起反诉。

当事人对自己提出的主张应当及时提供证据。

审判长：依据《中华人民共和国民事诉讼法》第44条、第45条的规定，审判人员及翻译人员，鉴定人、勘验人有下列情形之一，当事人有权申请回避：

审判人员有下列情形之一的，应当自行回避，当事人有权用口头或者书面方式申请他们回避：①是本案当事人或者当事人、诉讼代理人近亲属的；②与本案有利害关系的；③与本案当事人、诉讼代理人有其他关系，可能影响对案件公正审理的。

审判人员接受当事人、诉讼代理人请客送礼，或者违反规定会见当事人、诉讼代理人的，当事人有权要求他们回避。

当事人提出回避申请，应当说明理由，在案件开始审理时提出；回避事由在案件开始审理后知道的，也可以在法庭辩论终结前提出。

审判长：原告你对以上诉讼权利和义务是否听清？是否申请回避？

原告：听清了，不申请。

审判长：被告你对以上诉讼权利和义务是否听清？是否申请回避？

被告：听清了，不申请。

审判长：现在进行法庭调查。法庭调查的重点是双方争议的事实。当事人对自己提出的主张，有责任提供相应证据予以证明，反驳对方主张的，也应提供证据或说明理由。

审判长：原告向本庭宣读起诉状或者陈述事实并讲明具体的诉讼请求和理由。

原告：诉讼请求：①请求判令被告向原告支付 140 195 元保险金、938 元路产赔（补）偿款及 6000 元鉴定费用，共计 147 133 元。②本案产生的全部诉讼费用由被告承担。

事实与理由：（略，已入卷。）

审判长：针对原告陈述，被告作承认与否定的答辩。

被告：我们认为本案不属于保险责任，此事故是自燃，属于自燃险，而原告没有上这个险，故请求驳回原告的诉讼请求。

审判长：通过原告的陈述和被告的答辩，本庭总结法庭争议焦点是：涉案车辆的损失是否属于理赔范围。

根据争议焦点本庭确定法庭调查重点为：①原、被告双方的法律关系；②涉案事故发生的原因；③事故是否造成原告损失，若造成损失，损失的范围和数额能否确定；④原告的主张有何事实和法律依据。

双方对法庭争议焦点和调查重点有无异议？有无补充？

原告：无异议，无补充。

被告：无异议，无补充。

审判长：原告陈述并举证。

原告：证一：夏某机动车驾驶证（复印件），证明夏某是合格的驾驶员。

证二：京B×××机动车行驶证（原件），证明涉案车辆是合格的，可以合格行使，车辆所有人是郭某某。

证三：调查笔录（复印件），证明夏某驾驶京B×××机动车发生事故的具体情况，属于被告的理赔事项。

证四：某消防中队出具的证明一份（原件），证明事故发生的基本情况，车底下有不明物体。

证五：某司法鉴定所出具的鉴定书一份（原件），证明内容详见鉴定意见。

证六：收款收据（原件），证明为了确定燃烧的成因及车辆损失，交了鉴定费用6000元。

证七：公路赔（补）偿通知书（原件），证明赔偿发生的原因及过程。

证八：路产损坏赔偿费收据（原件），证明原告支付路产损坏赔偿费的事实。

证九：交强险和商业险的保险单两份（原件），证明被损车辆在被告公司投保的具体情况。

证十：某建设集团有限公司出具的证明（原件），证明被损车辆的所有权及委托原告处理车辆的理赔事宜。

证十一：协议（原件），证明某建设集团有限公司和郭某某签署的该车辆的权属情况。

审判长：针对原告的举证，被告进行质证。

被告：对证一，此证据为复印件，故不予质证。

对证二，真实性认可。

对证三，此证据来源于被告，对真实性认可，但不能反映原告的证明目的，仅是当事人的陈述，不能说明事发的走火原因及过程。调查笔录上和原告起诉状上对车辆的走火原因位置不符合。此证据和证四是互相矛盾的。

对证四不认可，该证明既不是证人证言也不是鉴定意见，不是合法的证据。原告向我公司提供的车辆损坏照片没有一张能够看到底部的不明物体。

对证五不认可，消防事故责任认定书不应当是由司法鉴定所出具的，司法鉴定所没有资格鉴定，应该是由所属区的消防大队出具。如果事故调查是普通程序，其程序非常复杂。对不明物体应当封存。我们认为此次事故不是保险合同理赔范围，所以对鉴定的车辆损失不予质证。

对证六的真实性认可，但我们认为此次事故不是保险合同理赔范围，所以不予理赔。

对证七的真实性认可，但赔偿书不能说明其他任何问题。

对证八的真实性认可，但与我们无关，不予赔付。

对证九的真实性认可，证明原告上的险种，车辆损失险中理赔是有碰撞，但原告没有证据能够证明是碰撞导致的事故，我们认为是自燃或是不明原因的火灾，原告没有上自燃险，所以不予理赔。

对证十的真实性认可。

对证十一的真实性认可。

审判长：针对被告的质证意见，原告还有无新的意见？

原告：被告认为是自燃，但他们也没有证据证明。这辆车不管是什么原因而烧毁，对公路的损坏都是属于第三者责任，也应该是理赔的，没有道理不赔。司法鉴定许可证上面有鉴定车辆损失及损坏的资质，是可以鉴定的。冒烟是符合实际情况的。鉴定报告完全可以反映出车辆是为何导致燃烧的，消防队上的证明虽然没有负责人的签字但公章是需要领导同意才能加盖的，所以此证明是完全真实合法的。

审判长：被告陈述并举证。

被告：证一：出险抄件一份（打印件）和保险条款一套（打印件，包括交强险和商业险条款的），证明原告在被告公司所上的险种，根据保险条款车辆碰撞在我们的理赔范围，但原告所举的证据不能证明其车辆受损是碰撞导致的，不能证明事故的原因。关于路政的赔偿问题，保险条款上明确约定有交警部门的出具证明才可以进行理赔，高速公路上不允许保险公司进行现场勘验。

证二：录音光盘1份（原件），证明第一次2010年12月31日，事故发生大概5分钟左右夏某向保险公司的保险记录，夏某没有说碰到什么东西，只是说一下就着火了，接线员问是否为自燃，夏某说可能是。这是报案的第一时间，此时人的反应是最真实的。第二次2010年12月31日，17：05第二次打电话询问其车辆上的险种，接线员明确告知没有自燃险。第二次打电话的人可能不是夏某，因为和第一次打电话人的声音不一样。

证三：调查笔录1份（原件），和原告提供的调查笔录复印件是一致的。证明调查笔录的陈述是虚假的，与报案录音上的陈述不一致，我们认为第一时间报案时的陈述是真实的。消防中队出具证明的时间与夏某去消防中队的时间相矛盾。

审判长：播放被告提交的证二。

审判长：针对被告的举证，原告进行质证。

原告：对证一的出险抄件真实性认可，但保险条款不是证据，故不予认可。

对证二的录音材料，我方已听清，但不能确定其真实性，不能确定是否为夏某本人的声音。从事故发生到报案距离5分钟左右，让其完整地陈述其事故经过及原因，正常人都不可能完整陈述。当时情况紧急，所以不能完整地陈述。

对证三真实性认可，说明驾驶员夏某对事故的陈述客观真实。2010 年 12 月 31 日发生的事故，消防中队先出警，要求随后去队里取证明材料，出警的当天不可能去办证明。

审判长：针对原告的质证意见，被告还有无新的意见？

被告：没有。

审判长：当事人双方就本案事实有无问题询问对方？

原告：没有。

被告：没有。

审判长：法庭提问，原告诉求的险种依据是什么？

原告：保险金 140 195 元依据是车辆损失险，路产赔偿是商业险和交强险，鉴定费用未依据保险险种，是直接经济损失。

审判长：原告投保时两份保险是否附有保险条款？

原告：有，和被告举证的保险条款一致。

审判长：保险费的支付人是谁？

原告：实际支付人是某建设集团有限公司，但经办人是原告。

被告：原告。

审判长：双方认为事故发生的原因是什么？

原告：碰撞引起汽油泄漏，从而引起燃烧。

被告：火灾原因不明，根据电话录音有可能是自燃。

审判长：交强险的保险单中车牌号码是多少？

原告：识别代码和车架号、发动机号都一样，但是车牌号是京 C×××，有可能是京 B××× 的笔误。

被告：我们的抄件上看不出来。有可能是笔误。认同原告的意见。

审判长：投保人是否在保险条款落款处签字？

原告：我不知道。我方也有一套保险条款，是被告交给我方的，现核对条款后未发现落款处有郝某的签字。

被告：有签字，但都是复印件，原件已经归档。现在向法庭提交复印件作为证四。

证四：商业险投保单及商业险投保信息各一份（均为原件），证明投保信息和保险条款都有原告本人的签字并且已告知其保险条款。

审判长：针对被告向法庭提交的证四，原告进行质证。

原告：据字迹判断不是郝某本人所签的，因为起诉状上的郝某签字是代理人本人看着当事人亲自签的，所以保险条款中的免责条款没有对原告进行说明，不应该生效。

审判长：双方还有无补充意见？

原告：没有。

被告：没有。

审判长：现在宣布法庭调查结束，下面进行法庭辩论。

原告：涉案车辆着火的原因确实是因为碰撞不明物体导致车辆燃烧，保险公司应该赔偿包括诉求部分。

被告：我们认为原告现有的证据不能证明火灾是由于碰撞不明物体导致的，消防中队的证明不合法，鉴定机构没有资质鉴定火灾成因，我们提供的证据结合原告自己在诉状中所说的，在现场事故发生后5分钟的报案录音我们认为是最真实的。虽然我们现在不能证明一定是自燃，但起码是不明原因火灾，所以我们保险公司不应该对此次事故进行赔付。关于路产损失及鉴定费用，保险条款中明确规定鉴定费不属于赔付的范围。第二次录音报案人特别询问了是否有自燃险，可以看出火灾可能是自燃。

审判长：第二轮辩论。

原告：发生交通事故应当有事故认定书，我们提供的鉴定书和事故认定书本身没有冲突，录音首先不能确定其真实性，即使成立，在事故发生5分钟陈述事故过程不能否认原因是碰撞造成的。鉴定费用根据相关法律规定也应该由保险公司承担。郝某的签字必要的时候法院可以委托鉴定机构进行鉴定，这是非常重要的问题。

被告：原告的证据不充分，不能证明是碰撞。如果原告郝某不认可是其在保单上签字，那么应该申请鉴定。原告也向法庭提供了保险条款，说明原告认可保险条款中的免责内容。

审判长：现在宣布法庭辩论结束，当事人作最后陈述。

原告：坚持诉讼请求。

被告：驳回原告全部诉讼请求。

审判长：就本案，双方是否同意调解？

原告：同意，我们庭审结束后与被告先自行协商处理。

被告：同意，我们庭审结束后与原告先自行协商处理。

审判长：鉴于当事人双方庭审结束后自行协商，本庭现不作当庭调解工作，现在宣布休庭，当事人校对笔录签字。

审判长：

人民陪审员：

书 记 员：

原告委托代理人：

被告委托代理人：

二、调解笔录实训

任务导入

2012 年 8 月 12 日，从未在任何银行进行过贷款的史某，在中国人民银行查询征信时发现，某银行处有其购车贷款记录。由于在某银行的贷款尚未结清，该银行在史某的个人银行信用上登记了不良贷款记录，因此给史某个人信用造成了不良影响。史某起诉至法院，要求某银行消除其名下的不良贷款记录。后法庭进行了开庭审理，双方同意在人民法院的主持下调解并达成了调解协议，由某银行消除史某的不良贷款记录。

任务分析：根据案例和下文知识掌握调解笔录的制作方法。

基本知识

（一）调解笔录概念

调解笔录是人民法院在审理民事案件中，对调解过程和结果所作的笔录。一般来说，法院根据调解笔录制作调解书，也可依法不制作调解书。需要注意的是，人民法院审理离婚案件应当进行调解，必须制作调解笔录。

（二）调解笔录格式

首部。依次写明文书标题、调解时间、调解地点、案号、案由、审判人员和书记员的姓名、当事人的基本情况。

正文。需要写明调解过程和结果，调解达成协议的需写明协议，达不成调解协议的亦需写明调解不成的结果。

尾部。需要审判人员和书记员、当事人或其他诉讼参与人的签名，签名人写明时间。

（三）调解笔录样式

有当事人在民事案件的开庭审理过程中当庭达成调解协议的，应记入法庭审理笔录，不再制作专门的调解笔录。下面以开庭审理后的一般调解笔录作为样式。

×××人民法院

调 解 笔 录

时间：

地点：

案号：

案由：

审判员：

书记员：

原告：

原告诉讼代理人：

被告：

被告诉讼代理人：

审判员：原告××与被告××××纠纷一案，在上次庭审结束后，双方当事人均同意在法庭的主持下调解，现在双方各陈述自己的调解意见。

原告：

被告：

原告：

被告：

审判员：经法庭主持调解，双方自愿达成协议如下：

一、

二、

三、

审判员：双方对上述协议是否听清了，有无异议？

原代：听清了，无异议。

被代：听清了，无异议。

审判员：双方当事人一致同意本协议内容，自双方在协议笔录上签字或捺印后即具有法律效力。

审判员：当事人校对笔录签字。

审判员（签名）：

书记员（签名）：

原告（签名）：

被告（签名）：

任务拓展

×××人民法院
调 解 笔 录

时间：××年×月×日×时×分至×时×分

地点：第×法庭

案号：(20××)　×民初字第××号

案由：买卖合同纠纷

审判员：王××

书记员：胡××

原告：冯某，男，××年×月×日出生，汉族，个体工商户，住×市×区交×村11号。（未到庭）

原告诉讼代理人：张某，××律师事务所律师，代理权限为授权委托书载明的权限，特别授权。（到庭）

被告：某公司，住所地×市迎宾大道2号。

法定代表人李某，经理。（未到庭）

被告诉讼代理人：高某，女，该公司职工，住该公司宿舍，代理权限为授权委托书载明的权限，特别授权。（到庭）

审判员：原告冯某与被告某公司买卖合同纠纷一案，在上次庭审结束后，双方当事人均同意在法庭的主持下调解，现在双方各陈述自己的调解意见。

被告诉讼代理人：我们认可原告诉求的金额，但现在公司资金有困难，如果付款的话我们只付180 000元。

原告诉讼代理人：能不能再提高到190 000元，把1500元的零头去掉。

被告诉讼代理人：我们只能付到 180 000 元，但是是一次性付款。

原告诉讼代理人：同意。

审判员：付款的时间。

被告诉讼代理人：在 2012 年 7 月 31 日以前一次性付清。若被告无法按上述期限足额付款，原告有权向法院申请强制执行被告材料欠款 191 500 元及违约金 5000 元。

原告诉讼代理人：同意。

审判员：诉讼费 4230 元（原告已预交），减半收取 2115 元，如何负担?

原告诉讼代理人：由被告负担。

被告诉讼代理人：同意。

审判员：经法庭主持调解，双方自愿达成协议如下：

一、被告某公司在 2012 年 7 月 31 日之前一次性支付原告冯某材料欠款 180 000 元。若被告某公司未按期付款，原告冯某有权向法院申请强制执行被告某公司材料欠款 191 500 元及违约金 5000 元。

二、双方就本案别无其他纠纷。

三、案件受理费 4230 元（原告已预交），减半收取 2115 元，由被告某公司负担。

审判员：双方对上述协议是否听清了，有无异议?

原告诉讼代理人：听清了，无异议。

被告诉讼代理人：听清了，无异议。

审判员：双方当事人一致同意本协议内容，自双方在协议笔录上签字或捺印后即具有法律效力。

审判员：现在宣布闭庭，当事人校对笔录签字。

审判员（签名）：

书记员（签名）：

原告委托代理人（签名）：

被告委托代理人（签名）：

三、审判委员会讨论案件笔录实训

任务导入

2012 年 7 月 15 日 16 时 10 分左右，王某驾驶某建材有限公司所有的京 A6666 货车沿某路由北向南行驶至某街口右转弯时，刮撞由北向南骑电动自行车的某设备有限公司员工黎某，造成黎某受伤。经某市公安局交警支队某一大队认定，王某负该交通事故的全部责任，黎某无责任。

黎某称：事故发生之后其被送往某中心医院治疗，经诊断为左侧气胸、右耳软组织挫裂伤、左肩胛骨骨折、全身多处软组织挫伤。于 2012 年 8 月 24 日出院，共住院 40 天。出院医嘱为注意休息，加强营养，定期复查，不适随诊。住院期间共产生医疗费 12 191.64 元，均由某建材有限公司垫付。事故造成其住院 40 天无法工作，除医疗费还产生了误工费 8893.3 元、护理费 2480 元、住院伙食补助费 2000 元、营养费 2000 元、交通费 300 元、眼镜损失 300 元以上共计 15 973.3 元的损失。

某建材有限公司提出：京 A6666 车辆所有人为某建材有限公司，王某系该公司雇佣的司机。该车辆在某人寿财产保险公司某支公司投保机动车交通事故责任强制保险及商业第三者责任保险，其中交强险死亡赔偿限额为 110 000 元，医疗费用赔偿限额为 10 000 元，财产损失赔偿限额为 2000 元，商业第三者责任保险赔偿限额为 200 000 元。事故发生于保险期间内，黎某的损失应由某保险公司赔偿。

某保险公司认可某建材公司关于京 A6666 车辆投保情况及黎某伤情的陈述，但不同意赔偿黎某支付的案件审理费用，认为该费用不属于保险理赔范围，只同意在保险理赔范围内赔偿黎某的损失。

任务分析：根据案例和下文知识掌握审判委员会讨论案件笔录的制作方法。

基本知识

（一）审判委员会讨论案件笔录概念

审判委员会讨论案件笔录，是对审判委员会讨论案件过程和决议的记录。《最高人民法院关于改革和完善人民法院审判委员会制度的实施意见》详细规定了审判委员会讨论案件的程序及各级法院审判委员会讨论案件的范围。

（二）审判委员会笔录格式

首部。需要写明讨论案件的时间，地点，会议主持人，出席委员，案件主审人员即汇报人，记录人，案件的案号、案由，当事人基本情况。

正文。需要写明汇报的案件情况、讨论过程和讨论的结果即决议。

尾部。需要出席审判委员会的各委员签名。

（三）审判委员会笔录样式

××××人民法院
审判委员会讨论案件笔录

时间：××××年××月××日×时×分至×时×分

地点：

主持人：

出席委员：

汇报人：

记录人：

案号：

案由：

原告：

被告：

　　汇报人：关于原告×××与被告×××纠纷一案，现汇报如下：

　　主持人：各位委员的意见。

　　…………

　　审判委员会决议：

【注意事项】

1. 审判委员会讨论案件笔录应如实记录讨论案件的全部过程和作出的决定；汇报人有书面审理汇报意见的，记录人可摘要记录，并将审理报告附在记录之后。

2. 法律并未规定审判委员会委员签名，实践中为保证笔录的真实性、完整性，多由审判委员会委员传阅并签名。

任务拓展

××××人民法院
审判委员会讨论案件笔录

时间：2013 年 6 月 6 日 9 时 10 分至 9 时 50 分

地点：××××人民法院审判委员会办公室

主持人：张某

出席委员：王某、李某、钱某、孙某、赵某、李某某、董某

汇报人：吴某、秦某、牛某

记录人：胡某

案号：（2013）×民初字第 168 号

案由：房屋买卖合同

原告：陈小某

被告：高某、郭某

吴某：关于原告陈小某与被告高某、郭某房屋买卖合同一案，现将该案的来由、查明的事实与合议庭的意见汇报给审判委员会，请审判委员会就如何判决作出决议。

原告陈小某诉称，其在收拾家时发现其父陈某在 2000 年写下的遗嘱，遗嘱内容为，"父亲过世后，自愿将其与高某居住的位于某小区的房屋，属于他的那部分由女儿陈小某继承"。后陈小某了解到，2002 年 2 月，母亲高某以父亲陈某的名义与郭某签订了卖房协议，但至今房屋未取得权属证书，登记业主仍为父亲陈某。陈小某便将母亲高某和郭某诉至本院，要求判决卖房协议无效，郭某将房屋返还陈小某。被告高某辩称，2002 年其在未告知丈夫陈某的情况下，私自将房屋出售给了郭某。后来女儿在清理遗物时发现丈夫留下的遗嘱，所以希望要回房屋，或者郭某补偿自己 20 万元的房屋差价。被告郭某则辩称，其与高某签订卖房协议是双方真实意思表示，卖房协议合法有效，并且原告陈小某也作为证明人在卖房协议上签字，并代其母亲收了房款。另外原告的主张已超过诉讼时效，请我院依法应予驳回。

本案由吴某、秦某、牛某组成合议庭进行审理。经审理查明，该案诉争房屋原由陈某享有 71% 产权，第三人某公司享有 29% 产权及管理权。2002 年 1 月，被告高某与郭某在陈某家中签订了售房协议，约定以 6 万元价格将房屋出售给郭某，而签订协议之时陈某就在家中，被告高某代其丈夫陈某在协议上签字按手印，原告陈小某作为证明人也签字按了手印。后某公司也将房屋的住房证上变更为被告郭某，郭某自 2002 年 2 月搬入房屋居住至今。

合议庭认为：售房协议签订地点是在陈某家中，当时陈某与原告陈小某均在家中，并未对售房一事提出异议，陈小某还在售房协议上签字予以证明。诉争房屋产权由陈某与第三人某公司共同享有，陈某将房屋转让郭某后，该公司将房产证户主变更为郭某，并向郭某收取水电费多年，可见该公司对售房协议是认可

的。因此陈某与郭某签订的售房协议是双方真实意思表示，该售房协议合法有效。关于遗嘱问题，遗嘱为打印而成，没有陈某签字，形式要件不合法；其次即使遗嘱真实，立遗嘱在前，售房在后，遗嘱所处分的财产在继承开始前已经转移，该遗嘱应视为被撤销；另外，诉争房屋自2002年出售至今已有9年，原告的起诉超过了法定的诉讼时效。综上，欲判决驳回原告陈小某的诉讼请求。

张某：请各位委员发表意见。

王某：……同意合议庭意见。

李某：……同意合议庭意见。

钱某：……同意合议庭意见。

孙某：……不同意合议庭意见。

赵某：……同意合议庭意见。

李某某：……同意合议庭意见。

董某：……不同意合议庭意见。

张某：……同意合议庭意见。

审判委员会决议：驳回原告陈小某的诉讼请求。

学习内容三　书记员常用司法文书制作实训

学习任务一　决定、命令类实训

一、决定书、裁定书实训

（一）逮捕决定书实训

○ 任务导入

麻某，男，1981 年 7 月 15 日出生，汉族，某省某县人，高中文化，农民，麻某于 2013 年 8 月 9 日约被害人杨某等七人一同到歌厅庆祝生日，在歌厅唱歌期间，麻某蓄意将被害人杨某灌醉，后在被害人杨某无意识的情况下，与被害人发生性行为。酒醒后被害人杨某报案，某县公安机关依法立案进行侦查。侦查终结后依法移送审查起诉，某县人民检察院在审查起诉期间，发现被告人麻某出现严重疾病，遂决定对被告人麻某取保候审。某县人民检察院依法提起公诉，在某县人民法院审判阶段，人民法院认为被告人麻某有毁灭证据的可能，遂决定对麻某进行逮捕。

任务分析：根据案例和下文知识掌握逮捕决定书的适用范围以及制作方法。

基本知识

1. 逮捕决定书概念。本书所讲的逮捕决定书，是指人民法院依照《刑事诉讼法》的有关规定，对犯罪嫌疑人在主要犯罪事实已经查清，可能判处有期徒刑以上刑罚，采取取保候审、监视居住等强制措施尚不足以防止发生社会危险性而有逮捕必要的情形下，决定予以逮捕时所制作的司法文书。

2. 逮捕决定书格式。本决定书采用填充式，分为三联：第一联是审批联，由审判人员写明被逮捕人的身份情况和决定逮捕的理由，提请院长审批决定；第二联是送交公安机关执行逮捕的正本；第三联是公安机关执行逮捕答复人民法院的回执。

3. 逮捕决定书样式。

第一联

_____人民法院
逮捕决定书（审批联）

（　　）刑字第　号

案　由						
被逮捕人	姓　名		性　别		出生年月日	
	民　族		出生地		文化程度	
	职　业		工作单位			
	住　址					
被逮捕人家属姓名			工作单位			
执行逮捕机关						
逮捕原因					经办人 年　月　日	
审批决定					批准人 年　月　日	

本联存卷

第二联

_____人民法院
逮捕决定书

（　）刑字第　号

本院正在审理的被告人　　，有证据证明犯有　　罪，根据《中华人民共和国刑事诉讼法》第78条和第79条第1款的规定，决定予以逮捕，请予执行。

此致

公安局

年　月　日
（院印）

附：被逮捕人情况

被逮捕人	姓　名		性　别		出生年月日	
	民　族		出生地		文化程度	
	职　业		工作单位			
	住　址					
被逮捕人家属姓名			工作单位			
执行逮捕机关						

本联送达执行逮捕的公安机关

第三联

_____人民法院
逮捕决定书（回执）

（　）刑字第　号

_____人民法院：

根据你院（　）刑字第　号逮捕决定书，我局已于　年　月　日将

_____（性别 ， 年 月 日出生）逮捕，现羁押在_____。

年 月 日

（公章）

本联由执行的公安机关填写加盖公章后退回法院

说明：

1. 本决定书样式供各级法院在审理刑事案件中，对于主要犯罪事实已经查清，可能判处徒刑以上刑罚，有逮捕必要而尚未逮捕的被告人，决定予以逮捕时使用。

2. 人民法院有权决定逮捕的有以下三种人：①自诉案件中构成犯罪的被告人；②公诉案件中已起诉而未被羁押的被告人；③法院依法径行追究刑事责任的严重扰乱法庭秩序和拒不执行已经发生法律效力的判决、裁定，构成犯罪的行为人。

3. 本样式系填充式，但应由专人慎重保管使用。填用时必须经过审判委员会决定或者院长批准。

任务拓展

犯罪嫌疑人杨某，男，1970 年 2 月 6 日出生，汉族，某省某县某乡杨家村第一居民组人，初中文化，农民，被捕前租住于某县某镇中心街百货大楼。因涉嫌犯盗窃罪于 2013 年 1 月 11 日被刑事拘留，同年 2 月 2 日被某县人民检察院依法批准逮捕。某县人民检察院在审查起诉阶段，对被告人杨某取保候审。某县人民检察院依法提起公诉，某县人民法院在审理后，认为被告人的行为已经构成盗窃罪，拟判处 3 年以上有期徒刑。

1. 法院对被告人杨某是否应当予以逮捕？

2. 根据所给内容制作填充式逮捕决定书。

（二）取保候审决定书和解除取保候审决定书实训

任务导入

犯罪嫌疑人吕某（女）与犯罪嫌疑人周某（男）为了达到长期通奸的目的，二人经预谋将掺有农药的米饭喂被害人姜某（系吕某之夫）服下，导致被害人姜某死亡。该案经公安机关侦查，移送某市人民检察院审查起诉并提起公诉。在某市中级人民法院审理期间，发现被告人吕某怀孕的事实，人民法院决定对被告人吕某采取取保候审措施。

任务分析：根据案例和下文知识掌握取保候审决定书和解除取保候审决定书的制作方法及适用范围。

基本知识

1. 取保候审决定书和解除取保候审决定书概念。本书所讲的取保候审决定书，是指人民法院依照《刑事诉讼法》的有关规定，决定对犯罪嫌疑人、被告人采取责令具结提供保证人，由保证人出具保证，保证被告人随传随到，不逃避审判的取保候审强制措施时所制作的司法文书。

解除取保候审决定书是对已经采取取保候审的被告人，如果情况发生变化，依照法律应当予以撤销或者变更强制措施时制作的司法文书。

2. 取保候审决定书和解除取保候审决定书格式。取保候审决定书采用填充式，分为两联：第一联是审批联，由审判人员填写被告人、具保人的有关情况，取保候审的原因，送领导审批；第二联是正本，正本一式三份。一份向被告人宣布，由其签名后存卷；宣布时，应告知被告人在取保候审期间必须随传随到，不得逃避审判。宣布后，由被告人和具保人签名或盖章；一份交给被告人收执；另一份连同取保候审执行通知书送交被告人所在单位或当地公安派出所，基层组织。

解除取保候审决定书和取保候审决定书的格式相同。

3. 取保候审决定书和解除取保候审决定书样式。

第一联

＿＿＿＿＿＿＿人民法院

取保候审决定书（审批联）

（　　）　刑　字第　号

案　由						
被告人	姓　名		性　别		出生年月日	
	文化程度		工作单位			
	住　址					

续表

保证形式	交纳保证金数额		
	保证人姓名住址	与被告人关系	
执行逮捕机关		取保候审期限	个月
取保候审原因			经办人 年 月 日
领导审批			批准人 年 月 日

本联存卷

第二联

_____ **人民法院**
取保候审决定书

（ ） 刑 字第 号

根据《中华人民共和国刑事诉讼法》第 65 条第 1 款的规定，决定对本院正在审理的 一案的被告人 采取取保候审的强制措施。取保候审的期限为 个月，在取保候审期间，被告人应当遵守以下规定：

（一）未经执行机关批准不得离开所居住的市、县；

（二）住址、工作单位和联系方式发生变动的，在 24 小时以内向执行机关报告；

（三）在传讯的时候及时到案；

（四）不得以任何形式干扰证人作证；

（五）不得毁灭、伪造证据或者串供。

人民法院、人民检察院和公安机关可以根据案件情况，责令被取保候审的犯罪嫌疑人、被告人遵守以下一项或者多项规定：

（一）不得进入特定的场所；

（二）不得与特定的人员会见或者通信；

（三）不得从事特定的活动；

（四）将护照等出入境证件、驾驶证件交执行机关保存。

如违反上述规定，依照《中华人民共和国刑事诉讼法》第 69 条第 3 款的规定处理。

本决定由　　公安局执行。

本决定应当向被取保候审的被告人宣布，并由被告人在决定书上签名。

年　月　日

（院印）

向被告人宣布的时间：

　　年　月　日　　　　　　　　被告人签名：

说明：

1. 本决定书样式供各级人民法院在审理刑事案件中采取责令被告人提出保证人，并向保证人出具保证书，保证被告人不逃避审判，随传随到的取保候审强制措施时使用。

2. 取保候审，一般适用于罪行较轻社会危险性较小的被告人，但也可以适用于以下对象：①罪该判刑但无逮捕必要的被告人；②罪当逮捕判刑，但身患严重疾病的被告人，或者正在怀孕或者哺乳自己婴儿的妇女；③已经被公安、检察机关拘留，需要逮捕判刑而证据不充分的被告人；④已被羁押，但因故不能在审限内结案的被告人。

3. 本样式为填充式，使用时须由院长或主管副院长批准。

第一联

＿＿＿＿＿＿＿＿人民法院

解除取保候审决定书（审批联）

（　　）　刑　字第　号

案　由					
被告人	姓　名		性　别		出生年月日	
	文化程度		工作单位			
	住　址					

续表

保证形式	交纳保证金数额		
	保证人姓名住址	与被告人关系	
执行逮捕机关		取保候审期限	个月
解除取保候审原因			经办人 年　月　日
领导审批			批准人 年　月　日

本联存卷

第二联

_____人民法院

解除取保候审决定书

（　　）刑　字第　号

本院于　　年　月　　日决定对被告人　　（性别　　，　　年　月　日出生，在　　工作，现住　　）采取了取保候审的强制措施。现因　　，本院决定将被告人　　取保候审的强制措施予以解除。

年　月　日

（院印）

向被告人宣布的时间：

　　年　月　日　　　　　　　　　　被告人签名：

说明：

1. 本决定书样式供各级法院在审理刑事案件中，对被告人采取了取保候审的强制措施之后，根据情况变化予以撤销时使用。

2. 情况变化有两个方面：①发现被告人的行为不构成犯罪的证据；②重病

已愈或者婴儿哺乳期已过，依法转为逮捕。

任务拓展

犯罪嫌疑人张三，男，1980年1月16日出生，汉族，山西省某县人，研究生文化，系某国有公司经理，因涉嫌犯偷税罪被公安机关立案。张三向某县人民法院提出了取保候审的申请，缴纳了5万元保证金。后由于被告人违反规定，依法解除取保候审决定。

根据所给内容制作取保候审决定书和解除取保候审决定书。

（三）监视居住决定书和解除监视居住决定书实训

任务导入

被告人张某，男，系某县委办公室主任，兼任城建指挥部总指挥。他上任后利用职权多次大肆索取工程介绍费、礼品等共计十余万元。某县检察院依法对被告张某受贿案报经某市人民检察院提起公诉。该市中级人民法院受理了这起受贿案，该市人民检察院在侦查起诉阶段依法对张某采取了监视居住的强制措施，但该市中级人民法院在审理过程中发现张某逃避监视居住，跑到本案行贿人家中活动，唆使行贿人推翻证词，鉴于此，该市中级人民法院为防止张某的串供活动，保证刑事诉讼的正常进行，决定对张某解除监视居住决定，并予以逮捕。

任务分析：根据案例和下文知识掌握监视居住决定书和解除监视居住决定书的制作方法和适用范围。

基本知识

1. 监视居住决定书概念。本书所讲的监视居住决定书，是指人民法院依照《刑事诉讼法》的有关规定，决定对被告人采取责令其不得离开指定的区域，并由执行机关对其行动进行监视和控制的强制措施时所制作的司法文书。

2. 监视居住决定书和解除监视居住决定书格式。监视居住决定书采用填充式，分为两联，可按格式逐项填写。第一联是审批联，由承办审判人员填写被告人的有关情况和监视居住的原因，送领导审批。第二联是正本，正本一式三份。一份向被告人宣布，由其签名后存卷；宣布时，应告知被告人在监视居住期间不得离开指定的区域。宣布后，由被告人签名或者盖章；一份交给被告人收执；另一份连同监视居住执行通知书送交当地公安派出所或受委托的执行单位。

　　在执行监视居住期间，如果情况发生变化，需要解除监视居住的，应另行作出解除监视居住决定书。该决定书同监视居住决定书的格式相同。

　　3. 监视居住决定书和解除监视居住决定书样式。

第一联

＿＿＿＿＿＿人民法院
监视居住决定书（审批联）
（刑事案件用）

（　　）　刑　字第　号

案　　由					
被 告 人	姓　　名		性　别		出生年月日
	文化程度		工作单位		
	住　　址				
执行机关			监视居住期限		个月
监视居 住原因				经办人 　年　月　日	
领导 批示				批准人 　年　月　日	

本联存卷

第二联

＿＿＿＿＿＿人民法院
监视居住决定书

（　　）　刑　字第　号

　　根据《中华人民共和国刑事诉讼法》第 72 条第 1 款的规定，决定对本院正在审理的　　一案的被告人　　采取监视居住的强制措施。在监视居住期间，被告人应当遵守以下规定：

　　（一）未经执行机关批准不得离开执行监视居住的处所；

　　（二）未经执行机关批准不得会见他人或者通信；

（三）在传讯的时候及时到案；

（四）不得以任何形式干扰证人作证；

（五）不得毁灭、伪造证据或者串供；

（六）将护照等出入境证件、身份证件、驾驶证件交执行机关保存。

本决定由　　　　公安局执行。

年 月 日
（院印）

向被告人宣布的时间：

　　　　年 月 日　　　　　　　　　　　被告人签名：

说明：

1. 本决定书样式供各级人民法院在审理刑事案件中采取限令并监视被告人不得擅自离开居住区域的监视居住强制措施时使用。

2. 本样式为填充式，使用时须由院长或主管副院长批准。

第一联

_____人民法院
解除监视居住决定书（审批联）

（　　）刑 字第 号

案　由						
被 告 人	姓　名		性　别		出生年月日	
	文化程度		工作单位			
	住　址					
执行机关				监视居住期限		个月
解除监视 居住原因						经办人 年 月 日
领导 批示						批准人 年 月 日

本联存卷

第二联

_____人民法院

解除监视居住决定书

（　　）　刑　字第　号

本院于　　年　　月　　日决定对被告人　（性别　　，　　年　月　日出生，在　　工作，现住　）采取了监视居住的强制措施。现因　　　，本院决定将被告人　　监视居住的强制措施予以解除。

年　月　日

（院印）

向被告人宣告的时间：

年　月　日　　　　　　　　被告人签名：

说明：

本决定书样式供各级人民法院审理刑事案件，在对被告人采取了监视居住的强制措施之后，根据情况变化予以解除时使用。

任务拓展

被告人李某，女，1980 年 11 月 6 日出生，汉族，某省某县人，大专文化，农民，因涉嫌犯盗窃罪被公安机关立案。李某向某县人民检察院提出了监视居住的申请，人民检察院予以批准。在某县人民法院审理期间由于被告人违反规定，依法作出解除监视居住决定。

1. 根据以上内容填充监视居住决定书和解除监视居住决定书。

2. 人民法院在人民检察院作出解除监视居住决定书后，是否可以对被告人李某直接作出逮捕决定？

（四）刑事案件中止审理裁定书实训

任务导入

被告人王某某，男，1957 年 6 月 13 日出生，某省某区人，汉族，文盲。2013 年 9 月 5 日，因涉嫌犯故意杀人罪被某市公安局某分局刑事拘留，同年 9 月 10 日，经某区人民检察院批准逮捕，现羁押于看守所。公安机关依法侦查后移送起诉，某市人民检察院依法审查起诉并提起公诉。在某市中级人民法院审理期间，被告人王某某左脑脑梗，以致丧失语言表达能力。王某某的辩护人就此向法院提出申请，申请对本案中止审理。某市中级人民法院委托医科大学鉴定中心对王某某目前进行语言表达能力鉴定的结论为：王某某因突发性脑梗死致完全性失语，后某市中级人民法院依法作出中止审理的裁定。

　　任务分析：根据案例和下文知识掌握中止审理裁定书的制作方法和适用范围。

　　基本知识

　　1. 刑事案件中止审理裁定书概念。刑事案件中止审理裁定书，是人民法院在受理案件后，作出判决前，对于正在审理的刑事案件，因具有法律或者司法解释规定的情形使审判在一定期限内无法继续进行的情况时，决定暂时停止案件的审理，待有关情形消失以后，再行恢复审判活动所制作的司法文书。

　　2. 刑事案件中止审理裁定书格式。本决定书的内容比较简单。首部，写明标题和案号；正文，写明什么案件，因何原因现决定中止审理；尾部，写明决定的日期，加盖法院印章。该决定书的正本，送达公诉机关、被告人及其辩护人等。

　　3. 刑事案件中止审理裁定书样式。

＿＿＿＿＿＿人民法院

刑事裁定书

（　　）　刑　字第　　号

　　公诉机关：＿＿＿＿＿＿人民检察院。

　　被告人（写明姓名、性别、出生年月日、民族、出生地、文化程度、职业或者工作单位和职务、住址以及因本案所受强制措施情况等，现羁押何处）。

　　＿＿＿＿＿＿人民检察院于＿＿＿年＿＿＿月＿＿＿日以　检　诉（　　）号起诉书，指控被告人＿＿＿＿＿犯＿＿＿＿＿罪，向本院提起公诉。

　　本院在审理过程中，因＿＿＿＿＿＿＿（写明需要中止审理的原因）依照＿＿＿＿＿＿（写明裁定的法律依据）的规定，裁定如下：

　　本案中止审理。

审判长：

审判员：

审判员：

＿＿年＿＿月＿＿日

（院印）

本件与原本核对无异

书记员：

任务拓展

被告人李某，男，1968 年 10 月 6 日出生，汉族，某省某县人，小学文化，农民，在某县人民法院审理过程中，发现被告人行为异常，导致庭审无法正常进行。后经鉴定，李四属于依法不负刑事责任的精神病人，某县人民法院遂作出中止审理的裁定。

根据以上内容制作中止审理裁定书。

（五）拘留决定书实训

任务导入

某人民法院正在公开开庭审理王某与李某赡养纠纷一案时，坐在旁听席上的李某某大哭大喊，使庭审无法进行，人民法院遂对其作出拘留 10 日的决定。

任务分析：根据案例和下文知识掌握拘留决定书的制作方法。

基本知识

1. 拘留决定书概念。拘留决定书，是人民法院在办理案件时，对有妨害诉讼行为的诉讼参与人或者其他人，依法予以拘留所制作的法律文书。法院采取拘留措施须经院长批准，作出书面拘留决定，拘留的期限为 15 日以下。因哄闹、冲击法庭、用暴力、威胁等方法抗拒执行公务等紧急情况必须立即采取拘留措施的，可以拘留后，立即报告院长补办批准手续。院长认为拘留不当的，应当解除拘留。拘留决定书的原本附卷，正本送达执行拘留的公安机关。

2. 拘留决定书格式。首部。标题写"××××人民法院拘留决定书"，其下行右端写案号（××××）×××字第××号，再另起一行写被拘留人的姓名、性别、出生年月日、民族、籍贯、职业、住址等。

正文。正文是决定书的主体部分，内容包括：被拘留人妨害诉讼行为的时间、地点、情况和后果等，即被拘留人的妨害事实；拘留的理由及法律依据；拘留的期限。

尾部。要交代复议事项即申请复议的权利及复议机关，表述为："如不服本决定，可在收到决定书的次日起 3 日内，口头或者书面向×××人民法院申请复议一次。复议期间，不停止决定的执行。"最后，写明决定日期，加盖法院印章。

3. 拘留决定书样式。

_____人民法院
拘留决定书

（ ）字第 号

被拘留人（写明姓名、性别、出生年月日、民族、籍贯、职业或者工作单位和职务、住址）。

本院在审理（或执行）（写明案由）　　一案中，查明（写明被拘留人妨害诉讼的事实以及予以拘留的理由）。依照《中华人民共和国　诉讼法》第　条第　款第　项的规定，决定如下：

对　　拘留　日。

如不服本决定，可以在收到决定书的次日起 3 日内，口头或者书面向　　人民法院申请复议一次。复议期间，不停止决定的执行。

年　月　日
（院印）

任务拓展

法院正在审理成某与陶某借款合同纠纷一案时，成某的儿子成小某在旁听席上不遵守法庭纪律，大声打手机并教成某回答法官的问话，使庭审无法继续进行，法院遂对其作出拘留 15 日的决定。请思考以下问题：

1. 法院能否拘留成小某？

2. 法院的拘留如何执行？

（六）对申请回避的决定书实训

任务导入

原告王某与被告李某租赁合同纠纷一案，依法由审判长李某、审判员王某和人民陪审员张某组成合议庭进行审理，原告王某发现被告李某与审判长李某系堂姐妹，故提出了回避申请。

任务分析：根据案例和下文知识掌握对申请回避的决定书的制作方法。

基本知识

1. 对申请回避的决定书概念。对申请回避的决定书，是人民法院在审理案件的过程中，依照程序法的规定对当事人提出的回避申请，经审查后准许回避申请或者驳回回避申请，并且认为需要作出相应书面决定时所制作的法律文书。

2. 对申请回避的决定书格式。

首部。写明标题、案号、申请人姓名或者名称及基本情况。

正文。写明三部分内容：一是申请人要求回避的人员及要求回避的理由；二是本院院长或本案审判长、本院审判委员会作出决定的理由和法律依据；三是决定的两种结果，准许回避申请或驳回回避申请。

尾部。交代复议事项，写明："如不服本决定，可以向本院申请复议一次"。最后写明决定日期，加盖法院印章。

3. 对申请回避的决定书样式。

_____人民法院
对申请回避的决定书

（　　）　字第　号

申请人（写明申请人姓名或者名称及基本情况）　　　。

本院在审理　一案中，申请人　要求（写明申请人要求回避的人员）回避，其认为（写明申请回避的理由）　　。本院院长（或本案审判长，或本院审判委员会讨论）认为，　　。依照《中华人民共和国　　法》第　条第　款的规定，决定如下：

如不服本决定，可以向本院申请复议一次。

年　月　日
（院印）

任务拓展

原告成某与被告陶某借款合同纠纷一案，由审判员陶某某独任审理，原告成某认为被告陶某系审判员陶某某的侄子，欲向法院提起回避申请。请思考以下问题：

1. 成某应于何时提出申请？

2. 法院经审查，发现被告陶某系审判员陶某某的侄子，法院应如何处理？

3. 法院经审查，发现被告陶某并非审判员陶某某的侄子，且不存在其他可回避的情形，法院应如何处理？

二、命令实训

（一）执行死刑命令和停止执行死刑命令实训

任务导入

2011年，被告人段某入赘到武家村武某某家。2013年1月24日早，段某因回老家过年一事与其妻武某某在家发生争执，想到自己在武家做上门女婿所受之气，一气之下持菜刀砍向武某某头部和其他部位，后又跑到岳父母所住的窑洞，用刀砍其岳母李某某，致被害人武某某、李某某抢救无效死亡。作案后，段某逃离现场。经鉴定，被害人武某某、李某某均系重度颅脑损伤大出血死亡。某县公安机关依法侦查完毕以后，移送审查起诉。某市人民检察院审查起诉后提起公诉。某市中级人民法院审理后认为被告人段某的行为已经构成故意杀人罪，其犯罪手段残忍，后果严重，性质恶劣，依法判处其死刑，剥夺政治权利终身；一审人民法院宣判后，被告人段某以其是冲动之下所为，认罪态度好，有悔罪表现为由提出上诉，某省高级人民法院依法审理后驳回上诉，维持原判，并报最高人民法院核准。最高人民法院审理后认为一、二审认定事实清楚，证据确实充分，定罪准确，量刑适当，审判程序合法，同意核准被告人段某死刑，剥夺政治权利终身的判决，并由最高人民法院院长签发执行死刑命令，交由一审人民法院在7日内依法予以执行。

任务分析：根据案例和下文知识了解执行死刑命令和停止执行死刑命令样式及内容，并掌握停止执行死刑命令适用范围。

基本知识

1. 执行死刑命令和停止执行死刑命令概念。

（1）执行死刑命令，是最高人民法院院长发布的或者是根据最高人民法院的授权由高级人民法院院长对已经依法判处和核准死刑立即执行的罪犯，要求人民法院交付执行死刑的司法文书。

（2）停止执行死刑命令，是最高人民法院院长或者高级人民法院院长对已经发布了执行死刑命令的罪犯，在执行前发现了依法应当停止执行或者暂停执行死刑的情况后，命令原执行的人民法院依法停止或暂停执行死刑的司法文书。

2. 执行死刑命令和停止执行死刑命令格式。

（1）执行死刑命令格式。首部要依次写明文书标题、案号和受文机关。正文一般为一个自然段，包括两方面的内容：一是写明已依法判处死刑的罪犯姓名和罪名，命令受文机关在接到命令之日起 7 日以内，将罪犯验明正身，核对犯罪事实无误，询问有无遗言、信札之后，交付执行死刑；二是写明如果遇有《中华人民共和国刑事诉讼法》第 251 条或第 252 条规定的应当停止执行或暂停执行的情况，应当停止或暂停执行，并立即报告本院。尾部的右下方由院长署名，最后写明命令的日期，加盖法院印章。

（2）停止执行死刑命令格式。首部依次写明文件标题、案号和受文机关。正文一般分为三个层次：一是写明案犯的罪名、姓名和已下达执行死刑命令的日期，简要说明下级法院报告中应当停止执行死刑的事由；二是写明停止执行死刑的法律依据；三是命令事项。一般可作以下表达：

一、撤销本院×××年××月××日（××××）×刑×字第××号对罪犯×××的执行死刑命令，停止执行死刑；

二、指令××人民法院速将所报情况进一步查明核实，报告本院最后裁定。

尾部与执行死刑命令的写法相同。

3. 执行死刑命令和停止执行死刑命令样式。

（1）执行死刑命令样式。

＿＿＿＿＿人民法院
执行死刑命令

（　　）　刑　字第　号

×××× 人民法院：

本院已依法核准犯有××××罪的罪犯×××死刑，现命令你院自接到执行死刑命令之日起 7 日以内，将罪犯×××验明正身，核对犯罪事实无误，讯问有无遗信、信札之后，交付执行死刑，并将执行死刑情况报告本院。如果遇有《中华人民共和国刑事诉讼法》第 251 条第 1 款或者第 252 条第 4 款规定的应当停止执行的情况，应当停止执行死刑，并立即报告本院。

院长

年　月　日

（院印）

（2）停止执行死刑命令样式。

＿＿＿＿＿人民法院
停止执行死刑命令

×××× 人民法院：

罪犯×××犯×××罪，已经本院依法核准死刑，并由本院院长于　年　月日签发了执行死刑命令。现人民法院在执行时发现（写明依法应当停止执行或者暂停执行死刑的情形），于　　　年　　月　　　日作出（　　）刑　字第　　号报告，报送本院审核。

经本院审核认为，所报情况属实，符合《中华人民共和国刑事诉讼法》第251条第1款（或者第252条第4款）的规定，现命令如下：

一、撤销本院　　年　　月　　　日对罪犯　　的执行死刑命令，停止执行死刑；

二、指令　　人民法院速将所报情况进一步查明核实，报告本院作出裁定。

此令。

院长

年　月　日

（院印）

任务拓展

2013年12月16日17时许，被告人陈某与赵某发生争执引起打斗，陈某被打倒在床上，后陈某从床上拿起一把弹簧刀冲出院子继续与赵某打斗，后张某过来予以劝阻，在打斗过程中，陈某用刀将张某捅伤，后又朝赵某身体连捅数刀将赵某捅倒在地。后二人经抢救无效死亡。经法医检验鉴定，赵某系被他人以单刃扁平锐器刺穿胸壁刺破主动脉致心包急速积血填塞引起呼吸循环衰竭死亡。张某系被他人用单刃扁平锐器刺破大动脉，导致大出血死亡。某县公安机关依法侦查完毕以后，移送审查起诉。某市人民检察院审查起诉后提起公诉。某市中级人民法院审理后认为被告人陈某的行为已经构成故意杀人罪，其犯罪手段残忍，性质恶劣，后果严重，依法判处其死刑，剥夺政治权利终身；一审人民法院宣判后，被告人陈某以量刑过重为由提出上诉，某省高级人民法院依法审理后驳回上诉，维持原判，并报最高人民法院核准。最高人民法院审理后认为一、二审认定事实清楚，证据确实充分，定罪准确，量刑适当，审判程序合法，同意核准被告人陈某死刑，剥夺政治权利终身的判决，并由最高人民法院院长签发执行死刑命令，交由一审人民法院在7日内依法予以执行。请思考以下问题：

1. 本案在什么情况下，应当暂停执行死刑？

2. 在什么情况下，停止执行的原因消失后可以继续执行死刑？是否还需要重新签发执行死刑命令？

（二）刑事案件的查封（扣押）命令和解除查封（扣押）命令实训

◐ **任务导入**

被告人杨某冒充军队领导，多次以能够办理军校在校生为诱饵，收受他人钱款，金额高达 300 万元，杨某将诈骗所得的钱财用于个人挥霍后，经他人多次催要，仍无法归还。案发后某县公安机关予以立案侦查并移送某市人民检察院审查起诉，某市人民检察院依法提起公诉。某市中级人民法院在审理期间，发现被告人杨某用所得赃款购买宝马 X5 汽车一辆，住房一套。某市中级人民法院依法决定对其作出扣押命令。

任务分析：根据案例和下文知识了解和掌握刑事案件的查封（扣押）命令和解除查封（扣押）命令的填写和适用范围。

基本知识

1. 刑事案件的查封（扣押）命令和解除查封（扣押）命令的概念。

（1）刑事案件的查封（扣押）命令，是人民法院在审理某一刑事案件时，认为有必要依法查封（扣押）特定的财产，由本院院长发布的命令执行人员查封（扣押）的司法文书。

（2）刑事案件的解除查封（扣押）命令，是人民法院对于已经查封（扣押）的特定财产，由于情况发生变化，需要解除查封（扣押）时由本院院长发布的司法文书。

2. 刑事案件的查封（扣押）命令和解除查封（扣押）命令格式。

（1）查封扣押命令的格式。首部要依次写明文书标题和案号。正文部分应包括：①写明据以查封、扣押财产的法律条款；②指派执行查封、扣押财产的执行人员的职务和姓名；③写明被查封、扣押财产的当事人姓名或单位名称，以及被查封、扣押财产和所在地及其名称、数量等。右下方由院长署名，最后写明命令的日期，加盖院印。

查封（扣押）命令应由执行人员当场宣布。执行情况应另行制作查封、扣押笔录。

（2）解除查封（扣押）命令的格式。本命令的内容与写法，首部和尾部，与查封（扣押）命令基本相同。标题应为"解除查封（扣押）命令"。正文部分，一般可作如下表述：

本院××××年××月××日依法查封（扣押）……（写明被查封或扣押财产的当事人姓名或单位名称）在……（写明被查封或扣押的财产名称、数量等），解除查封（扣押）。

3. 刑事案件的查封（扣押）命令和解除查封（扣押）命令样式。

（1）查封（扣押）命令样式。

_____人民法院

查封（扣押、冻结）令

（　　）　刑　字第　号

本院根据　　　　（写明适用法律依据）的规定，特派（写明执行人员职务、姓名）等，对　　　　（写明被查封或扣押财产或冻结存款的当事人的姓名或者单位名称）在（写明应予查封或者扣押、冻结的财产所在地及其名称、数量等），予以查封（或者扣押、冻结）。

此令。

院长

年　月　日

（院印）

（2）解除查封（扣押）命令样式。

_____人民法院

解除查封（扣押、冻结）令

（　　）　刑　字第　号

本院　年　月　日依法查封（扣押、冻结）　　　（写明被查封或扣押财产或冻结存款的当事人的姓名或者单位名称）的　　　（写明被查封或者扣押、冻结的财产的所在地及其名称数量），现决定予以解除查封（扣押、冻结）。

此令。

院长

年　月　日

（院印）

任务拓展

被告人杨某伙同王某、刘某，多次流窜于晋西北地区盗窃汽车。2013年9月18日凌晨2点左右，在某市某小区院内三被告人作案时被下班回家的公安民警张某发现，张某遂上前盘问，在盘问过程中王某、刘某逃脱，杨某被抓获。杨某供述了其犯罪事实及隐匿地，后某县公安机关在其隐匿地当场扣押汽车 10 辆。公安机关侦查终结后移送审查起诉，某市中级人民法院在审理期间，查明车辆的归属情况。请思考以下问题：

1. 人民法院是否可以作出解除查封（扣押）的命令？
2. 人民法院是否可以直接将被盗车辆发还给被害人？

学习任务二　公告、布告类实训

一、开庭公告实训

任务导入

某县人民法院受理的中国农业银行股份有限公司某支行诉谭某借款合同纠纷一案，由审判长王某、审判员徐某、林某组成合议庭，该案定于 2013 年 7 月 5 日在某县人民法院第二法庭公开审理。

任务分析：根据案例和下文知识掌握开庭公告的制作方法。

基本知识

（一）开庭公告概念

开庭公告，是人民法院对于应当公开开庭审理的刑事、民事、行政案件，先行公布当事人姓名（名称）、案由、开庭时间和地点等内容的告示性法律文书。开庭公告在公开张贴后，由书记员填好张贴的时间并入卷。

（二）开庭公告格式

公告的标题，写"×××人民法院公告"。正文，要写明当事人姓名（名称）、案由、开庭时间和地点等。尾部写明发出公告的时间。公告一般采取填充式，张贴于法院专设的公告栏或其他适当的地方。发布公告的时间，应由书记员在公告原稿上如实填写。

（三）开庭公告样式

_____人民法院

公　告

本院定于　　年　　月　　日　　时　　分在

公开审理　　　　　　　　　　　　　　　　　一案。

特此公告。

年　月　日
（院印）

注：本公告已于　　年　　月　　日张贴。

书记员（签名）

任务拓展

原告陈小某与被告高某、郭某房屋买卖合同一案定于 2014 年 2 月 13 日在某县人民法院第八法庭公开审理。请问书记员应如何制作并发布开庭公告？

二、送达民事起诉状副本及开庭传票实训

任务导入

广东省某市中级人民法院受理了袁某诉高某建设工程施工合同一案，因高某下落不明，特公告向其送达起诉状副本。

任务分析：根据案例和下文知识掌握民事起诉状副本及开庭传票公告的制作方法。

基本知识

（一）送达民事起诉状副本及开庭传票公告概念

送达民事起诉状副本及开庭传票公告，是指人民法院在受理民事案件后，由于被告下落不明或采用其他方法无法送达起诉状副本和开庭传票的，采用登报或张贴公告的方式送达民事起诉状副本及开庭传票，通知其应诉答辩及开庭审理的告示性法律文书。发布公告的时间、地点和方式等有关情况，要在公告原稿之后如实加以记载。如张贴公告的，应记明张贴的时间和地点；登报公告的，应将登报后的公告粘贴在人民法院制作的公告原稿后。

（二）送达民事起诉状副本及开庭传票公告格式

送达民事起诉状副本及开庭传票的公告要准确完整，亦要简练。在写明标题之后，直呼受送达人的姓名或名称；正文写明所受理案件的当事人姓名（名

称）、案由、需送达的法律文书、起诉要点、公告期限、答辩期限、举证期限、法律后果。尾部写明发出公告的时间并加盖院印。

（三）送达民事起诉状副本及开庭传票公告样式

_____人民法院

公　告

_____（写明受送达人的姓名或名称）：

本院受理（写明当事人的姓名和案由）_____一案，现依法向你公告送达起诉状副本、_____（写明需要送达的其他法律文书）及开庭传票。_____（填写起诉要点）。自公告之日起，经过60日（涉港澳台为满3个月，涉外为满6个月），即视为送达。提出答辩状和举证的期限分别为公告期满后的15日内和30日（涉港澳台或涉外均为30日）。并定于举证（答辩）期满后第___日___时___分（遇法定节假日顺延）在本院_____（写明具体法庭）开庭审理，逾期将依法缺席裁判。

___年___月___日
（院印）

【注意事项】

1. 公告送达的前提是受送达人下落不明，或者采用直接送达、留置送达、委托送达、邮寄送达、转交送达这五种送达方式无法送达，在此情况下，才能采用公告送达。公告送达，应当在案卷中记明原因和经过。

2. 公告送达的方式，可以在法院的公告栏、受送达人原住所地张贴公告，也可以在报纸上刊登公告；对公告送达方式有特殊要求的，应按要求的方式进行公告。公告期满，即视为送达。

3. 公告送达判决书、裁定书的，应说明裁判主要内容，属于一审的，还应说明上诉权利、上诉期限和上诉的人民法院。

任务拓展

原告陈小某与被告高某、郭某房屋买卖合同一案，被告郭某下落不明，需向其公告送达起诉状副本。请思考以下问题：

1. 上述公告如何制作？
2. 上述公告如何发布？

三、申请公示催告公告实训

◎ 任务导入

申请人上海某技术有限公司因遗失银行承兑汇票一张，向北京市某区人民法院申请公示催告，该院决定受理，并依法予以公告。该票据记载：票号为××××，票面金额为 500 000 元，出票人为海南某有限公司，出票日为 2012 年 1 月 1 日，到期日为 2012 年 7 月 1 日，收款人为申请人，背书人空白，付款银行为中国工商银行股份有限公司某支行。

任务分析：根据案例和下文知识掌握申请公示催告公告制作方法。

基本知识

（一）申请公示催告公告概念

申请公示催告公告，是人民法院决定受理申请公示催告的案件后，采取登报或张贴的方式，公开催促利害关系人申报票据权利的告示性法律文书。

《民事诉讼法》第十八章规定了公示催告程序。按照规定可以背书转让的票据持有人，因票据被盗、遗失或者灭失，可以向票据支付地的基层人民法院申请公示催告。依照法律规定可以申请公示催告的其他事项，适用本章规定。申请人应当向人民法院递交申请书，写明票面金额、发票人、持票人、背书人等票据主要内容和申请的理由、事实。人民法院决定受理申请，应当同时通知支付人停止支付，并在 3 日内发出公告，催促利害关系人申报权利。公示催告期间，由人民法院根据情况决定，但不得少于 60 日。

（二）申请公示催告公告格式

首部写明标题和案号，案号为××公催字第××号，因此种公告无具体的被送达人，故首部不写受送达人。正文写明申请人申请公示催告的原因、票据记载事项、公告期限、法律后果。尾部写明发出公告的时间并加盖院印。

（三）申请公示催告公告样式

＿＿＿＿＿＿人民法院

公　　告

（　　）　　公催字第　号

申请人＿＿＿＿因＿＿＿＿（写明申请理由），该票据记载：＿＿＿＿（写明票号、票面金额、出票人、出票行、持票人、背书人等），向本院申请公示催告，本院决定受理，现依法予以公告。自公告之日起，经过 60 日，利害关系人应向本院申报权利，届时无人申报权利，本院将依法作出判决，宣告上述票据无效。在公示催告期间，转让该票据权利的行为无效。

___年___月___日

（院印）

任务拓展

某公司向某银行对承兑汇票提示付款，该银行在收到汇票后不慎用碎纸机将汇票粉碎。某银行与某公司产生了纠纷，均认为应由对方向法院申请公示催告。请思考以下问题：

1. 某银行与某公司能否向法院申请公示催告？
2. 若某银行或某公司能申请公示催告，应如何向法院申请？

四、公布执行死刑罪犯布告实训

任务导入

被告人贺某，男，1979 年 9 月 25 日出生，汉族，高中文化，无业，系某省某县某村人，住该村。2013 年 8 月 20 日因涉嫌故意杀人被刑事拘留，同年 9 月 3 日被逮捕。现羁押于某某县公安局看守所。

一审人民法院查明事实如下：被告人贺某与被害人杨某（女）原为邻居，因琐事贺某产生报复心理。2013 年 8 月 14 日 21 时许，贺某从家中携带皮带刀窜至杨某家，确认杨某家中只有杨某及其儿子柴某后，贺某趁杨某上厕所时持刀伤害杨某。杨某反抗并呼叫，致贺某所持皮带刀掉入茅坑。柴某闻讯出门拿手电筒击打贺某头部，后又返回家中拿了一把菜刀在贺某脸上砍了两刀。贺某夺下菜刀后在二人脖子上和头部乱砍致二人死亡后逃离现场。

某省某市中级人民法院审理后认为被告人贺某的行为已经构成故意杀人罪，其犯罪手段残忍，后果严重，应予严惩。根据《中华人民共和国刑法》第 232 条的规定，以故意杀人罪判处贺某死刑，剥夺政治权利终身；一审人民法院宣判后，被告人贺某未上诉，该省高级人民法院依法予以复核，同意核准被告人贺某死刑，剥夺政治权利终身的判决，并报最高人民法院核准。最高人民法院审理后认为一、二审认定事实清楚，证据确实充分，定罪准确，量刑适当，审判程序合法，同意核准被告人贺某死刑，剥夺政治权利终身的判决，并由最高人民法院院长签发执行死刑命令，交由一审人民法院依法予以执行。该市中级人民法院依法于 2014 年 3 月 5 日对被告人贺某执行死刑后，发布死刑罪犯布告。

任务分析：根据案例和下文知识了解执行死刑罪犯布告的书写内容和格式。

基本知识

（一）公布执行死刑罪犯布告概念

公布执行死刑罪犯布告，是人民法院在依法执行死刑罪犯后，向社会公开发布的公示性司法文书。

（二）公布执行死刑罪犯布告格式

布告的结构要严谨。首部应分两行写明标题，如"××××人民法院布告"；为了保密，不写文书的字号；另起一行写明罪犯的罪名、姓名、性别、出生年月日、籍贯、原工作单位和职务或职业、住所地址，以及该犯的主要劣迹等。正文是布告的主体部分，内容包括：简要叙述罪犯的犯罪事实、性质、情节和危害后果；判处死刑的法律依据；上诉、复核及核准死刑经过的程序；最后，写明"本院遵照×××人民法院院长签发的执行死刑命令，已于×××年×月×日将罪犯×××验明正身，押赴刑场，执行枪决"。结尾处写"此布"两字，并用红笔打上"√"符号，表示已经执行完毕，也使布告更加醒目。布告由院长署名，写明日期，加盖院印。

（三）公布执行死刑罪犯布告样式

_____人民法院

布　告

（公布执行罪犯死刑用）

　　_____（写明罪犯的罪名、姓名、性别、出生年月日、籍贯、原工作单位和职务或职业、住所地址以及主要劣迹等）。

　　_____（简要叙述罪犯的犯罪事实、性质、情节和危害后果）。本院依照《中华人民共和国刑法》第____条的规定，以____罪判处____死刑，剥夺政治权利终身。该犯遵照____人民法院院长签发的执行死刑命令，已于____年____月____日将罪犯____验明正身，押赴刑场，执行枪决（采用注射方法执行死刑的，在"验明正身"之后，写"在指定的刑场或者羁押场所，采用注射方法执行死刑"）。

　　此布。

____年____月____日

（院印）

说明：本布告由交付执行死刑的人民法院制作。

任务拓展

被告人孙某，男，1981年12月8日出生，汉族，某省某县人，小学文化，农民，住某县某乡某村。1996年2月因犯放火罪被某县人民法院判处在少管所服刑1年。1998年因犯盗窃罪被某县人民法院判处有期徒刑2年，2000年3月4日被释放。2000年4月又因犯盗窃罪被判处有期徒刑2年6个月，2002年10月12日被释放。2013年4月1日因涉嫌抢劫罪被刑事拘留，同年4月16日被逮捕，现羁押于某县公安局看守所。

一审人民法院查明事实如下：被告人孙某因沉迷赌博，导致生活经常捉襟见肘。孙某在与周某等人赌博时，听周某说和其一起赌博的被害人杨某（女）系卖淫女，因要开歌厅，家中放置了大量现金，遂产生犯意。2013年3月3日凌晨1时许，被告人孙某蒙面潜入被害人杨某家中窃取现金三十余万元，金项链两条，在即将离开之际，被杨某发现，二人发生激烈打斗，在打斗过程中杨某认出被告人孙某，便大声呼叫。被告人孙某为逃离现场，掏出随身准备的尖刀向被害人腹部、胸部、颈部等部位捅刺数刀，致被害人杨某当场死亡，后逃离现场。经法医鉴定，被害人系被锐器刺伤胸部，造成心脏破裂致大出血死亡。

某省某市中级人民法院审理后认为被告人孙某的行为已经触犯《中华人民共和国刑法》第263条第5项的规定构成抢劫罪，且犯罪手段残忍，后果严重，应予严惩。一审法院据此作出判处被告人孙某死刑，剥夺政治权利终身的判决。一审宣判后，被告人孙某以量刑过重为由提出上诉，该省高级人民法院依法审理后作出驳回上诉，维持原判的裁定，并报最高人民法院核准。最高人民法院审理后认为一、二审认定事实清楚，证据确实充分，定罪准确，量刑适当，审判程序合法，同意核准被告人孙某死刑，剥夺政治权利终身的判决，并由最高人民法院院长签发执行死刑命令，交由一审人民法院在依法予以执行。该市中级人民法院于2013年10月22日将罪犯孙某验明正身，押赴刑场，执行枪决。

根据所给材料拟写公布执行死刑罪犯布告。

学习任务三　通知类实训

一、民事案件受理案件通知书实训

任务导入

2012年3月张某因为给朋友承包水果摊借款，通过中间人贺某向郝某借款

10 000 元，双方约定利息为每月 3 分。郝某多次索要，张某一直未还款。为促使张某尽快还钱，郝某将借款时间改为 2013 年 3 月，意在拿回 10 600 元的本息，放弃 2012 至 2013 年一整年的利息 3600 元。但更改欠条时间没有借款人张某签名确认。尽管已经做出很大让步，但张某还是以各种理由推托，最后竟然干脆说早已将欠款连本带息还给了郝某。无奈之下，郝某将张某诉至法院。法院受理了郝某的起诉。

任务分析：根据案例和下文知识掌握民事案件受理案件通知书的制作方法。

基本知识

（一）民事案件受理案件通知书概念

民事案件受理案件通知书，是人民法院在收到自然人、法人或者其他组织作为原告提起的民事纠纷起诉后，经审查符合起诉条件的，决定立案审理并将受理决定及有关事项告知原告的法律文书。

（二）民事案件受理案件通知书格式

首部。依次写明文书标题、案号、被通知对象即原告的姓名或名称。

正文。需要写明的有如下几项：已收到起诉书或口头起诉的情况；对起诉的审查情况，即起诉符合法定受理条件；告知有关的诉讼权利义务；交纳案件受理费的相关内容。

尾部。写明日期并加盖法院印章。

（三）民事案件受理案件通知书样式

_____人民法院
受理案件通知书

（　　）　初字第　　号

××××：

你（你单位）诉××一案的起诉书已收到。经审查，起诉符合法定受理条件，本院决定立案审理，并将有关事项通知如下：

一、在诉讼过程中，当事人必须依法行使诉讼权利，有权行使《中华人民共和国民事诉讼法》第 49 条、第 50 条、第 51 条规定的诉讼权利，同时也必须遵守诉讼秩序，履行诉讼义务。

二、如需委托代理人代为诉讼，应向本院审判庭递交由委托人签名或盖章的授权委托书。授权委托书必须记明委托事项和权限。

三、应在接到本通知书后 7 日内，向本院预交案件受理费×元，本院开户银行××，账号××。

×年×月×日

（院印）

任务拓展

2012 年 11 月，A 旅行社与 B 航空公司签订《计划位协议书》一份，约定由 B 航空公司在协议签订后的 4 个月内，为其预留 C 地到 D 地每周一、三、五、日的航班座位 30 套共 60 座（往返），A 旅行社向 B 航空公司交纳 20 万元保证金。B 航空公司为 A 旅行社预留的座位数，A 旅行社可以有 10% 的上下浮动，不产生违约金，若座位数在 10% 浮动后，未达标者，相应座位损失 B 航空公司有权从 A 旅行社交纳的保证金中扣除。协议签订后，A 旅行社交纳了 20 万元保证金并开始陆续向 B 航空公司订票送客登机，每月上机人数大约在 150 人左右。2013 年 12 月，B 航空公司通知 A 旅行社其保证金已被扣完，不再为其预留座位。A 旅行社认为其依约履行了全部合同义务，B 航空公司扣除保证金并拒绝提供机票的行为属违约行为，遂将 B 航空公司起诉至法院，法院依法受理此案。

法院受理 A 旅行社的起诉后，应如何通知 A 旅行社起诉已被受理？

二、民事案件应诉通知书实训

任务导入

刘某与杨某是大学同学，关系甚密。后来刘某与杨某在生意中发生纠纷，刘某起诉至人民法院，要求杨某给付货款 4000 元。法院受理后，依法向杨某发出应诉通知书。

任务分析：根据案例和下文知识掌握民事案件应诉通知书的制作方法。

基本知识

（一）民事案件应诉通知书概念

民事案件的应诉通知书，是人民法院在受理民事纠纷案件后，通知被起诉的自然人、法人或其他组织应诉的法律文书。

（二）民事案件应诉通知书格式

首部。依次写明文书标题、案号、被通知对象即被告的姓名或名称。

正文。需要写明的包括以下几项：已受理案件的情况；发送起诉状副本的情况；有关的诉讼权利义务；提交答辩状及答辩状的份数；可委托诉讼代理人代为诉讼及办理委托的事项。

尾部。写明日期并加盖法院印章。

（三）民事案件应诉通知书样式

＿＿＿＿＿＿人民法院
应诉通知书

（　　）　字第　号

×××＿：

本院已经受理　　　　诉你（你单位）　　　　一案，现随文发送起诉状副本1份，并将有关应诉事项通知如下：

一、在诉讼过程中，当事人必须依法行使诉讼权利，有权行使《中华人民共和国民事诉讼法》第49条、第50条、第51条规定的诉讼权利，同时也必须遵守诉讼秩序，履行诉讼义务。

二、在收到起诉状副本后　　日内提出答辩状（正本1份，副本　　份），送交本院　　审判庭。如不按时提出答辩状，不影响本案的审理。

三、如需委托代理人代为诉讼，还应递交由委托代理人签名或盖章的授权委托书。授权委托书必须记明委托事项和权限。

年　月　日
（院印）

任务拓展

2010年1月4日，A公司由B公司提供连带保证担保，向某银行贷款150万元，借款期间自2010年1月4日起至2010年1月30日止，保证方式为连带保证担保，保证期间为自借款期限届满后的2年。借款到期后，A公司未依约归还借款本息。2012年1月30日保证期间届满，该银行也未在上述保证期间内要求B公司承担保证责任。因该笔150万元借款一直未能得到偿还，该银行于2013年7月诉至法院，要求B公司承担连带保证责任偿还借款本息。法院受理了此案，并依法发出应诉通知书。

法院受理某银行的起诉后，应如何告知B公司其已被起诉？

三、刑事自诉案件应诉通知书实训

◔ **任务导入**

被害人周某（女）与被告人王某于 2012 年结婚，二人异地工作，被告人王某在工作期间与其同事夏某（女）一起生活居住，并秘密领取结婚证。被害人周某发现后，到公安机关报案。某县公安机关侦查终结以后，移送某县人民检察院审查起诉。某县人民检察院没有提起公诉。后被害人周某以有证据能够证明被告人王某有重婚的事实存在为由，向某县人民法院提起自诉。某县人民法院依法受理后，下达自诉案件应诉通知书。

任务分析：根据案例和下文知识掌握刑事自诉案件应诉通知书的书写以及自诉案件的种类。

◣ **基本知识**

（一）刑事自诉案件应诉通知书概念

刑事自诉案件应诉通知书，是人民法院对于刑事自诉案件，通过审查决定受理后，通知被告人应诉的司法文书。

（二）刑事自诉案件应诉通知书格式

根据《样式》的规范，填写本通知书正文部分的要求是：

写明自诉人的姓名及其对被告人起诉的案由，现发送起诉状副本通知被告人应诉。

分项写明应诉的有关事项，一般有如下三项：

1. 告知应诉过程中的诉讼权利义务。

2. 告知提出答辩状及其期限。

3. 告知如需委托诉讼代理人应递交授权委托书。

（三）刑事自诉案件应诉通知书样式

＿＿＿＿＿＿＿人民法院

应诉通知书

（　）　字第　　号

××××：

本院受理　　　　诉你　　一案，现随文发送自诉状副本 1 份，并将有关应诉事项通知如下：

一、在诉讼过程中，当事人必须依法行使诉讼权利，履行诉讼义务，遵守诉讼秩序。

二、在收到自诉状副本后　　日内，将申请出庭的证人名单和当庭宣读、出示的证据复印件、照片连同提出的答辩状（正本1份，副本　　份）一并递交本院　　庭。

三、你可以委托辩护人，并将由委托人签名或者盖章的辩护委托书递交本院。

年　月　日
（院印）

任务拓展

被告人夏某涉嫌强奸罪，某县公安机关不予立案，被害人杨某有证据能够证明被告人夏某确有犯罪事实存在，遂提起自诉。某县人民法院依法受理，并发出应诉通知书。

根据所给内容制作应诉通知书。

四、告知合议庭组成人员通知书实训

任务导入

某房地产开发有限公司所属大楼外墙一块玻璃被大风刮落，恰巧砸到了停放在楼下的奔驰、宝马两辆车。二车的车主郭某、杨某来到停车场后看到自己的爱车面目全非，顿时心如刀绞。在对现场进行了调查后，他们找到了某房地产开发有限公司的负责人，要求其赔偿自己车辆的损失，不料对方态度生硬，找出各种理由搪塞。两位车主在独自承担了高额的修车费用后，又多次与该房地产公司进行协商，但双方在赔偿款数额上始终未能达成一致。无奈之下，郭某、杨某二人一纸诉状将该房地产公司诉至人民法院。人民法院受理了此案，依法由审判长李某、审判员王某和人民陪审员张某组成合议庭进行审理。现需制作告知审判庭组成人员通知书。

任务分析：根据案例和下文知识掌握告知合议庭组成人员通知书的制作方法。

基本知识

（一）告知合议庭组成人员通知书概念

告知合议庭组成人员通知书，是人民法院对已受理的适用普通程序审理的民事案件确定合议庭组成人员后，告知当事人合议庭组成人员的法律文书。

（二）告知合议庭组成人员通知书格式

首部依次写明文书标题、案号、被告知当事人的姓名或名称。正文需要写明的有：已受理案件的情况；合议庭成员姓名、职务及在合议庭中担任的职务。尾部写明日期并加盖法院印章。

（三）告知合议庭组成人员通知书样式

＿＿＿＿＿＿＿人民法院
告知合议庭组成人员通知书

（　　）　字第　　号

××××：

本院受理原告（或上诉人）　　　　　与被告人（或被上诉人）　　　　一案，决定由　　　担任审判长，与审判员（或代理审判员、人民陪审员）　　　组成合议庭进行审理。

特此通知。

年　月　日
（院印）

任务拓展

董某是某工业学校锻造专业的在校学生，学校安排董某到某制造公司进行顶岗实习。董某在操作锻造机械时，不慎将右手中指及无名指切伤，被医院诊断为右中环指末节完全离断。经鉴定，董某构成九级伤残。董某认为学校与实习接受单位在其实习过程中未尽到教育和管理的职责，应承担赔偿责任，遂向学校和制造公司要求赔偿。多次索赔无果后，董某遂将学校与公司诉至某县法院，要求赔偿其经济损失10万元。法院受理了此案，依法由审判长赵某、审判员孟某和人民陪审员黎某组成合议庭进行审理。某县法院作出判决后，某公司不服判决提起上诉，某中级人民法院经过审查，将案件发回重审。

某县法院收到重审的案件后，确定由审判长赵某、审判员孟某和人民陪审员黎某再次组成合议庭审理此案。请问该合议庭成员的组成是否合法？法院应如何告知各方当事人新的合议庭组成人员？

五、刑事公诉案件指定辩护人通知书实训

任务导入

被告人曲某与其父因拆迁赔偿款分配事宜产生纠纷，2013 年 11 月 15 日晚 11 时许，被告人曲某酒后赶到其父家中，再次商议赔偿款分割问题，后与其父产生争执，曲某持菜刀将其父砍死。在某市中级人民法院送达起诉书副本时，被告人曲某明确表示不委托辩护人，后某市中级人民法院根据法律规定为其指定辩护人。

任务分析：根据案例和下文知识掌握刑事公诉案件指定辩护人的种类以及指定辩护人通知书的填写。

基本知识

（一）刑事公诉案件指定辩护人通知书概念

刑事公诉案件指定辩护人通知书，是指在有公诉人出庭支持公诉的刑事案件而被告人没有委托辩护人的情况下，受诉法院决定为其指定辩护人后，通知律师事务所或法律援助中心委派律师担任其辩护人的司法文书。

（二）刑事公诉案件指定辩护人通知书格式

填写本通知书正文部分的要求如下：

1. 填明被告人的姓名和案由。

2. 填写本院决定为其指定辩护的缘由和法律根据。

3. 告请委派律师担任被告人的辩护人速来阅卷，准备出庭。

（三）刑事公诉案件指定辩护人通知书样式

＿＿＿＿＿＿＿＿人民法院
指定辩护人通知书

（　　）　刑　字　第　　号

××××：

本院受理　　检察院指控被告人犯　　　　罪一案，因被告人　　　　，根据《中华人民共和国刑事诉讼法》第 34 条第　款和《最高人民法院关于执行〈中华人民共和国刑事诉讼法〉若干问题的解释》第 36 条（或第 37 条）第　款的规定，本院决定为其指定辩护人。请在收到本通知书 3 日内，指派承担法律援助义务的律师提供辩护，并于　　年　月　日前到本院　　审判庭查阅案件，准备出庭辩护。

附：人民检察院的起诉书副本 1 份。

年 月 日
（院印）

任务拓展

2013 年 6 月 24 日某市人民法院受理陈某盗窃案后，因陈某系未成年人，遂指定律师高某作为陈某的辩护人。现通知律师高某于 2013 年 7 月 18 日前到法院刑事审判二庭查阅案件，准备出庭辩护。

依据以上内容制作指定辩护人通知书。

六、出庭通知书实训

任务导入

某建筑公司为某公司建楼房一处，双方对工程量存在争议，某建筑公司将某公司诉至法院，在案件审理过程中，某公司申请对工程量进行鉴定，后某鉴定机构的王某和张某作为鉴定人出具了鉴定意见。某建筑公司申请王某和张某作为鉴定人出庭参加诉讼。现法院要通知王某和张某作为鉴定人出庭。

任务分析：根据案例和下文知识掌握出庭通知书的制作方法。

基本知识

（一）出庭通知书概念

出庭通知书，是人民法院对于开庭审理的各类案件，通知当事人以外的诉讼参加人出庭的法律文书。

（二）出庭通知书格式

首部依次写明文书标题、案号、被通知人的姓名。正文需要写明的内容包括：已受理案件的情况；开庭时间和地点；告知被通知人作为何种诉讼参加人出庭。尾部写明日期并加盖法院印章。

（三）出庭通知书样式

_____人民法院
出庭通知书

（ ） 字第 号

××××：

本院受理 一案，定于 年 月 日 时 分在 开庭审理。根据《中华人民共和国××××法》　　的规定，特通知你作为本案的准时出庭。

年 月 日
（院印）

任务拓展

邢某在某绿色食品公司从事库管工作，该公司食堂附近的道路光滑，很多员工向公司提出整修意见，但公司未予整修。邢某某天前往食堂用餐时不慎在光滑路面摔倒，住院治疗被诊断为右股胫骨骨折。后经鉴定，邢某构成九级伤残。因该公司未对邢某进行任何赔偿，邢某将该公司诉至法院，要求公司赔偿其各项损失共计 5 万元。邢某向法院申请该公司财务部的辛某、食堂的白某出庭作证。请思考以下问题：

1. 对于邢某的申请，法院应如何处理？法院必须通知证人出庭吗？
2. 法院应如何通知证人出庭？证人接到法院的通知，就必须出庭吗？

七、二审刑事公诉案件通知检察院阅卷通知书实训

任务导入

2013 年 2 月 1 日，被告人刘某与石某共同出资 500 万元，在某县工商管理局注册成立巨人矿业有限责任公司。该公司成立后被告人刘某即伙同石某于 2013 年 2 月 5 日将注册资本全部抽逃。某县公安机关侦查终结后，移送某县人民检察院审查起诉，后某县人民检察院提起公诉。某县人民法院依法受理后，以抽逃出资罪，分别判处被告人刘某有期徒刑 1 年 6 个月，被告人石某有期徒刑 1 年 6 个月；一审宣判以后，某县人民检察院以量刑畸轻为由提起抗诉。某市中级人民法院受理后决定开庭审理，并于开庭审理前通知同级人民检察院阅卷。

任务分析：根据案例和下文知识掌握二审刑事公诉案件通知检察院阅卷的情形以及通知书的填写。

基本知识

（一）二审刑事公诉案件通知检察院阅卷通知书概念

二审刑事公诉案件通知检察院阅卷通知书，是中级以上人民法院收到被告人

上诉或下级检察院抗诉的二审刑事案件后，于开庭审理前通知同级人民检察院阅卷，准备出庭的司法文书。

（二）二审刑事公诉案件通知检察院阅卷通知书格式

我国《刑事诉讼法》第224条规定："人民检察院提出抗诉的案件或者第二审人民法院开庭审理的公诉案件，同级人民检察院都应当派员出席法庭。第二审人民法院应当在决定开庭审理后及时通知人民检察院查阅案卷。人民检察院应当在1个月以内查阅完毕。人民检察院查阅案卷的时间不计入审理期限。"填写本通知书正文部分的要求如下：

1. 写明公诉机关、被告人姓名和案由，抗诉或上诉的情况。
2. 本院决定开庭审理的具体日期或近期。
3. 找何人查阅案卷准备出庭。

（三）二审刑事公诉案件通知检察院阅卷通知书样式

_____人民法院

阅卷通知书

（　　）　刑终字第　号

××××人民检察院：

　　人民检察院指控被告人　　　　犯　　　罪一案，经　　　　人民法院审理判决后，被告人　　　不服。提出上诉（或　　　人民检察院提出抗诉）。我院决定近期开庭审理。依照《中华人民共和国刑事诉讼法》第224条的规定，请派员前来我院　　　审判庭查阅案卷，并准备出庭履行职务。

年　月　日

（院印）

任务拓展

　　被告人刘某（女）与被告人李某系母子关系，李某系未成年人。2013年8月9日16时许，被告人刘某和儿子李某用编织袋到某煤业公司偷煤，被该公司保安队追堵。追堵过程中被告人刘某逃脱，被告人李某被抓住。被害人张某（系该公司保安队长）在询问被告人李某情况时，扇了被告人李某几巴掌后将李某放走。被告人刘某在得知儿子被打后心生不满，找到被害人张某，持镢把殴打被害人腿部、腰部，并让其子李某也殴打被害人。期间，被告人李某持木棒殴打被害人头部，被害人被打倒在地，后经抢救无效死亡。经鉴定：被害人张某系被他人用钝器打击头部致急性颅脑损伤死亡。案发后，刘某、李某逃脱，后被公安机关抓获。

某市中级人民法院审理某市人民检察院指控的被告人刘某、李某故意伤害一案后，依法作出如下判决：被告人刘某犯故意伤害罪，判处有期徒刑 15 年；被告人李某犯故意伤害罪，判处有期徒刑 15 年；一审宣判后，某市人民检察院以被告人刘某、李某量刑畸轻为由提出抗诉。某省高级人民法院刑二庭受理后决定开庭审理，承办法官指派书记员小杨通知某省人民检察院阅卷。

结合相关法律规定，掌握应当通知人民检察院阅卷的情形，根据以上内容制作阅卷通知书。

八、关于执行的通知书实训

（一）死刑缓期二年执行通知书实训

◎ 任务导入

2013 年 3 月 26 日 17 时 30 分许，被告人王某酒后因琐事携带菜刀窜至其邻居被害人陈某某（女）家，持菜刀多次猛砍陈某某头部，后被告人王某拨打了 120 和 110，被害人陈某某经抢救无效死亡。经鉴定：被害人陈某某系被锐器砍击头部致颅骨骨折、颅脑损伤而死亡。某市中级人民法院认定被告人王某有自首和重大立功，遂对被告人王某以故意杀人罪作出死刑，缓期二年执行，剥夺政治权利终身的判决。一审宣判后被告人没有上诉，某市检察院也没有提起抗诉。某省高级人民法院依法核准被告人王某的死缓判决。某市中级人民法院依法对被告人王某下达死刑缓期二年执行通知书。

任务分析：根据案例和下文知识掌握死刑缓期二年执行通知书的填写。

📖 基本知识

1. 死刑缓期二年执行通知书概念。死刑缓期二年执行通知书，是人民法院对判处死刑缓期二年执行的罪犯，在判决发生法律效力之后，通知羁押罪犯的单位交付监狱执行和通知罪犯本人的司法文书。

2. 死刑缓期二年执行通知书格式。第一、二联正文部分的首句，写明罪犯姓名和托送监狱执行的要旨。方框内依次填明罪犯的基本情况，判决的姓名、罪名和死刑缓期二年执行，其起算日期为判决确定之日，届满日期为起算日两年后的同一天的前一日；以及附加剥夺政治权利终身。

第三联回执，由羁押单位填写，加盖公章，退回法院。

第四联首先填写判决的姓名、罪名和死刑缓期二年执行、剥夺政治权利终身，现交付执行；其次写明两年的起算日期和届满日期以及剥夺政治权利终身。

3. 死刑缓期二年执行通知书的样式。

第一联

＿＿＿＿＿人民法院
执行通知书（存根）

（　）刑字第　号

××××：

罪犯×××经依法判处刑罚，判决已发生法律效力，请按照本通知送交监狱执行。

姓　　名		性别		出生日期		民族	
家庭住址							
罪　　名							
主　　刑			死刑缓期二年执行				
死刑缓期二年执行起算日期		年　月　日		死刑缓期二年执行届满日期			年　月　日
附加刑			剥夺政治权利终身				
执行根据		人民法院（　）刑字第　号刑事判决书 人民法院（　）刑字第　号刑事裁定书					
备　　考							

签发人：　　　　　　　　　　　经办人：

（院印）
年　月　日

（此联入卷）

第二联

_____人民法院

执行通知书

（　　）　刑　字第　号

××××：

罪犯×××经依法判处刑罚，判决已发生法律效力，依照《中华人民共和国刑事诉讼法》第253条第2款的规定，请按照本通知送交监狱执行。

姓　　名		性别		出生日期		民族	
家庭住址							
罪　　名							
主　　刑		死刑缓期二年执行					
死刑缓期二年执行起算日期		年 月 日		死刑缓期二年执行届满日期		年 月 日	
附加刑		剥夺政治权利终身					
执行根据		人民法院（　　）　刑　字第　号刑事判决书 人民法院（　　）　刑　字第　号刑事裁定书					
备　　考							

签发人：　　　　　　　　　　　　经办人：

（院印）

年　月　日

（此联送交罪犯羁押单位）

第三联

_____人民法院

执行通知书（回执）

（　　）　刑　字第　号

×××人民法院：

你院　年　月　日（　　）　刑　字第　号执行通知书已收到。

罪犯　　　已于　　年　　月　　日送往　　　执行。

年 月 日
（公章）

（此联由羁押单位填写并加盖公章后退回法院入卷）

第四联

＿＿＿＿＿＿＿＿＿人民法院

执行通知书

（　　）　刑　字第　　号

罪犯×××：

你犯　　　　　罪，经依法判处死刑缓期二年执行。现交付执行，并将有关事项通知如下：

起算日期：＿＿＿＿＿＿＿年＿＿＿＿＿＿月＿＿＿＿＿日。

届满日期：＿＿＿＿＿＿＿年＿＿＿＿＿＿月＿＿＿＿＿日。

附加刑：剥夺政治权利终身。

年 月 日
（院印）

（此联发给罪犯本人收执）

任务拓展

被告人武某，男，1983年1月1日出生于某省某县，汉族，高中文化，农民，住某县某乡某村。2014年5月8日因涉嫌故意杀人罪被某县公安局刑事拘留，同年6月8日被逮捕。后被某市中级人民法院以（2014）某刑初字第××号刑事判决书判处死刑缓期二年执行，剥夺政治权利终身。被告在法定期限内未上诉，某省高级人民法院依法作出复核裁定书（2014）某刑复字第××号裁定书，现交付××监狱执行。

根据以上内容填写执行通知书。

（二）无期徒刑执行通知书实训

○ **任务导入**

2012 年冬季，被告人崔某向"老胡"（情况不详）提出购买 10 吨炸药的意向，2012 年 12 月 19 日，被告人崔某联系被告人卢某，雇佣卢某为其运输炸药，卢某联系被告人张某驾驶红色东风牌自卸卡车从某县赶至某某县。次日，被告人崔某联系"老胡"将 10.375 吨炸药装车后，由崔某驾驶自己的黑色腾翼 C30 先走，卢某、张某驾驶装载炸药的红色东风牌自卸卡车紧随其后。在途经某收费站时被公安机关查获。某市中级人民法院在审理后依法作出（2013）某刑初字第×× 号判决。判决内容如下：①被告人崔某犯非法买卖、运输爆炸物罪，判处无期徒刑，剥夺政治权利终身；②被告人卢某犯非法运输爆炸物罪，判处有期徒刑 13 年；③被告人张某犯非法运输爆炸物罪，判处有期徒刑 11 年。一审宣判后，被告人没有上诉，某市人民检察院也没有提起抗诉，某市中级人民法院依法下达执行通知书。

任务分析：根据案例和下文知识掌握无期徒刑执行通知书的填写。

基本知识

1. 无期徒刑执行通知书概念。无期徒刑执行通知书，是人民法院对判处无期徒刑的罪犯，在判决发生法律效力之后，通知羁押罪犯的单位交付监狱执行和通知罪犯本人的司法文书。

2. 无期徒刑执行通知书格式。第一联正文部分的首句，写明罪犯姓名和托送监狱执行的要旨。方框内依次填明罪犯的基本情况，判决的罪名和主刑无期徒刑，其起刑日期为判决确定之日；附加刑为剥夺政治权利终身。

第二联首先填写判决的罪名和主刑无期徒刑，剥夺政治权利终身，现交付执行；其次写明起刑日期等。

第三联回执，由羁押单位填写，加盖公章，退回法院。

第四联首先填写判决罪犯的姓名、罪名和无期徒刑、剥夺政治权利终身，现交付执行；其次写明无期徒刑的起算日期以及剥夺政治权利终身。

3. 无期徒刑执行通知书样式。

第一联

_____人民法院

执行通知书（存根）

（　）刑字第　号

××××：

罪犯×××经依法判处刑罚，判决已发生法律效力，根据《中华人民共和国刑事诉讼法》第253条第2款的规定，请按照本通知送交监狱执行。

姓　　名		性别		出生日期		民族	
家庭住址							
罪　　名							
主　　刑		无　期　徒　刑					
起刑日期		年　月　日					
附加刑		剥夺政治权利终身					
执行根据		人民法院（　）刑　字第　号刑事判决书 人民法院（　）刑　字第　号刑事裁定书					
备　　考							
签发人：　　　　　　　　　　　　经办人： （院印） 年　月　日							

（此联入卷）

第二联

_____人民法院

执行通知书

（　）刑　字第　号

××××：

罪犯×××经依法判处刑罚，判决已发生法律效力，根据《中华人民共和国刑事诉讼法》第253条第2款的规定，请按照本通知送交监狱执行。

姓　　名		性别		出生日期		民族	
家庭住址							
罪　　名							
主　　刑			无　期　徒　刑				
起刑日期			年　月　日				
附加刑			剥夺政治权利终身				
执行根据			人民法院（　　）刑　字第　号刑事判决书 人民法院（　　）刑　字第　号刑事裁定书				
备　　考							

签发人：　　　　　　　　　　　　　　经办人：

（院印）
年　月　日

（此联送交罪犯羁押单位）

第三联

_____人民法院
执行通知书（回执）

（　　）刑　字第　号

×××人民法院：

你院　年　月　日（　　）刑　字第　号执行通知书已收到。

罪犯　　已于　年　月　日送往　　　　执行。

年　月　日
（公章）

（此联由羁押单位填写并加盖公章后退回法院入卷）

第四联

_____人民法院

执行通知书

（　　）　刑　字第　号

罪犯×××：

你犯　　罪，经依法判处无期徒刑，剥夺政治权利终身。现交付执行，并将有关事项通知如下：

起算日期：　年　月　日。

年　月　日

（院印）

（此联发给罪犯本人收执）

任务拓展

被告人温某，男，1969年1月1日出生于某省某县，汉族，初中文化，农民，住某县某镇某村。因犯故意杀人罪，被某市中级人民法院以（　　　）某刑初字第××号刑事判决书判处无期徒刑，剥夺政治权利终身。在法定期限内被告未提出上诉，现判决已经生效。现拟交付××监狱执行。

根据以上内容制作无期徒刑执行通知书。

（三）有期徒刑和拘役执行通知书实训

任务导入

被告人罗某为注册成立大山化工有限公司，通过杨某于2013年12月10日借用刘某200万元资金，并假借王某、吴某的名义分别存入大山化工有限公司账户（王某100万元，吴某100万元）用于注册公司验资使用。某会计师事务所为大山化工有限公司出具了验资报告。该公司在2013年12月12日成立后，罗某于2013年12月20日以货款的名义将200万元从公司账户转给刘某归还。银行工作人员发现注册账户变动异常后报案，某县公安机关依法侦查终结以后，移送审查起诉。某县人民检察院审查起诉并提起公诉。某县人民法院依法审理后判决被告人罗某犯虚报注册资本罪，判处有期徒刑6个月，罚金5万元。判决生效后，某县人民法院依法下达了执行通知书。

任务分析：根据案例和下文知识掌握有期徒刑和拘役执行通知书的填写。

基本知识

1. 有期徒刑和拘役执行通知书概念。有期徒刑和拘役执行通知书，是人民法院对判处有期徒刑或拘役的罪犯，在判决发生法律效力之后，通知羁押罪犯的单位交付监狱（或公安机关）执行和通知罪犯本人的司法文书。

2. 有期徒刑和拘役执行通知书格式。第一、二联正文部分的首句，写明罪犯姓名和托送监狱（或公安机关）执行的要旨。方框内依次填明罪犯的基本情况；判决的罪名和主刑的刑种，其起刑日期为判决确定之日；羁押抵刑期间为判决确定前的羁押日数，羁押一日，折抵有期徒刑或拘役一日，刑满日期为从刑期中扣减抵刑日数后的到期之日；附加剥夺政治权利期间按判决结果填写。

第三联回执，由羁押单位填写，加盖公章，退回法院。

第四联首先填写罪犯的姓名，判决的罪名和主刑、附加剥夺政治权利的刑种刑期；其下的主刑起算、羁押折抵和刑满日期等，均按第一、二联的内容填写。

3. 有期徒刑和拘役执行通知书样式。

第一联

_____人民法院

执行通知书（存根）

（　　）　刑　字第　号

××××：

罪犯×××经依法判处刑罚，判决已发生法律效力，根据《中华人民共和国刑事诉讼法》第253条第2款的规定，请按照本通知送交监狱（或公安机关）执行。

姓　　名		性　别		出生日期		民族	
家庭住址							
罪　　名			主　　刑				
起刑日期			年　月　日				
羁押抵刑	年　月　日		刑满日期		年　月　日		
附加刑		剥夺政治权利　　年					

续表

执 行 根 据	人民法院（　　）　刑　字第　号刑事判决书 人民法院（　　）　刑　字第　号刑事裁定书
备　　考	

附件：刑事判决书　份，罪犯结案登记表 1 份。

签发人：　　　　　　　　　　　　　经办人：

（院印）

年　月　日

（此联入卷）

第二联

＿＿＿＿＿＿人民法院

执行通知书

（　　）　刑　字第　号

××××：

罪犯×××经依法判处刑罚，判决已发生法律效力，根据《中华人民共和国刑事诉讼法》第 253 条第 2 款的规定，请按照本通知送交监狱（或公安机关）执行。

姓　　名		性　别		出生日期		民　族	
家庭住址							
罪　　名				主　　刑			
起刑日期			年　月　日				
羁押抵刑		年　月　日		刑满日期		年　月　日	
附加刑			剥夺政治权利　年				
执 行 根 据		人民法院（　　）　刑　字第　号刑事判决书 人民法院（　　）　刑　字第　号刑事裁定书					
备　　考							

续表

附件：刑事判决书　份，刑事裁定书　份，罪犯结案登记表 1 份。

（院印）

年　月　日

（此联送交罪犯执行单位）

第三联

＿＿＿＿＿＿＿人民法院

执行通知书（回执）

（　）　刑　字第　号

×××人民法院：

　　你院　年　月　日（　）　刑　字第　号执行通知书及附件刑事判决书　份，刑事裁定书　份，罪犯结案登记表 1 份均已收到。

　　罪犯　已于　年　月　日送往　执行。

年　月　日

（公章）

（此联由羁押单位填写并加盖公章后退回法院入卷）

第四联

＿＿＿＿＿＿＿人民法院

执行通知书

（　）　刑　字第　号

罪犯×××：

　　你犯　　罪，经依法判处＿＿＿＿。现交付执行，并将有关事项通知如下：

　　主刑起算日期：＿＿年＿＿月＿＿日。

　　羁押抵刑：＿＿年＿＿月＿＿日。

　　刑满日期：＿＿年＿＿月＿＿日。

　　附加刑：剥夺政治权利＿＿＿＿。

年　月　日

（院印）

（此联发给罪犯本人收执）

任务拓展

被告人李某，男，1967 年 1 月 14 日出生于某省某县，汉族，初中文化，农民，住某县某镇某村。2012 年 12 月 21 日因涉嫌盗窃罪被某县公安局刑事拘留，2013 年 1 月 18 日被逮捕。后某县人民法院以（2013）某刑初字第××号刑事判决书，判处被告人李某有期徒刑 3 年，宣判后，被告人提出上诉。某市中级人民法院以（2013）某刑终字第××号刑事裁定书作出驳回上诉，维持原判的裁定。某县人民法院依法向被告人李某下达执行通知书，交付××监狱执行。

根据以上内容制作执行通知书。

（四）单科剥夺政治权利执行通知书实训

任务导入

被告人冬子，男，1982 年 3 月 14 日出生于某省某县，汉族，初中文化，农民，住某县某镇某村。2012 年 12 月 21 日因涉嫌破坏选举罪被某县公安局刑事拘留，2013 年 1 月 18 日被逮捕。某县人民法院依法审理后决定对被告人冬子判处剥夺政治权利 2 年。一审法院宣判后，被告人没有上诉，某县检察院也没有提起抗诉，某县人民法院依法下达执行通知书，并向被告人冬子所居住地的县公安机关、县人民检察院送达了判决书、执行通知书。

任务分析：根据案例和下文知识掌握单科剥夺政治权利执行通知书的填写。

基本知识

1. 单科剥夺政治权利执行通知书概念。单科剥夺政治权利执行通知书，是人民法院对单独判处剥夺政治权利的罪犯，在判决发生法律效力之后，通知公安机关交付执行和通知罪犯本人的司法文书。

2. 单科剥夺政治权利执行通知书格式。第一、二联的正文部分，首先写明罪犯姓名、判决的罪名和判处的剥夺政治权利及其刑期，以及依法交付执行，到执行期满时应公开宣布剥夺政治权利的旨意。剥夺政治权利的刑期为判决确定之日算至刑期届满之日。

第三联回执，由公安局填写，加盖公章，退回法院。

第四联填写罪犯的姓名，判决的罪名和剥夺政治权利及其刑期；刑期起止日期按第一、二联的内容填写。

3. 单科剥夺政治权利执行通知书样式。

第一联

_____人民法院

执行通知书（存根）

（　）　刑　字第　号

××××公安局：

　　罪犯　　因犯　　罪，经依法判处剥夺政治权利　　。现判决已发生法律效力。依照《中华人民共和国刑事诉讼法》第259条的规定，请你局执行。剥夺政治权利期满时，应当由执行机关书面通知本人及其所在单位、居住地基层组织。

　　剥夺政治权利起刑日期：自　　年　　月　　日起；

　　　　　　　　刑满日期：至　　年　　月　　日止。

　　附执行根据：

　　　人民法院（　）　刑　字第　号刑事判决书　　份，　　裁定书　份，犯罪结案登记表1份。

年　月　日

（院印）

签发人：

经办人：

（此联入卷）

第二联

_____人民法院

执行通知书

（　）　刑　字第　号

××××公安局：

　　罪犯　　因犯　　罪，经依法判处剥夺政治权利　　。现判决已发生法律效力。依照《中华人民共和国刑事诉讼法》第二百五十九条的规定，请你局执行。剥夺政治权利期满时，应当由执行机关书面通知本人及其所在单位、居住地基层组织。

　　剥夺政治权利起刑日期：自　　年　　月　　日起；

　　　　　　　　刑满日期：至　　年　　月　　日止。

　　附执行根据：

人民法院（　　）　刑　字第　号刑事判决书　份，　　裁定书　份，罪犯结案登记表1份。

年　月　日

（院印）

签发人：

经办人：

（此联送交罪犯执行单位）

第三联

_____人民法院

执行通知书（回执）

（　　）　刑　字第　号

×××人民法院：

你院　年　月　日（　　）　刑　字第　号执行通知书及附件刑事判决书　份，刑事裁定书　份，罪犯结案登记表1份均已收到。

罪犯　已于　年　月　日送往　执行。

年　月　日

（公章）

（此联由羁押单位填写并加盖公章后退回法院入卷）

第四联

_____人民法院

执行通知书

（　　）　刑　字第　号

罪犯×××：

你犯　罪，经依法判处剥夺政治权利_____。现交付执行，并将有关事项通知如下：

起算日期：　年　月　日。

刑满日期：　年　月　日。

年　月　日

（院印）

（此联发给罪犯本人收执）

任务拓展

张某（女）与王某（女）因琐事发生争执，继而引发仇怨。王某为了报复张某，捏造张某有婚外性行为且与多人保持情人关系的事实，并在网上发布信息，导致该信息被点击、浏览次数达到 5000 次以上。后张某到某县人民法院提起自诉，某县人民法院以（2014）某刑初字第××号判决书，依法判决被告人王某犯诽谤罪，剥夺政治权利 3 年，被告人王某在法定期限内未提出上诉。

根据以上案例制作剥夺政治权利执行通知书。

（五）死刑缓期二年执行和无期徒刑减刑执行通知书实训

任务导入

被告人张某因故意杀人被某市中级人民法院判处死刑，缓期二年执行，剥夺政治权利终身。后移送监狱执行。在死刑缓期执行二年期限内，被告人张某表现良好，后经某省高级人民法院减刑为无期徒刑，剥夺政治权利终身。

任务分析：根据案例和下文知识掌握死刑缓期二年执行和无期徒刑减刑执行通知书的填写。

基本知识

1. 死刑缓期二年执行和无期徒刑减刑执行通知书概念。死刑缓期二年执行和无期徒刑减刑执行通知书，是高级人民法院对原判死刑缓期二年执行或无期徒刑的罪犯裁定减刑之后，交付执行和通知罪犯本人的司法文书。

2. 死刑缓期二年执行和无期徒刑减刑执行格式。第一、二联的正文部分，首先写明罪犯姓名和请按减刑裁定执行的旨意，方框内依次填写姓名、性别，罪名和原判主刑的刑种刑期；"此次变动"栏填写减刑后主刑的刑种刑期，起刑日期为裁定之日，刑满日期为变动后的有期徒刑的刑期届满之日，由死刑缓期二年执行减为无期徒刑的不填此栏。"原判附加刑"栏为剥夺政治权利终身，"此次变动"栏填写减刑后的剥夺政治权利的刑种刑期，剥夺政治权利的刑期未动的填写"不变"两字。原由死刑缓期二年执行减为无期徒刑后，此次又减刑的，方框内无相应的栏目，可在"备考"栏内注明。

第三联首先写明裁定减刑后交付执行之意。方框内各栏目应填写的内容与第一、二联相同。

3. 死刑缓期二年执行和无期徒刑减刑执行样式。

第一联

_____人民法院

减刑执行通知书（存根）

　　　　　　　　　　　　（　　）　刑执字第　号

××××：

　　罪犯　　已经本院裁定减刑，请按下表执行。

姓　　名		性　别		罪名	
原判主刑					
此次变动		起刑日期		年　月　日	
		刑满日期		年　月　日	
原判附加刑					
此次变动					
执行根据	本院人民法院（　　）　刑　字第　号刑事裁定书				
备　　考					

附件：本院刑事裁定书　　份

签发人：　　　　　　　　　　经办人：

　　　　　　　　　　　　　　　　　　　　年　月　日

　　　　　　　　　　　　　　　　　　　　（院印）

（此联入卷）

第二联

_____人民法院

减刑执行通知书

　　　　　　　　　　　　（　　）　刑执字第　号

××××：

　　罪犯　　已经本院裁定减刑，请按下表执行。

姓　　名		性别		罪名	
原判主刑					
此次变动		起刑日期		年　月　日	
		刑满日期		年　月　日	
原判附加刑					
此次变动					
执行根据	本院人民法院（　　）　刑　字第　号刑事裁定书				
备　　考					

附件：本院刑事裁定书　　份

签发人：　　　　　　　　　经办人：

年　月　日

（院印）

（此联送执行单位）

第三联

＿＿＿＿＿＿＿＿人民法院

减刑执行通知书

（　　）　刑执字第　号

罪犯×××：

你原判的刑罚，已经本院裁定减刑，现交付执行，并将有关事项通知如下：

原判主刑			
此次变动		起刑日期	年　月　日
		刑满日期	年　月　日
原判附加刑			
此次变动			

年　月　日

（院印）

（此联交罪犯本人收执）

此样式供死刑缓期二年执行、无期徒刑的罪犯减刑后交付执行和通知罪犯本人时使用。

任务拓展

被告人王某犯拐卖妇女儿童罪，被某市中级人民法院依法判处无期徒刑。之后，王某在狱中表现良好，获得了减刑机会，某市中级人民法院法院经审理后依法作出（2014）某刑执字第某某号刑事裁定书，减为有期徒刑 15 年。

根据以上案例制作无期徒刑减刑执行通知书。

（六）有期徒刑、拘役和管制减刑执行通知书实训

任务导入

被告人薛某因犯故意伤害罪，被某县人民法院依法判处其有期徒刑 15 年，后移送监狱服刑。在服刑期间，被告人薛某表现良好，某市中级人民法院对其减刑为有期徒刑 12 年，并下达减刑执行通知书。

任务分析：根据案例和下文知识掌握有期徒刑、拘役和管制减刑执行通知书的填写。

基本知识

1. 有期徒刑、拘役和管制减刑执行通知书概念。有期徒刑、拘役和管制减刑执行通知书，是中级人民法院对于原判有期徒刑（包括从死刑缓期二年执行和无期徒刑减为有期徒刑）的罪犯，或者基层人民法院对于原判拘役和管制的罪犯，经裁定减刑后，交付执行和通知罪犯本人的司法文书。

2. 有期徒刑、拘役和管制减刑执行通知书格式。第一、二联的正文部分，首先写明罪犯姓名和请按减刑裁定执行之意，方框内依次填写姓名、性别、罪名和原判主刑的刑种刑期，起刑日期填写原判决确定之日，羁押抵刑填写原判决确定前羁押抵刑的日数，刑满日期为从原判决确定之日起将原判刑期扣减抵刑日期日数后的届满之日；"曾经变动"和"刑满日期"两栏，填写此次减刑前的主刑刑种刑期和刑满日期的变更情况（未曾减刑的不填），"此次变动"和"刑满日期"两栏，填写此次减刑后主刑的刑种刑期和刑满日期的变更情况；"原判附加刑"只填剥夺政治权利的两种刑期。

第三联首先写明裁定减刑后交付执行之意，其下各项应填写的内容与第一、二联方框内的有关栏目相同。

本通知书样式，如果适用于原判有期徒刑缓刑或拘役缓刑的罪犯减刑案件时，"羁押抵刑"栏不填，三个"刑满日期"栏均改为"缓期考验期满日期"栏进行填写。

3. 有期徒刑、拘役和管制减刑执行通知书样式。

第一联

_____人民法院
减刑执行通知书（存根）

（　　）　刑执字第　号

××××：

罪犯　　已经本院裁定减刑，请按下表执行。

姓　名		性　别		罪　名	
原判主刑		起刑日期		年　月　日	
		羁押日期		年　月　日	
		刑满日期		年　月　日	
曾经变动		刑满日期		年　月　日	
此次变动		刑满日期		年　月　日	
原判附加刑		曾经变动			
此次变动					
执行根据	本院人民法院（　　）　刑执字第　号刑事裁定书				
备　　考					

附件：本院刑事裁定书　　份

年　月　日
（院印）
签发人：
经办人：

（此联入卷）

第二联

_____人民法院
减刑执行通知书

（　　）　刑执字第　号

××××：

罪犯　　已经本院裁定减刑，请按下表执行。

姓名		性别		罪名	
原判主刑		起刑日期		年 月 日	
		羁押日期		年 月 日	
		刑满日期		年 月 日	
曾经变动		刑满日期		年 月 日	
此次变动		刑满日期		年 月 日	
原判附加刑		曾经变动			
此次变动					
执行根据	本院人民法院（ ）刑执字第 号刑事裁定书				
备　考					

附件：本院刑事裁定书　　份

年　月　日

（院印）

签发人：

经办人：

（此联交公安机关）

第三联

_____人民法院

减刑执行通知书

（   ）　刑执字第　号

罪犯　　　　　：

你原判的刑罚，已经本院裁定减刑，现交付执行，并将有关事项通知如下：

原判主刑：　　　　　起刑日期：　　　年　月　日

羁押抵刑：　年　月　日　刑满日期：　　　年　月　日

曾经变动：　　　　　刑满日期：　　　年　月　日

此次变动：　　　　　刑满日期：　　　年　月　日

原判附加刑：

曾经变动：

此次变动：

年　月　日
（院印）

（此联交罪犯本人收执）

任务拓展

被告人赵某犯非法运输爆炸物罪，被某县人民法院判处有期徒刑 11 年，服刑期间自 2007 年 7 月 27 日起至 2018 年 7 月 26 日止。罪犯赵某在某监狱服刑 6 年后，由于其积极改造且有立功表现，获得了减刑机会，被某市中级人民法院以（2013）某刑执字第某某号刑事裁定书，减为有期徒刑 8 年。

根据以上内容制作减刑执行通知书。

（七）执行拘留通知书实训

任务导入

原告张某与被告王某保证合同纠纷一案，法院已依法查封了王某所有的挖掘机并责令王某保管，不让其转移、变卖挖掘机，但王某之后将挖掘机藏匿。人民法院遂对其作出拘留 10 日的决定，并移交公安局执行。

根据以上内容制作执行拘留通知书。

任务分析：根据案例和下文知识掌握执行拘留通知书的制作方法。

基本知识

1. 执行拘留通知书概念。执行拘留通知书，是人民法院在审理或执行案件过程中，依法对妨害诉讼的诉讼参与人或者其他人作出拘留决定后，交付公安机关执行的法律文书。

2. 执行拘留通知书格式。本通知书分两联。一联致公安机关，该联首部写明标题、案号及接收通知的公安机关，正文写明被拘留人的姓名、案由、作出通知书的理由及拘留的期限，尾部写明所附的拘留决定书字号并写明决定日期，加盖法院印章。另一联为回执，即公安机关收到通知书的情况后对通知书的执行情况，由公安机关填写后加盖其公章，退回法院。

3. 执行拘留通知书样式。

第一联

_____人民法院

执行拘留通知书

（　　）　字第　　号

××××公安局：

本院在审理　　　　一案的过程，因　　　　，本院决定对　　　　拘留　　日。请你局收押看管，期满解除。拘留期间：自　年　月　日起至　年　月　日止。

附：（　　）　字第　　号拘留决定书一份。

年　月　日

（院印）

第二联

_____人民法院

执行拘留通知书（回执）

（　　）　字第　　号

××××人民法院：

你院（　　）　字第　　号执行拘留通知书及附件收到。我局已于　年　月　日时将　　收押看管在　　　　。

年　月　日

（此联由公安机关填写并加盖公章后退回法院入卷）

任务拓展

原告邢某与被告吴某民间借贷纠纷一案，吴某提出邢某持有借条中的"吴某"签名是伪造的，邢某向法院提出鉴定申请，经鉴定机构鉴定确认签名确实为吴某所写，吴某威胁鉴定人员，说要报复鉴定人。人民法院对吴某作出拘留15日的决定，并移交公安机关执行。

根据以上内容制作执行拘留通知书。

（八）协助执行通知书实训

任务导入

甲诉乙股权转让纠纷一案经某市东区人民法院审结生效，判决确认乙名下的股权为甲所有，乙将名下的股权转让给甲。甲向某市东区人民法院申请强制执行，法院遂请工商管理局协助执行判决，工商管理局协助法院将乙名下的股权变更到甲名下。

任务分析：根据案例和下文知识掌握协助执行通知书的制作方法。

基本知识

1. 协助执行通知书概念。协助执行通知书，是人民法院在执行工作中，依法通知有关单位协助执行有关财产或履行指定行为时通用的法律文书。

2. 协助执行通知书格式。

首部。依次写明文书标题、案号、协助执行的单位名称。

正文。需要写明的有以下几项：当事人的姓名或名称和案由；生效裁判文书及其字号；请求协助执行的原因；请求协助的法律依据；请求协助的具体事项。

尾部。注明所附的生效裁判文书字号及份数，写明日期，加盖法院印章。

3. 协助执行通知书样式。

＿＿＿＿＿＿人民法院

协助执行通知书

（　）　字第　号

××××：

关于　　　一案，我院作出（　）　字第　号　　已经发生法律效力。因　　，根据　　第　条的规定，请协助执行以下事项：

附：本院（　）　字第　号　份。

年　月　日

（院印）

任务拓展

原告郝某与被告王某房屋买卖合同纠纷一案，法院作出王某协助郝某将王某名下的房屋过户到郝某名下的判决，该判决已生效，但王某未履行判决协助郝某过户房屋。郝某申请法院强制执行该判决。法院通知房产管理局协助执行上述判决。

如何制作法院向房产管理局送达的协助执行通知书？

九、停止支付通知书实训

任务导入

申请人上海某技术有限公司因遗失银行承兑汇票一张，向北京市某区人民法院申请公示催告。该票据记载：票号为×××，票面金额为 500 000 元，出票人海南某有限公司，出票日为 2013 年 1 月 1 日，到期日为 2013 年 7 月 1 日，收款人为南京某有限公司，背书人空白，付款银行为中国工商银行股份有限公司某支行。人民法院受理案件后，需制作停止支付通知书。

任务分析：根据案例和下文知识掌握停止支付通知书的制作方法。

基本知识

1. 停止支付通知书概念。停止支付通知书，是人民法院受理失票人提出的公示催告申请后，通知支付人停止支付的法律文书。

2. 停止支付通知书格式。首部依次写明文书标题、案号、支付人的单位名称。正文需要写明的有以下几项：申请人的名称及其申请公示催告的缘由；本院决定受理的情况；通知停止支付及通知的法律依据；票据的记载事项，包括票面金额和出票人、持票人、各背书人的名称等。尾部写明通知日期，加盖法院印章。

3. 公示催告程序停止支付通知书样式。

_____人民法院

停止支付通知书

（　　）　公催字第　　号

××××：

申请人　　　　因　　　　，向本院申请公示催告，本院决定受理。依照《中华人民共和国民事诉讼法》第219、220条的规定，通知你单位对（写明票据的记载事项）　　　　　立即停止支付，待本院作出裁定或判决后再作处理。

年　月　日

（院印）

任务拓展

某煤炭销售公司从某焦煤集团购买了 10 000 吨原煤，焦煤集团收到了煤炭销售公司的 500 万元的银行承兑汇票一张，焦煤集团财务人员在去银行提示付款时不慎将汇票丢失。焦煤集团向法院申请公示催告，法院决定受理，同时法院通知支付人即某银行停止对该汇票支付。

法院应如何制作停止支付通知书？

十、暂押犯罪嫌疑人释放通知书实训

任务导入

张某诈骗一案，经某县公安机关立案侦查移送审查起诉，某县人民检察院依法审查起诉，并提起公诉。某县人民法院依法审理以后，认为张某诈骗的犯罪事实成立，但根据现有证据可以认定的张某诈骗所得金额尚未达到诈骗犯罪认定的金额，故判其无罪，某县人民法院依法对羁押被告人张某的看守所下达犯罪嫌疑人释放通知书。

任务分析：根据案例和下文知识掌握暂押犯罪嫌疑人释放通知书的填写。

基本知识

1. 暂押犯罪嫌疑人释放通知书概念。暂押犯罪嫌疑人释放通知书，是人民法院在审理刑事案件的过程中，对已经逮捕关押的犯罪嫌疑人，发现其是不应逮捕或因故应变更强制措施的，或者判决其无罪或免除刑罚处罚的，或者判处有期徒刑缓刑、拘役缓刑或管制等不需要在监内执行的刑罚后，通知羁押单位释放在押犯罪嫌疑人的司法文书。

2. 暂押犯罪嫌疑人释放通知书格式。根据下文"样式"的规范，本通知书分三联，第一联是存稿，第二联是正本，第三联是回执。第一、二联的主要内容相同，填写其正文部分的要求是：填写羁押人犯的姓名、性别、出生年月日、民族、籍贯；写明释放原因；即予释放并发给释放证明。第三联回执，由羁押单位填写，加盖公章，退回法院。

3. 暂押犯罪嫌疑人释放通知书样式。

第一联

＿＿＿＿＿＿人民法院

释放通知书（存根）

　　　　　　　　　　　　　　　　（　　）刑　字第　号

××××：

　　本院羁押在你所的被告人　　，性别　　，　　年　月　　日出生，　族，　　人，现因　　　　，决定予以释放，请即执行，并发给释放证明书。

　　　　　　　　　　　　　　　　　　　年　月　日
　　　　　　　　　　　　　　　　　　　（院印）
　　　　　　　　　　　　　　　　　　　签发人：
　　　　　　　　　　　　　　　　　　　经办人：

（此联存卷）

第二联

＿＿＿＿＿＿人民法院

释放通知书

　　　　　　　　　　　　　　　　（　　）刑　字第　号

××××：

　　本院羁押在你所的被告人　　，性别　　，　　年　月　　日出生，　族，　　人，现因　　　　，决定予以释放，请即执行，并发给释放证明书。

　　　　　　　　　　　　　　　　　　　年　月　日
　　　　　　　　　　　　　　　　　　　（院印）

（此联交羁押单位）

第三联

＿＿＿＿＿＿人民法院

释放通知书（回执）

　　　　　　　　　　　　　　　　（　　）刑　字第　号

××××人民法院：

　　根据你院（　　）刑　字第　号释放通知书，我所已于　年

月　　日将　　释放，并已发给证明书。

年　月　日

（院印）

（此联由羁押单位填写并加盖公章后退回法院）

任务拓展

2013年8月的一天晚上，张某（男）约女朋友杨某一起驾车到汽车影院观看电影。期间二人突生情愫，感情难以控制，遂发生性行为。在发生性行为过程中，杨某因环境及感情投入导致过分激动，突发心脏病死亡。某县公安机关依法侦查终结以后，移送某县人民检察院审查起诉。某县人民检察院以强奸罪提起公诉，某县人民法院依法审理后认为被告人张某的行为并未违背妇女自愿，与被害人的死亡并无法律上的直接因果关系，按照严格的结果无价值的客观主义立场，应当认定被告人张某的行为不构成犯罪。某县人民法院依法以（　　　）某刑初字第某某号判决，判处被告人张某无罪，并向羁押张某的看守所下达了释放通知书。请根据案例完成以下问题：

1. 人民法院下达释放通知书的情形有哪些？
2. 思考强奸罪构成要件的行为方式。
3. 制作释放通知书。

十一、告知死刑罪犯家属领取骨灰通知书实训

任务导入

被告人苗某、张某某经预谋后，由张某某将被害人闫某骗至某县某村张某某家附近，苗某纠集被告人王某、李某将闫某打倒在地，后因有手电光照来，三人逃离现场。后苗、王、李又返回现场，将闫某抬上车。王、李二人将车开到村外，又将闫某推下车。苗某发现闫某坐在路边没死，就返回张某某家告诉了张某某，并在张某某家找了一件衬衣和大塑料瓶，二人共同到一加油站购得25元汽油。苗某又返到闫某身边，先用随身携带的小刀在闫某的脖子上、胸部捅了几刀，又用衬衣勒住闫某的脖子拖了几百米。后将汽油浇到闫某的身上，点燃焚尸。第二天，苗某叫上王某找到闫某的尸体并将尸体掩埋。公诉机关认为，被告人苗某、张某某、王某、李某的行为构成故意杀人罪；某省某市中级人民法院依法判处被告人苗某死刑，剥夺政治权利终身（其他被告人的量刑情况略）。一审

宣判后各被告人均未提出上诉，检察机关亦未提出抗诉，某省高级人民法院依法对被告人苗某进行复核，后报最高人民法院核准。最高人民法院依法核准并下发由最高人民法院院长签发的执行死刑命令。该市中级人民法院依法对被告人苗某执行死刑后，向被告人苗某的家属送达了告知死刑罪犯家属领取骨灰通知书。

任务分析：根据案例和下文知识掌握告知死刑罪犯家属领取骨灰通知书的填写。

基本知识

1. 告知死刑罪犯家属领取骨灰通知书概念。告知死刑罪犯家属领取骨灰通知书，是负责执行死刑的人民法院，在罪犯尸体送经火葬场火化后，通知其家属领取骨灰的司法文书。

2. 告知死刑罪犯家属领取骨灰通知书格式。根据下文"样式"的规范，制作本通知书正文部分的要求如下：填写罪犯的姓名、罪名和执行枪决的日期，告知尸体已经火化；领取骨灰的时间、地点和手续；写明到期不领，骨灰由火葬场另行处理。

如果当地没有火葬场的，可参照本样式制作领取尸体通知书。

3. 告知死刑罪犯家属领取骨灰通知书样式。

_____人民法院

领取骨灰通知书

（　　）　刑　字第　　号

××××：

　　罪犯　　　因犯　　　罪，经依法判处死刑，已于　　年　　月　　日执行死刑，尸体已经火化。家属可以持本通知于　　　年　　月　　日以前到　　火葬场予以处理。

年　月　日

（院印）

任务拓展

2013 年 2 月，被告人张某（男）趁同村村民杨某（女）之夫贾某外出之机，两次来到其家中与杨某同居，后为达到与杨某结婚的目的，即产生了杀害杨某丈夫贾某的恶念。2013 年 7 月 3 日凌晨 1 时许，被告人张某携带刀子、梯子、头盔等作案工具，窜到贾某家院内，乘被害人贾某及其家人熟睡之机，架梯从房屋天窗进入屋内，见贾某被惊醒，张某遂持刀朝贾某左胸部、左肩部各捅一刀，而后开门逃离现场。贾某在被送往医院途中死亡。经鉴定：被害人系刀伤致心脏破裂急性死亡。某省某市中级人民法院审理后依法判决被告人张某死刑，剥夺政治权利终身。一审法院宣判后被告人提出上诉，某省高级人民法院依法作出驳回上诉，维持原判的裁定，并报最高人民法院核准。最高人民法院依法核准后下发了由最高人民法院院长签发的执行死刑命令。该市中级人民法院依法于 2014 年 3 月 5 日对被告人张某执行死刑后，依法向罪犯张某的家属送达了告知死刑罪犯家属领取骨灰通知书。

根据以上案例制作领取骨灰通知书。

学习任务四　书函类实训

一、鉴定委托书实训

任务导入

某建筑公司为某公司建楼房一处，双方对工程量存在争议，某公司未支付工程款。某建筑公司将某公司诉至法院，在案件审理过程中，某公司申请对工程量进行鉴定。

任务分析：根据案例和下文知识掌握鉴定委托书的制作方法。

基本知识

（一）鉴定委托书概念

鉴定委托书，是人民法院在审理案件过程中，需要对案件事实的某些专门性问题鉴定，依法委托专业机构或专业技术人员对这些问题进行鉴定而制作的委托性质的法律文书。不论是民事案件，还是刑事案件和行政案件，均有专门性问题需要鉴定，常见的有工程造价和工程量鉴定、工程质量鉴定、产品质量鉴定、笔迹鉴定、痕迹鉴定、精神病鉴定、法医技术鉴定等。

（二）鉴定委托书格式

首部依次写明文书标题、案号、受委托机构或受委托人的名称。

正文需要写明的有以下几项：当事人的姓名或名称和案由；需要鉴定的专门

性问题，有何具体的鉴定要求，并提供鉴定所需的材料和有关情况；要求鉴定人出具书面的鉴定意见。

尾部须注明附件及附件的名称和件数，写明委托日期，加盖法院印章。

（三）鉴定委托书样式

_____人民法院

鉴定委托书

（　　）____字第____号

____（写明受委托机构或受委托人姓名或名称）：

我院审理（写明当事人的姓名或名称和案由）____一案中，因有____（写明委托鉴定的事项），需要委托你单位（你）作为鉴定机构（人）予以鉴定。现将有关材料送去，请进行鉴定，并出具书面鉴定意见送至我院。

我院送去的有关材料，请一并退还我院。

附件：

____年____月____日

（院印）

任务拓展

张某去某物资公司办事，刚到该公司门口时被大风刮倒的大门砸伤，经鉴定为三级伤残。后张某就人身损害赔偿向法院提起诉讼，要求物资公司赔偿 18 万元。物资公司认为张某的鉴定结果有误，向法院申请重新鉴定。请思考以下问题：

1. 对物资公司的申请，法院应如何处理？

2. 若重新鉴定，法院如何制作鉴定委托书？

二、案件移送函实训

任务导入

某银行与王某、张某借款合同纠纷一案，王某是借款人、张某是担保人，某区人民法院受理了该案，王某提出管辖异议，认为管辖法院是某县人民法院，某区人民法院经过审理，作出了将案件移送至某县人民法院审理的裁定，各当事人均未对裁定提出上诉，现案件如何移送。

任务分析：根据案例和下文知识掌握案件移送函的制作方法。

基本知识

（一）案件移送函概念

案件移送函，是人民法院在办理案件时，经审理认为该案不属于本院管辖，或者不属于法院主管，因而决定向其他有管辖权的法院，或者主管的检察院、公安机关或其他机构移送时制作的法律文书。

（二）案件移送函格式

首部依次写明文书标题、案号、受移送机关的名称。正文须写明所移送案件的基本情况即当事人的姓名或名称和案由；案件移送的原因和法律依据。尾部的附件注明有关的材料、证据或移送的案卷，写明发文日期，加盖院印。

（三）案件移送函样式

_____人民法院

案件移送函

（　　）　字第　号

_____（受移送机关名称）：

　　关于　　　　一案中，因_____（写明移送的原因），根据_____（写明移送的法律依据），现将该案移送你处，请查收。

　　附件：

___年___月___日

（院印）

任务拓展

原告某机械设备有限公司与被告王某融资租赁合同纠纷一案，某法院在审理过程中发现某机械设备有限公司的员工李某涉嫌职务侵占犯罪。

请问某法院应否将案件移送公安机关？若移送，如何移送？

三、报送上诉（抗诉）案件函实训

任务导入

原告王某与被告张某、某保险公司道路交通事故人身损害赔偿纠纷一案，法院作出判决后，某保险公司提起了上诉，案件如何移送到上一级法院。

任务分析：根据案例和下文知识掌握报送上诉（抗诉）案件函的制作方法。

基本知识

（一）报送上诉（抗诉）案件函概念

报送上诉（抗诉）案件函，是第一审人民法院宣告判决、裁定后，当事人或检察院在法定期间提出上诉（抗诉），第一审人民法院依法向第二审人民法院报送案卷材料时制作的法律文书。

（二）报送上诉（抗诉）案件函格式

报送上诉（抗诉）案件函一式二份，一份存卷，一份随卷宗及有关材料报送第二审人民法院。首部依次写明文书标题、案号、接受上诉（抗诉）案件的法院名称。正文须写明已作出一审裁判的案件名称；宣判时间；提出上诉或抗诉的情况；已送达上诉状副本（抗诉书副本）。尾部的附件注明该案的全部案卷材料，包括正副卷、上诉状（抗诉书）、答辩状等，最后写明发文日期，加盖院印。

（三）报送上诉（抗诉）案件函样式

第一联

_____人民法院
报送上诉（抗诉）案件函

（　　）　字第　　号

××人民法院：

我院审理　　　　一案，已经作出（　　）　字第　号判决（裁定）书，并于　　年　　月　　日宣判。

××在法定期间提出上（抗）诉，我院已向　　送达了上诉状副本（抗诉书副本）。现将该案件全部案卷材料报送你院，请查收。

附件：

一、案卷　　宗，物证　　件。

二、上诉状　　份（抗诉书　　份），答辩状　　份。

年　月　日
（院印）

本联存卷

第二联

_____人民法院
报送上诉（抗诉）案件函

（　　）　字第　号

××人民法院：

　　我院审理　　一案，已经作出（　　）字第　　号判决（裁定）书，并于　年　月　日宣判。

　　××在法定期间提出上（抗）诉，我院已向　　送达了上诉状副本（抗诉书副本）。现将该案件全部案卷材料报送你院，请查收。

　　附件：

　　一、案卷　宗，物证　件。

　　二、上诉状　份（抗诉书　份），答辩状　份。

年 月 日

（院印）

任务拓展

　　某矿产公司向辽宁某公司供应矿粉及粉煤灰，辽宁某公司未足额支付货款，某矿产公司将辽宁某公司诉至矿产公司所在地的某人民法院。辽宁某公司提出管辖异议，认为案件应由被告住所地即辽宁某公司所在地人民法院审理。某人民法院经过审查，认为双方签订的合同约定管辖法院为某人民法院，故裁定驳回辽宁某公司提出的管辖异议。辽宁某公司不服该裁定，向某人民法院的上一级某市中级人民法院提出上诉。

　　请问某人民法院向某市中级人民法院报送案卷材料时，如何制作报送上诉案件函？

四、报请核准死刑案件函实训

任务导入

　　2013 年 6 月 10 日下午，被告人孟某在其家中，因怀疑与其一同在此居住的张某某（女）要拿刀杀他，遂从地上拿起一把斧子朝张的头部连砸数下，致其倒地。后他人发现并将张某某送至医院，经抢救无效，于当月 14 日死亡，被告人孟某于 15 日向公安机关投案自首。经法医鉴定，张某某主因颅骨粉碎性骨折，硬膜外血肿，硬膜下血肿，脑挫裂创，继发小脑扁桃体疝压迫生命中枢引起呼吸、循环衰竭而死亡。某省某市中级人民法院受理后依法判决被告人孟某死刑，缓期二年执行，剥夺政治权利终身。一审宣判后，被告人没有上诉，检察院也没有抗诉，该市中级人民法院依法在法定期限内将本案所有卷宗以及报请核准死刑案件函一同报该省高级人民法院，对本案进行复核。

任务分析：根据案例和下文知识掌握报请核准死刑案件函的制作方法。

基本知识

（一）报请核准死刑案件函概念

我国《刑事诉讼法》和最高人民法院有关司法解释规定，死刑除依法由最高人民法院判决的以外，都应当报请最高人民法院核准。死刑缓期二年执行的，由高级人民法院判决或者核准。

（二）报请核准死刑案件函格式

报请函首部写明文书标题、案号和受文机关名称。主文部分包括三个层次的内容：一是报请核准死刑或死刑缓期二年执行案件的被告人姓名和案由；二是写明该案的判决、裁定或复核的过程；三是援引《刑事诉讼法》有关规定，写明"现将全案卷宗材料报去，请予核准"。附件应按规定书写清楚。尾部写明发文日期，加盖院印。

（三）报请核准死刑案件函样式

_____人民法院

报请核准死刑案件函（报告）

（　）　字第　号

最高人民法院：

　　人民法院审理的　　　　一案，于　　年　月　日以（　　）刑初字第　号刑事判决，判处被告人　　死刑，剥夺政治权利终身。在法定期间内，被告人不上诉，检察院不抗诉。中院报送我院复核。经我院复核，同意原判。依照《中华人民共和国刑事诉讼法》第235条和第236条第1款的规定，现将全案卷宗材料报去，请予核准。

　　附：一审刑事判决书　份，案情综合报告　份，案卷　宗，证据　件。

年　月　日

（院印）

任务拓展

2013 年 7 月 3 日凌晨 1 时 20 分左右，被告人刘某酒后回家，从自家取一把杀猪刀窜至本村村民冯某（女）家准备行窃时被冯某发现，刘某遂用刀在冯某身上连捅十七刀，致冯某当场死亡后逃离现场。经法医鉴定，冯某系失血性休克死亡。某省某市中级人民法院依法以（2013）某刑初字第××号刑事判决书，判处被告人刘某死刑，剥夺政治权利终身。一审宣判后被告人刘某以量刑过重为由提起上诉，某省高级人民法院以（2014）某刑终字第××号刑事裁定书，作出驳回上诉，维持原判的裁定。该省高级人民法院依法在法定期限内将本案所有卷宗以及报请核准死刑案件函一同报请最高人民法院，对本案进行死刑复核。

根据以上案例制作报请核准死刑案件函。

五、调卷函实训

任务导入

某中级人民法院审理毛某故意伤害一案，现因该案需查清的事实涉及第一审人民法院审理的李某故意伤害一案，需向第一审法院调取李某故意伤害一案案卷。

任务分析：根据案例和下文知识掌握调卷函的制作方法。

基本知识

（一）调卷函概念

调卷函，是人民法院为向其他人民法院调阅案卷材料而制作的法律文书。

（二）调卷函格式

调卷函为二联，一联存卷，一联给其他人民法院。首部依次写明文书标题、案号、其他人民法院名称。正文写明所调阅案件的名称、字号及调阅原因。尾部写明发文日期，加盖院印。

（三）调卷函样式

第一联

_____人民法院

调卷函

（各类案件通用）

　　　　　　　　　　　　　　　　　（　　）　　字第　　号

××人民法院：

你院审判的（　　）　　字第　　号一案，现因　　　　，请将该案的全部案卷材料检送我院。

年　月　日

（院印）

签发人：

调卷人：

本联存卷

第二联

_____人民法院

调卷函

（各类案件通用）

（　　）　字第　　号

××人民法院：

你院审判的（　　）　　字第　　号一案，现因　　　　，请将该案的全部案卷材料检送我院。

年　月　日

（院印）

任务拓展

2013 年高某与王某签订《租房协议》一份，协议约定王某将其位于某村的店铺租给高某，租期自 2013 年 3 月 1 日至 2014 年 3 月 1 日，租金 2 万元一次性付清。协议签订后，二人均依约履行协议。2013 年 9 月，李某说自己是店铺的所有权人，遂将高某从店铺中赶走。高某诉至某人民法院，要求王某承担违约责任，赔偿自己因此而损失的半年租金。案件审理过程中，某人民法院发现外地某人民法院曾审理的某个案件对该店铺的所有权进行过确认，某人民法院决定向外地某人民法院调取相应的案卷。

请问某人民法院向外地某人民法院调取案卷材料时，如何制作报送调卷函？

学习任务五　证票类实训

一、送达回证实训

任务导入

现将叶某故意伤害一案的（2012）×刑初字第 200 号刑事判决书送达给在某

县看守所被羁押的叶某，请填写送达回证。

任务分析：根据案例和下文知识掌握送达回证的制作方法。

基本知识

（一）送达回证概念

送达回证，是人民法院向当事人或其他诉讼参与人发送诉讼文书，如实记载送达文书、送达情况和送达结果的凭证性法律文书。

（二）送达回证格式

送达回证为填充式，使用时应按格式栏目填写清楚。其中，送达的文书名称应写全称，同时写明案由和案号。送达的地址要详细明白，受送达人收到该文书应当签名或盖章，并需写明收到的确切时间。代收诉讼文书的，由代收人签名盖章后，还要注明其与受送达人的关系及代收理由。送达回证必须返回附卷。

（三）送达回证样式

_____人民法院
送 达 回 证
（各类案件通用）

案由		案号	
送达文书名称和件数			
受送人			
送达地址			
受送达人签名或盖章	年　月　日		
代收人签名及代收理由	年　月　日		

续表

备考	

填发人：　　　　　　　　送达人：

注：1. 送达刑事诉讼文书，按照《刑事诉讼法》第 105 条的规定办理；送达民事、行政诉讼文书，按照或参照《民事诉讼法》第 85 条、第 86 条的规定办理。

2. 代收诉讼文书的，由代收人签名或盖章后，还应注明其与受送达人的关系及代收理由。

任务拓展

付某是某公司第一项目部组织生产的负责人，在其职权范围内与曾在该项目部打工的荣某就项目部的部分施工任务签订了承包合同。工期结束后，付某代表项目部支付了 5000 元承包费，剩余的 30 000 元承包费未依约支付给荣某。荣某将付某与某公司诉至法院，要求二者连带支付 30 000 元承包费。

请问案件开庭审理前，书记员应向各当事人送达哪些诉讼文书？送达这些文书，是否需要当事人签收送达回证？

二、传票实训

任务导入

韩某与其妻共生育二子一女，韩某某为韩父的长子，韩父与妻子含辛茹苦几十年将韩某某养育成人，供其上学、当兵、娶妻成家。几年前，韩父因意外致残，韩某某作为长子，非但没有承担起长子、长兄的带头尽孝义务，相反却一直不闻不问。韩某某的母亲因病去世之后韩父的生活起居一直由出嫁的女儿和二儿子照料。韩某某对父母从未尽过赡养义务。韩某某的不孝行为遭到邻里的指责，为此村委会和亲朋好友多次出面调解，均未果。而老父亲的身体每况愈下，仅靠女儿和二儿子尚不足以得到妥善照顾，韩父无奈将韩某某诉至法院，要求判令被告给付原告从 2009 年至今的赡养费共计 20 000 元、被告从起诉之日起每月支付原告赡养费 600 元。法院受理本案后，以（2013）×民初字第×号为案号立案，并由审判员刘××担任审判长，与审判员王××和助理审判员刘××组成合议庭对本案进行审理，并定于 2013 年 12 月 19 日上午 8 时 30 分于一号法庭开庭审理本案。

任务分析：根据案例和下文知识掌握传票的制作方法。

基本知识

（一）传票概念

传票是人民法院传唤当事人在指定时间到达指定地点参加开庭审理的法律文书。传票适用于传唤刑事案件的自诉人、被告人，民事和行政案件的原告、被告、第三人等。对公诉人、辩护人、诉讼代理人、证人、鉴定人等，不适用传票。

（二）传票格式

传票为填充式，分为存根联和当事人联，共计两联，两联一般在一张纸上印刷，两联之间加盖法院印章。传票的有关项目要按格式和内容填写清楚，特别是其中的被传唤人姓名、住址、传唤事由、应到时间和应到处所等，一定要写得准确具体。传票要写明承办该案的审判员、书记员姓名，加盖法院印章。被传唤人领取传票时，需在存根联签名或盖章，表明其已知道传票所填写的相关事项，之后审判员或者书记员将当事人联撕下送达被传唤人。

（三）传票样式

第一联

_____人民法院

传　票（存根）

案　号	
案　由	
当事人姓名	
工作单位或住址	
传唤事由	
应到时间	
应到处所	
备　　考	审判员： 书记员： 　年　月　日 （院印）

（本联存卷）

第二联

_____人民法院

传　票

案号	（　　）　　字第　　号
案由	
当事人姓名	
工作单位或住址	
传唤事由	
应到时间	
应到处所	

备注：

1. 被传唤人必须准时到达应到处所；
2. 被传唤人应携带本传票报告；
3. 被传唤人收到传票后，应在送达回证上签名或盖章。

审判员：

书记员：

年　月　日

（院印）

（本联送达被传唤的当事人）

任务拓展

2011 年钱某与某房地产开发公司签订了房地产买卖合同，约定某房地产开发公司自愿将坐落在解放路某处的房产出售给钱某。合同签订后，钱某向该公司交付了首付款 40 万元。后钱某发现本案所诉争的房产已被某法院查封。2012 年 6 月 20 日，钱某与该公司补充约定："剩余尾款延续至 2013 年 1 月 6 日交付，到时钱某凭某公司提供本房的法院解封手续和测绘分割手续交款。"但至今上述房产也未解封，钱某将房地产开发公司诉至法院，要求撤销房地产买卖合同及补充约定。案件开庭审理前，双方均到法院领取了传票。

请问法院应如何制作传票？当事人领取传票时需要办理什么手续？

三、换押票实训

任务导入

2013 年 8 月 17 日凌晨，犯罪嫌疑人高某伙同雷某到某市伟人建筑总公司第四项目部西边坡工地，盗窃钢筋 1 吨，价值 14 600 元。某县公安机关依法侦查终结以后，移送某县人民检察院审查起诉。在审查起诉期间，某县人民检察院持提押票及换押票到看守所提审犯罪嫌疑人高某与雷某，核实案件事实。

任务分析：根据案例和下文知识了解换押票的样式，掌握换押票的填写。

基本知识

（一）换押票概念

本书所指换押票是指公安机关、人民检察院与人民法院之间，一审人民法院与二审人民法院之间相互交接在押的犯罪嫌疑人而向看守所办理换押手续的司法文书。

（二）换押票格式

换押票为二联填充式。一联送羁押犯罪嫌疑人的看守所，另一联是回执，由看守所填写并加盖公章后退回人民法院。换押票中有关栏目的内容要填写清楚，如有需要说明的问题，可在"附注"栏说明。

（三）换押票样式

第一联

_____人民法院

换 押 票

（　　）　刑　字第　号

×××看守所：

你所羁押犯罪嫌疑人　　　　，　　　　人民检察院指控其犯罪，向本院提起公诉，经审查，我院已经依法受理，请予换押。

审判员

书记员

年　月　日

（院印）

附注：

（此联送交看守所）

第二联

_____人民法院

换 押 票（回执）

×××人民法院：

根据你院 年 月 日（ ） 刑 字第 号换押证，我所已将羁押的犯罪嫌疑人 换押。

看守所所长

年 月 日

（看守所印章）

附注：

（本联由看守所填写，加盖看守所印章后，退回法院存卷）

任务拓展

2013 年 7 月 3 日凌晨 0 时 30 分许，被告人薛某从与其姘居的赵某（女）家出来后，在回自己家途中，想起本村村民被害人杜某刚卖了玉米，家里有钱，便欲到杜某家行窃。薛某先回自家拿了一把杀猪刀，然后来到杜某家，薛某用刀割开窗纱从窗户进入杜某家中，后为防止杜某发觉，薛某即持刀向熟睡中的杜某左胸、左背侧等部位乱刺十余刀，致杜某当场死亡，后薛某打开房门逃离现场，并在逃跑途中用水清洗了杀猪刀，回到其家后，又烧掉了作案时所穿的胶底布鞋，清洗了其作案时所穿的衣裤。2013 年 7 月 5 日，薛某被抓获。经鉴定，杜某系被刺破心脏，失血性休克死亡。某省某市中级人民法院审理后，依法判处被告人薛某死刑，剥夺政治权利终身。一审宣判后被告人薛某以其没有犯罪事实为由提起上诉，该省高级人民法院受理后为了进一步查清事实，持提押票与换押票到看守所对被告人薛某进行了提审。

根据以上案例填写换押票并了解换押票的使用。

四、提押票实训

任务导入

被告人李某，男，1973 年 4 月 11 日出生，汉族，××省××县人，初中文化，农民，现住某县某镇某村。因涉嫌犯抢劫罪于 2013 年 6 月 7 日被逮捕，现羁押于某县看守所。某县人民法院由于开庭要对其予以提押。

任务分析：根据案例和下文知识掌握提押票的填写。

基本知识

（一）提押票概念

本书所指提押票，是指对人民法院在审理刑事案件中被羁押的犯罪嫌疑人，或对其他案件中被拘留的人，人民法院依法向看守所提押时使用的文书。

（二）提押票格式

提押票为填充式，是提押案犯时使用的正本，有关内容应按格式栏目准确填写，并加盖法院印章。

（三）提押票样式

_____人民法院

提　押　票

（　　）　字第　号

×××看守所：
下列被告人一名，请准予提押。

审判员

年　月　日

书记员

被告人姓名	性别	出生日期	出生地

提出事由	提出时间及执行法警	还押时间和看守所值班民警
	年　月　日　时　分 执行法警	年　月　日　时　分 值班民警
	年　月　日　时　分 执行法警	年　月　日　时　分 值班民警
	年　月　日　时　分 执行法警	年　月　日　时　分 值班民警

续表

	年 月 日 时 分 执行法警	年 月 日 时 分 值班民警
备注:		

（本提押票还押案犯后存卷）

任务拓展

2012 年 1 月 21 日、1 月 24 日，被盗单位大华公司法定代表人向公安机关报案，称该公司所属矿用设备厂被人盗抢。某县公安机关立案侦查后，发现耿某、高某、梁某等人有盗窃、掩饰隐瞒犯罪所得行为，后将犯罪嫌疑人抓捕归案。某县公安机关侦查终结以后，移送某县人民检察院审查起诉。某县人民检察院依法提起公诉。某县人民法院受理后，依法持提押票到看守所向三被告人送达了起诉书副本。

根据以上内容填写提押票。

学习内容四　书记员诉讼文书管理工作

学习任务一　诉讼文书的立卷

任务导入

小李是某人民法院民事审判一庭的书记员，张法官在审结一起离婚案件后让小李装订案卷，小李在订卷时将原告提供的两份证据、被告提供的 A5 纸大小的照片复印件均装订入卷。小李的做法符合规定吗？

任务分析：根据案例和下文知识了解立卷的要求和原则，掌握立卷步骤和标准、诉讼文书材料的排列规则。

基本知识

人民法院的各类诉讼文书，是国家重要的专业文书之一，它所形成的诉讼档案，是人民法院审判活动的真实记录，反映了人民法院贯彻执行党的路线、方针、政策和国家法律、法令的情况以及人民法院的基本职能，又是人民法院进行审判活动的重要依据和必要条件。诉讼文书的立卷归档工作是书记员工作的重要内容，书记员须了解立卷要求和原则、立卷步骤和标准、诉讼文书材料的排列规则。

一、立卷的要求和原则

（一）一案一号原则

人民法院的诉讼文书，要根据刑事、民事、行政等案件类别，按年度、审级、一案一号的原则，单独立卷。一个案件从收案到结案所形成的法律文书、公文、函电都使用收案时编定的案号。

（二）长久保存原则

各类诉讼文书必须用标准 A4 办公纸，并用毛笔或钢笔（用墨汁或碳素、蓝黑墨水）书写、签发。诉讼文书使用标准 A4 办公纸是为了便于整卷和保存，且不易破损，用墨汁或碳素、蓝黑墨水的毛笔或钢笔是因为这样的墨水在常温常压下化学性质很稳定，不容易与其他物质反应，可以长期保存不褪色。

（三）正副卷原则

人民法院的各类诉讼文书，应按照利于保密、方便利用的原则，分别立为正卷和副卷。

（四）书记员立卷原则

人民法院的书记员负责收集、整理立卷，承办法官和庭长负责检查卷宗质量，并监督书记员按期归档。

二、立卷的步骤和标准

（一）收集材料

人民法院在受理案件后，书记员即开始收集有关本案的各种诉讼文书材料，着手立卷工作，在案件办结以后，要认真检查全案的文书材料是否收集齐全，并去掉与本案无关的材料，剔除重复的材料，再进行排列。

入卷诉讼文书材料应当保留原件，未能提供原件的可保存一份复印件同时注明没有原件的原因。入卷诉讼文书材料中摘录、复制的材料应注明来源、名称、日期，并写明经手人或经办人姓名，加盖提供单位印章，入卷备查。对入卷的有关赃款、赃物等物证和诉讼费用的处理材料，应当由经办人签字。凡能随卷保存的物证均应入卷保管，无法装订的可拍照装入证物袋，并标明证物名称、数量、特征、来源。第一审人民法院收到第二审人民法院退回的案卷后，应对卷宗再次进行整理和装订。

下列诉讼文书材料可以不归档，由承办单位自行处理：答复来信来访人到有关单位直诉的；转交有关单位办理的；没有参考价值的信封、转办单、工作材料；内容相同的重份申诉材料；法规、条例复制件；一般的法律文书草稿（未定稿）；与本案无关的材料。

（二）排列材料

关于诉讼文书材料的排列顺序，《人民法院诉讼文书立卷归档办法》规定了排列顺序，一般应按照办法规定的顺序排列，但随着新型案件的不断涌现，新型材料也不断出现，法院在实践中可根据案件的实际情况，按照形成文书材料的时间先后顺序，同时要兼顾文件之间的有机联系进行排列。

（三）立卷编目

诉讼文书材料经过系统排列后，要逐页编号。页号一律用阿拉伯数字编写，正面书写在右上角，背面书写在左上角，背面无字迹的不编页号。卷宗封面、卷内目录、备考表、证物袋、卷底不编号。卷内目录应按诉讼文书材料排列顺序逐件填写。一份诉讼文书材料编一个顺序号。卷宗封面、卷内目录要用毛笔或钢笔按规定项目逐项填写齐全。字迹要工整、规范、清晰。结案日期填写宣判日期。

卷内备考表由本卷情况说明、立卷人、检查人、验收人、立卷日期等项目组成。本卷情况说明栏内填写卷内文书缺损、修改、补充、移出、销毁等情况；立卷人处由立卷人签字；检查由主审法官进行并在检查人处签字；验收由档案部门接受人验收并在验收人处签字；立卷日期填写立卷完成的日期。

诉讼档案的结案日期以相关文书送达最后一名当事人的日期为准；留置送达的，以裁判文书留置在受送达人处的日期为准；公告送达的，以公告中刊登的送达之日为准；邮寄送达的，以法律规定的接收日为准；通过有关单位转交送达的，以诉讼当事人签收的日期为准。

保管期限按照《人民法院诉讼档案保管期限的规定》对应填写。

(四) 卷宗装订

卷宗装订前，要对文书材料进行全面检查，材料不完整的要补齐，破损或褪色、字迹扩散的要修补、复制。纸张过大的要修剪折叠，纸张过小、订口过窄的要加贴衬纸。外文及少数民族文字材料应附上汉语译文。作为证据查考日期的信封，保留原件，打开展平加贴衬纸。卷宗内严禁留置金属物。

卷宗的装订必须牢固、整齐、美观，便于保管和利用。每卷的厚度以不超过15毫米为宜，材料过多的，应按顺序分册装订。每册案卷都应重新编写页号。卷宗装订齐下齐右、三孔一线，长度以160毫米左右为宜，并在卷底装订线结扣处粘贴封条，由立卷人、验收人盖章。

已经归档的卷内材料不得抽取，确需增添材料的，应征得档案管理人员同意后，按立卷要求办理。

【注意事项】

1. 案件自立案后，书记员就要不断收集并保存诉讼文书等材料，材料要按顺序及时装订，若来不及按顺序装订，则先将材料入卷装订，以防丢失。案件自立案后，书记员要在案卷中订入证物袋，用来保存不便装订入卷的证据或材料，在最后装订卷宗时，书记员要先检查证物袋。

2. 一个案件从收案到结案所形成的法律文书、公文、函电都使用收案时编定的案号，对于一个案件中同种类的法律文书，注意不要让法律文书的编号重合，比如一个案件（2013）×民初字第135号案件既有财产保全的裁定书，也有准许撤诉的裁定书，则两个民事裁定书不能用一个编号，可以加"－2"区别，财产保全裁定书的编号为（2013）×民初字第135号，准许撤诉裁定书的编号为（2013）×民初字第135－2号。

任务拓展

1. 立卷的原则有哪些？
2. 卷宗装订有哪些要求？

学习任务二 案件的归档

任务导入

小陈是某法院的书记员，邢法官 2013 年 1 月至 6 月审结案件 85 件，小陈于 2013 年 11 月将上述案件进行归档，在归档前，小陈用圆珠笔书写卷宗的卷皮，小陈的做法是否正确？

任务分析：根据案例和下文知识了解人民法院的诉讼档案含义、归档要求及档案保管期限。

基本知识

一、人民法院的诉讼档案

人民法院的诉讼档案是指人民法院在审判活动中形成的按序排列并保存的诉讼文书材料和声像材料。人民法院的诉讼档案是国家重要的专业档案之一，是人民法院审判活动的真实记录，是做好审判工作、实行审判监督的重要依据和必要条件。人民法院的诉讼档案有几个基本特征：

（一）人民法院的诉讼档案产生于法院的审判权

法院具有产生诉讼档案的国家权力、法定资格和必要条件，[1]其余任何机关、团体和个人，都没有这种权力、资格和条件。人民法院是国家的审判机关，审判活动是人民法院的主要职能活动。诉讼档案就是来源于人民法院的审判活动。人民法院在审判活动中形成大量的内容不同的诉讼文书材料，这些材料在案件办结以后，经过系统整理，归到档案室，就成为诉讼档案。[2]公民、法人或其

---

〔1〕 傅名剑：《法院诉讼档案管理实务》，人民法院出版社 2006 年版，第 11 页。

〔2〕 牛志红："浅谈诉讼档案"，载《公安与司法研究·新疆公安司法管理干部学院学报》1998 年第 3 期。

他组织自己保存的诉讼材料，也可以称作诉讼档案，但不属于人民法院的诉讼档案范畴。

（二）人民法院的诉讼档案具有程序性

法院是处理诉争的国家审判机构，法院处理诉争必然要当事人及其他诉讼参与人参与处理过程，处理程序和参与过程都要遵从程序法的规定，诉讼档案就按照程序自然形成了。程序性是由人民法院诉讼档案形成规律之程序决定的，诉讼档案的形成是按照法律程序一步步积累起来的，只有按照诉讼程序对卷内诉讼文书材料进行有序的编排，才能反映法院所进行的诉讼活动是按照法定程序审理的，否则就存在程序违法的嫌疑。每一具体案件都有特定的审判程序。审判程序的不同决定了不同的诉讼文书材料组合，结案后的诉讼档案必须按照不同的程序进行科学有序的编排。这种按照程序进行组卷的诉讼档案就具有了程序性的特点。[1]程序性也决定了并非所有的诉讼材料都能转化成诉讼档案。诉讼材料转化为诉讼档案必须具备以下条件：①只有审结了的案件材料才能转化为诉讼档案。②只有对日后的工作有一定的查考利用价值的诉讼文书材料才能转化为诉讼档案。③只有按照程序法和最高人民法院、国家档案局的有关规定，经过整理、立卷、集中保管起来的诉讼文书材料，才能转化为诉讼档案。[2]

（三）人民法院的诉讼档案具有查考利用价值

法院诉讼档案的查考利用价值主要体现在以下几个方面：首先是审判工作的利用价值。诉讼档案与法院审判工作有着密不可分的联系。审判工作为诉讼档案的形成提供了源泉和条件，而诉讼档案又为审判工作顺利进行提供了重要的依据和保障。在长期的审判实践中，通过各类案件的审理充分证明审判工作离不开诉讼档案的配合。比如，审判人员在办案中经常遇到一些棘手的问题，除法律、法规和司法解释外，诸多事实证据，需要调取档案，了解案情，从中获取办案需求。[3]其次是其他单位的利用价值。检察机关、公安机关在办案时或其他机关在办理某些事情时，可以依法查阅诉讼档案，从诉讼档案中寻找证据或线索，方便、快捷地办案或办事，这就节约了社会资源，提高了办案或办事效率。再次是当事人和其他诉讼参与人的利用价值。有些案件在结案并归档后，当事人和其他诉讼参与人将生效法律文书丢失或者为了申请再审等需要调取相应的案件材料

〔1〕 常兰会："人民法院诉讼档案形成规律研究"，广西民族大学 2010 年硕士学位论文，第 12 页。

〔2〕 牛志红："浅谈诉讼档案"，载《公安与司法研究·新疆公安司法管理干部学院学报》1998 年第 3 期。

〔3〕 许光丽："浅谈诉讼档案在审判工作中的作用"，载《法律文献信息与研究》2004 年第 3 期。

时，可以到法院的诉讼档案保管部门依法调取相应的案件材料。最后是法学研究和法制宣传教育的利用价值。审判工作是法学研究和审判实践的有机结合，诉讼档案是审判实践的保存，为法学研究提供了大量资料，有利于法学研究的开展，同时法学研究的进展又会促进审判实践的顺利进行，形成良性循环。诉讼档案是法制宣传、教育的生动题材。通过研究诉讼档案，编写法律宣传材料，进行普法教育或者举办法律宣传展览、讲座和报告会。通过真实、生动的案例来教育人民群众增强法制观念，遵纪守法，学会通过法律途径来维护自身的合法权益。[1]

二、归档要求

案件经人民法院审结后，要按照以下要求归档：

1. 案件结案后 3 个月内由审判庭内勤或承办书记员编写归档清册向档案管理部门移交归档。诉讼档案应按刑事、民事、行政、执行、国家赔偿等类别和审级分别保管。归档要及时，要制作归档清册，归档清册由负责归档的审判庭书记员与档案管理人员等共同签字。书记员要保存好归档清册。

2. 各类文书材料包括卷皮的书写、签发必须使用碳素墨水、蓝黑墨水笔或微机打印，严禁使用红、蓝墨水笔或铅笔、圆珠笔以及易褪色不易长期保存的书写工具书写、签发、修改。卷内材料凡是用圆珠笔、铅笔、蓝墨水或易褪色不易长期保管书写工具书写的，要附复印件。需要归档的传真文书材料必须复印，复印件归档，传真件不归档。

3. 随卷归档的录音带、录像带、照片等声像材料，应按《人民法院声像档案管理办法》的规定办理。

4. 凡能附卷保存的证物均应装订入卷。其保管期限与该案卷保管期限相同，不便附卷的应拍照片附卷。

5. 已经归档的卷宗不得从卷内抽取材料，确需增添诉讼文书材料的，应征得档案管理人员同意后，按立卷要求办理。

三、档案保管期限

（一）档案保管期限的划定原则

人民法院的诉讼档案应从历史的和现实的使用价值方面，准确地划定其保管期限。划定刑事诉讼档案保管期限，应根据刑期、犯罪主体身份、案件的政治和科研价值、案件的性质综合考虑，取用其中最长的保管期限。民事、行政诉讼档

---

〔1〕 张苏婷：“基层法院诉讼档案工作之我见”，载《兰台世界》2013 年第 S3 期。

案的保管期限，应根据当事人身份、案件的影响程度和审理程序综合考虑，取用其中最长的保管期限。执行案件以原审案卷保管期限划定。

诉讼档案的保管期限，从案件的判决、裁定或调解发生法律效力后的下一年起算。同一案件的不同年代、不同审级形成的案卷，其保管期限从终审结案的下一年起算。共同诉讼的案件和申诉、再审案件，均以其中最长的保管期限划定。审判监督案件，原审是本院的，按原审案件划定保管期限，不是本院的，保管期限定为短期。

（二）保管期限

诉讼档案的保管期限分为永久、长期、短期三种。凡属需要长远保存查考利用的档案划为永久保管；凡属在相当长的时期内需要保存查考利用的档案划为长期保管，保管期限为60年；凡属在相对较短的时期内需要保存查考利用的档案划为短期保管，保管期限为30年。

诉讼案件中的证物，凡需附卷保存的，其保管期限与案卷相同。不适于保存的，可拍照片附卷，实体证物经主管院长批准后予以销毁或作其他处理。

（三）保管期限届满的处理

对保管期限届满的诉讼档案，应由有关领导和审判人员、档案管理人员组成鉴定小组，逐卷进行鉴定。对仍有继续保存利用价值的档案，可以适当提升档次，继续保存。

经鉴定确定销毁的档案，经上级人民法院抽查同意后，应把其中的判决书、裁定书、调解书取出一份，按年度、类别、案号的顺序整理立卷，随有关年度编号，永久保存。对应当销毁的档案，由鉴定小组编造清册、提出销毁报告，经本院院长批准，并报上一级人民法院和同级档案行政管理部门备案，由档案人员和指定的监销人共同销毁，并在销毁清册上签字。销毁报告和销毁清册按文书档案的要求立卷归档。

任务拓展

1. 案件归档有什么要求？
2. 档案的保管期限划定的标准是什么？

下 篇
法院书记员工作流程篇

学习目标

一、知识目标

掌握民事案件、刑事案件和行政案件的书记员相关工作流程知识。

二、能力目标

书记员工作流程的能力目标包括法庭审理笔录及宣判笔录、搜查笔录、执行笔录的制作能力，文书填制和校对能力，诉讼案卷整理和装订能力等职业能力；具备从事书记员职业所需的办公室实务处理能力，语言表达能力，人际合作、交流与协调能力。

三、素质目标

通过理论教学与实践教学潜移默化地培养学生积极良好的政治素质、高尚的道德情操、公正的职业态度、文明礼貌的礼仪、职业敬业精神和主人翁意识等素质。

学习情境一　民事案件书记员工作流程

学习任务一　案件的受理

任务导入

王某与某公司签订了《工业品买卖合同》，王某购买某公司的压路机，某公司将压路机交付给王某，王某尚欠某公司 10 万元购机款，现某公司诉至人民法院。

你作为立案庭的书记员，如何确定某公司的诉求能否受理立案？若能立案，该如何收取诉讼费用？如何确定该案件的案号，怎么将案件移交到审判庭？

任务分析：案件的受理包括立案与分案。

基本知识

一、起诉的要件

人民法院受理公民之间、法人之间、其他组织之间以及他们相互之间因财产关系和人身关系提起的民商事诉讼；公民、法人或者其他组织只有向人民法院提起诉讼，才能通过人民法院维护自己的民商事权利。要提起诉讼必须符合法律规定的起诉要件，而起诉要件分为实质要件和形式要件。

（一）实质要件

起诉的实质要件有四个：原告是与本案有直接利害关系的公民、法人和其他组织；有明确的被告；有具体的诉讼请求和事实、理由；属于人民法院受理民事诉讼的范围和受诉人民法院管辖。

（二）形式要件

起诉的形式要件包括：起诉应当向人民法院递交起诉状；按照被告人数提出副本。起诉状应当记明的事项为：原告的姓名、性别、年龄、民族、职业、工作单位、住所、联系方式，法人或者其他组织的名称、住所和法定代表人或者主要负责人的姓名、职务、联系方式；被告的姓名、性别、工作单位、住所等信息，法人或者其他组织的名称、住所等信息；诉讼请求和所根据的事实与理由；证据和证据来源，证人姓名和住所。

起诉不是必须提交书面起诉状，如果书写起诉状确有困难，可以口头起诉，由书记员将口头起诉记入笔录，并告知对方当事人。

二、对起诉的处理

人民法院应当保障当事人依照法律规定享有的起诉权利，对符合法律规定的起诉条件的，应当在 7 日内立案并通知当事人。不符合起诉条件的，应当在 7 日内作出不予受理裁定书；原告对裁定不服的，可以提起上诉。

人民法院对下列起诉，分别情形，予以处理：依照行政诉讼法的规定，属于行政诉讼受案范围的，告知原告提起行政诉讼；依照法律规定，双方当事人达成书面仲裁协议申请仲裁、不得向人民法院起诉的，告知原告向仲裁机构申请仲裁；依照法律规定，应当由其他机关处理的争议，告知原告向有关机关申请解决；对不属于本院管辖的案件，告知原告向有管辖权的人民法院起诉；对判决、裁定、调解书已经发生法律效力的案件，当事人又起诉的，告知原告申请再审，但人民法院准许撤诉的裁定除外；依照法律规定，在一定期限内不得起诉的案件，在不得起诉的期限内起诉的，不予受理。例如，判决不准离婚和调解和好的离婚案件，判决、调解维持收养关系的案件，没有新情况、新理由，原告在 6 个月内又起诉的，不予受理。书记员应协助法官作好对上述起诉的处理。

三、诉讼费用

若当事人的起诉能够立案，则当事人应当依照《诉讼费用交纳办法》的规定交纳案件受理费及其他诉讼费用。当事人交纳诉讼费用确有困难的，可以按照规定向人民法院申请缓交、减交或者免交。

案件受理后，书记员应依照法律的规定向当事人送达相应的法律文书。

基本程序

一、辅助法官办理立案工作

立案庭接收起诉或上诉、发回重审、再审的材料后，立案庭的书记员应当辅助法官办理立案工作。

（一）一审案件立案庭书记员需要完成的工作

步骤1：签收证据材料和诉讼材料。

步骤2：填写立案审批表。

步骤3：向原告预收诉讼费用。

步骤4：录入案件审判流程管理系统，系统自动生成案号。

步骤5：在案件登记簿上登记案件。

步骤6：如果能够当场向原告送达诉讼文书的，立案庭书记员应当场送达如下诉讼文书：案件受理通知书、举证通知书、送达地址确认书、授权委托书和法定代表人身份证明书、诉讼须知、诉讼风险提示书等诉讼文书。

立案审批表

案　由			收到诉状日期	
当 事 人	原　告			
	被　告			
	第三人			
诉状 内容 摘要				

续表

审查意见	承办人	签名：
	庭　长	签名：
主管院长意见		签名：
立案时间		案件编号	
发出受理案件通知书或者作出不予受理裁定书的时间		

××××人民法院
预交诉讼费通知书（附卷联）

（　　）×法费通字第　号

_____：

你方因与　　　　　一案，向本院提起诉讼（或提出　申请），根据《诉讼费用交纳办法》之规定，限你方自接到本通知之日起 7 日内交纳下列费用：

案件受理费		再审诉讼费	
财产保全费		其他诉讼费	
申请执行费			
合　计	万　千　百　十　元（大写）		
交款说明	收款单位： 账　号： 开户银行： 地　址： 电　话：		
	银行交款后，持银行开具的收款收据到本院立案庭换领诉讼费专用票据，之后将第×联交回立案庭。		

如逾期不交，又未经批准缓、减、免诉讼费的按自动撤诉处理。特此通知。

签发人：

（院印）

年 月 日

当事人签字：

××××人民法院
预交诉讼费通知书（当事人联）

（ ）×法费通字第 号

＿＿＿＿＿＿＿＿＿＿：

你方因与 一案，向本院提起诉讼（或提出 申请），根据《诉讼费用交纳办法》之规定，限你方自接到本通知之日起7日内交纳下列费用：

案件受理费		再审诉讼费	
财产保全费		其他诉讼费	
申请执行费			
合　计		万　千　百　十　元（大写）	
交款说明	收款单位： 账　号： 开户银行： 地　址： 电　话：		
	银行交款后，持银行开具的收款收据到本院立案庭换领诉讼费专用票据，之后将第×联交回立案庭。		

如逾期不交，又未经批准缓、减、免诉讼费的按自动撤诉处理。特此通知。

签发人：

（院印）

年 月 日

当事人签字：

诉讼须知

依照《中华人民共和国民事诉讼法》的有关规定，当事人有以下诉讼权利和义务：

（一）诉讼权利

（1）有权委托代理人。

（2）提出回避申请。

（3）收集、提供证据。

（4）请求调解，自行和解。

（5）进行法庭辩论。

（6）提出上诉。上诉期限为在判决书送达之日起15日内、裁定书送达之日起10日内。

（7）申请执行。申请执行的期间为2年。申请执行时效的中止、中断，适用法律有关诉讼时效中止、中断的规定。前款规定的期间，从法律文书规定履行期间的最后一日起计算；法律文书规定分期履行的，从规定的每次履行期间的最后一日起计算；法律文书未规定履行期间的，从法律文书生效之日起计算。

（8）原告可以放弃或者变更诉讼请求，被告可以承认或者反驳原告的诉讼请求，有权提起反诉。

（9）经审判长许可，可以查阅或复制本案的有关材料和法律文书。

（二）诉讼义务

（1）必须遵守诉讼秩序。

（2）发言、陈述和辩论须经审判长许可。

（3）当事人对自己提出的主张，有责任提供证据。

（4）当事人必须履行发生法律效力的法律文书。

举证通知书

（　　）法通　字第　号

根据《中华人民共和国民事诉讼法》及《最高人民法院关于民事诉讼证据的若干规定》，现将有关举证事项通知如下：

一、当事人对自己提出的诉讼请求所依据的事实或者反驳对方诉讼请求所依据的事实有责任提供证据加以证明。没有证据或者证据不足以证明当事人的事实主张的，由负责举证的当事人承担不利后果。当事人在举证期限内不提交证据材料，视为放弃举证。

当事人的举证期限为　　　日，自当事人收到本举证通知书的次日起计算。

二、当事人因客观原因不能自行收集的证据，可申请人民法院调查收集，申请调查的条件须符合以下任一条件：申请调查收集的证据属于国家有关部门保存并须人民法院依职权调取的档案材料；涉及国家秘密、商业秘密、个人隐私的材料；当事人及其诉讼代理人确因客观原因不能自行收集的其他材料。申请人民法院调查收集证据应在举证期限届满 7 日前向人民法院提出书面申请。

三、在证据可能灭失或者以后难以取得的情况下，当事人可以在诉讼过程中向人民法院申请保全证据，

四、当事人申请证人出庭作证，应当在举证期限届满 10 日前提出书面申请，并经人民法院许可。

五、当事人申请鉴定，应当在举证期限内提出，但当事人申请重新鉴定的除外。

六、当事人增加、变更诉讼请求或提出反诉的，应当在举证期限届满前提出。

七、当事人向人民法院提供的证据系在中华人民共和国领域外形成的，该证据应当经所在国公证机关予以证明，并经中华人民共和国驻该国使领馆予以认证，或者履行中华人民共和国与该所在国订立的有关条约中规定的证明手续。当事人向人民法院提供的证据是在香港、澳门、台湾地区形成的，应当履行相关的证明手续。

八、当事人向人民法院提供证据；应当提供原件或原物。如需自己保存证据原件、原物或提供原件、原物确有困难的，可以提供经人民法院核对无异的复制件或者复制品。

九、当事人应当对其提交的证据材料逐一分类编号，对证据材料的来源、证明对象和内容作简要说明，签名盖章，注明提交日期，并依照对方当事人人数提出副本。当事人所提交的书面材料和证据一律采用 A4 型号纸。

十、当事人可以申请人民法院在开庭审理前交换证据。交换证据的时间可以由当事人协商一致并经人民法院认可，或由人民法院指定。证据交换一般不超过两次。

十一、当事人或者其他诉讼参与人伪造、毁灭证据，提供假证据，阻止证人作证，指使、贿买、胁迫他人作伪证，或者对证人、鉴定人、勘验人打击报复的，将视情节轻重予以罚款、拘留；构成犯罪的，依法追究刑事责任。

备注：

（院印）

年　月　日

诉讼文书送达地址确认书

××××人民法院：

为了保证你院的诉讼文书及时、准确地送达。被送达人确认：

地址：＿＿＿＿＿＿＿＿＿＿＿＿＿＿＿＿＿＿＿＿＿＿

邮编：＿＿＿＿＿＿＿＿

收件人（代收人）：＿＿＿＿＿＿＿＿

电话：＿＿＿＿＿＿＿＿

上述地址、邮编、收件人、电话若遇变更，被送达人应对变更后的诉讼文书送达地址重新确认，并及时书面告知你院，你院按被送达人确认的地址送达，即为送达。

被送达人（签名或盖章）

年　月　日

授权委托书
（委托人为公民）

××××人民法院：

你院受理的　　　　　　　　与我　　　　　　　一案，

现委托　　　　　　　（性别：　　　　　　出生时间：

工作单位：　　　　　　　职务：

现住址：　　　　　　　　联系电话：　　　　　　　）

为我的诉讼代理人。

诉讼代理人代理权限如下：

委托人：

受委托人：

年　月　日

授权委托书
（委托人为法人或其他组织）

××××人民法院：

委托单位：

法定代表人（负责人）：　　　　职务：

受委托人：姓名：　　　　　　　工作单位：

职务：　　　　　　　联系方式

姓名： 工作单位：

职务： 联系方式

现委托上列受委托人在我单位与 因 纠纷一案中，作为我方诉讼代理人。

代理人 的代理权限为：

代理人 的代理权限为：

委托单位： （盖章）

法定代表人（负责人）： （签名或盖章）

年 月 日

法定代表人身份证明书

（法人当事人用）

在我 任 职务，是我

的法定代表人。

特此证明。

年 月 日

附：法定代表人住址：

电话：

注：本件的年月日上方应写明单位全称、加盖公章后递交人民法院。

人民法院民事诉讼风险提示书

为方便民事诉讼，帮助当事人避免常见的诉讼风险，减少不必要的损失，根据《中华人民共和国民法通则》、《中华人民共和国民事诉讼法》以及《最高人民法院关于民事诉讼证据的若干规定》等法律和司法解释的规定，现将常见的民事诉讼风险提示如下：

一、起诉不符合条件

当事人起诉不符合法律规定条件的，人民法院不会受理，即使受理也会驳回起诉。

当事人起诉不符合管辖规定的，案件将会被移送到有权管辖的人民法院审理。

二、诉讼请求不适当

当事人提出的诉讼请求应明确、具体、完整，对未提出的诉讼请求人民法院不会审理。

当事人提出的诉讼请求要适当，不要随意扩大诉讼请求范围；无根据的诉讼请求，除得不到人民法院支持外，当事人还要负担相应的诉讼费用。

三、逾期改变诉讼请求

当事人增加、变更诉讼请求或者提出反诉，超过人民法院许可或者指定期限的，可能不被审理。

四、超过诉讼时效

当事人请求人民法院保护民事权利的期间一般为2年（特殊的为1年）。原告向人民法院起诉后，被告提出原告的起诉已超过法律保护期间的，如果原告没有对超过法律保护期间的事实提供证据证明，其诉讼请求不会得到人民法院的支持。

五、授权不明

当事人委托诉讼代理人代为承认、放弃、变更诉讼请求，进行和解，提起反诉或者上诉等事项的，应在授权委托书中特别注明。没有在授权委托书中明确、具体记明特别授权事项的，诉讼代理人就上述特别授权事项发表的意见不具有法律效力。

六、不按时交纳诉讼费用

当事人起诉或者上诉，不按时预交诉讼费用，或者提出缓交、减交、免交诉讼费用申请未获批准仍不交纳诉讼费用的，人民法院将会裁定按自动撤回起诉、上诉处理。

当事人提出反诉，不按规定预交相应的案件受理费的，人民法院将不会审理。

七、申请财产保全不符合规定

当事人申请财产保全，应当按规定交纳保全费用而没有交纳的，人民法院不会对申请保全的财产采取保全措施。

当事人提出财产保全申请，未按人民法院要求提供相应财产担保的，人民法院将依法驳回其申请。

申请人申请财产保全有错误的，将要赔偿被申请人因财产保全所受到的损失。

八、不提供或者不充分提供证据

除法律和司法解释规定不需要提供证据证明外，当事人提出诉讼请求或者反驳对方的诉讼请求，应提供证据证明。不能提供相应的证据或者提供的证据证明不了有关事实的，可能面临不利的裁判后果。

九、超过举证时限提供证据

当事人向人民法院提交的证据，应当在当事人协商一致并经人民法院认可或者人民法院指定的期限内完成。超过上述期限提交的，人民法院可能视其放弃了举证的权利，但属于法律和司法解释规定的新的证据除外。

十、不提供原始证据

当事人向人民法院提供证据，应当提供原件或者原物，特殊情况下也可以提供经人民法院核对无异的复制件或者复制品。提供的证据不符合上述条件的，可能影响证据的证明力，甚至可能不被采信。

十一、证人不出庭作证

除属于法律和司法解释规定的证人确有困难不能出庭的特殊情况外，当事人提供证人证言的，证人应当出庭作证并接受质询。如果证人不出庭作证，可能影响该证人证言的证据效力，甚至不被采信。

十二、不按规定申请审计、评估、鉴定

当事人申请审计、评估、鉴定，未在人民法院指定期限内提出申请，或者不预交审计、评估、鉴定费用，或者不提供相关材料，致使争议的事实无法通过审计、评估、鉴定意见予以认定的，可能对申请人产生不利的裁判后果。

十三、不按时出庭或者中途退出法庭

原告经传票传唤，无正当理由拒不到庭，或者未经法庭许可中途退出法庭的，人民法院将按自动撤回起诉处理；被告反诉的，人民法院将对反诉的内容缺席审判。

被告经传票传唤，无正当理由拒不到庭，或者未经法庭许可中途退出法庭的，人民法院将缺席判决。

十四、不准确提供送达地址

人民法院按照当事人自己提供的送达地址送达诉讼文书时，因当事人提供的己方送达地址不准确，或者送达地址变更未及时告知人民法院，致使人民法院无法送达，造成诉讼文书被退回的，诉讼文书也视为送达。

十五、超过期限申请强制执行

向人民法院申请强制执行的期限为二年。申请执行时效的中止、中断，适用法律有关诉讼时效中止、中断的规定。前款规定的期间，从法律文书规定履行期间的最后一日起计算；法律文书规定分期履行的，从规定的每次履行期间的最后一日起计算；法律文书未规定履行期间的，从法律文书生效之日起计算。超过上述期限申请的，人民法院不予受理。

十六、无财产或者无足够财产可供执行

被执行人没有财产或者没有足够财产履行生效法律文书确定的义务的，人民法院可能对未履行的部分裁定中止执行，申请执行人的财产权益将可能暂时无法实现或者不能完全实现。

十七、不履行生效法律文书确定的义务

被执行人未按生效法律文书指定期间履行给付金钱义务的，将要支付迟延履行期间的双倍债务利息。

被执行人未按生效法律文书指定期间履行其他义务的，将要支付迟延履行金。

（二）二审、发回重审、再审案件立案庭书记员需要完成的工作

步骤1：接收案卷材料后，检查材料是否齐全。

步骤2：填写立案审批表。

步骤3：录入案件审判流程管理系统，系统自动生成案号。

步骤4：在案件登记簿上登记案件。

步骤5：如果能够当场向当事人送达诉讼文书的，立案庭书记员应根据不同案件当场向当事人送达诉讼文书。

二、辅助法官办理分案工作

步骤1：案件受理后，立案庭书记员收集各审判庭、审判监督庭、执行局等业务部门的收案数据，报送立案庭法官，法官分配案件后，书记员将分配后的案件录入各办案法官的案件审判流程管理系统。合理分案有利于各业务部门的司法资源合理调配和充分利用，有利于提高办案效率、缩短办案周期，方便当事人进行诉讼。

步骤2：立案庭书记员整理案卷材料并装订案卷。

步骤3：立案庭书记员将案卷材料移交其他业务部门书记员签收。

注意：对于不予受理、驳回起诉、提出管辖权异议的上诉案件，大多数二审法院的立案庭办理这些案件时，不用移交到审判庭，分案时就分给立案庭的法官。

任务拓展

1. 查阅有关法律和案例材料，并结合法院工作实际情况，掌握民事案件案

由的确定方法。

2. 查阅有关法律和案例材料，并结合法院工作实际情况，掌握民事案件诉讼费用的交纳办法。

实训设计

一、实训目的

通过训练，能够熟练掌握民事案件立案和分案时的书记员工作。

二、实训内容

民事案件的受理包括案件的接收、登记、文书送达、整理装订、分案等工作。

三、实训素材

1. 民事案件案例：郝某与张某是多年的朋友。2012 年 8 月，张某借用郝某信用卡透支取款 2 万元后未予偿还。2013 年 12 月，张某给郝某出具欠条一份，承诺因借用郝某信用卡透支取款 2 万元及因此产生的利息于 2014 年春节前还清。但之后张某一直未偿还该款项。现郝某欲到法院起诉张某。你认为，郝某是否符合起诉的要件？如能立案，立案审批表应如何填写？郝某如何交纳诉讼费？

2. 案卷材料、案件登记簿、装订设备等。

四、实训情境设计

1. 教师说明实训内容、目的和要求。

2. 教师提供相关背景资料，由学生分角色扮演模拟有关的案件场景，完成检查案卷材料是否齐全、审核立案条件、登记案件信息、装订案卷等工作。

3. 教师对本次实训课进行总结，学生写出实训报告或心得。

附件

参考：《诉讼费用交纳办法》；《最高人民法院关于对经济确有困难的当事人提供司法救助的规定》。

学习任务二 开庭审理前的文书制作与送达

任务导入

原告王某与被告张某房屋买卖合同纠纷一案于 2013 年 8 月 5 日立案，现该案定于 2013 年 9 月 18 日上午 9 时开庭审理，需向双方当事人邮寄送达相关法律文书和开庭传票。

你作为书记员，如何邮寄送达相关法律文书和开庭传票呢？

任务分析：开庭审理前的文书制作与送达涉及开庭审理前相关诉讼文书的制作和送达。

基本知识

一、向当事人发送开庭前的诉讼文书

审判庭法官接收案件后，审判庭的书记员应当在立案之日起 5 日内将起诉状副本发送被告，被告应当在收到之日起 15 日内提出答辩状。书记员应当在收到答辩状之日起 5 日内将答辩状副本发送原告。被告不提出答辩状的，不影响人民法院审理。

案件在立案庭已确定适用简易程序还是普通程序，因此人民法院审理第一审民事案件适用普通程序时，由审判员、陪审员共同组成合议庭或者由审判员组成合议庭。合议庭的成员人数，必须是单数。适用简易程序审理的民事案件，由审判员一人独任审理。陪审员在执行陪审职务时，与审判员有同等的权利义务。若案件适用普通程序，书记员应当在合议庭组成人员确定的 3 日内告知当事人。

按照普通程序审理的民事案件，书记员在合议庭确定开庭时间后，应当在开庭 3 日前用传票传唤当事人。对诉讼代理人、证人、鉴定人、勘验人、翻译人员应当用通知书通知其到庭。当事人或其他诉讼参与人在外地的，应留有必要的在途时间。

书记员要将法律规定的上述诉讼文书和其他诉讼文书送达当事人。送达诉讼文书必须有送达回证，由受送达人在送达回证上记明收到日期，签名或者盖章。受送达人在送达回证上的签收日期为送达日期。

二、发送诉讼文书的方式

送达诉讼文书，可以采用下列多种送达方式：

（一）直接送达

将诉讼文书直接送交受送达人。受送达人是公民的，本人不在的，交他的同住成年家属签收；受送达人是法人或者其他组织的，应当由法人的法定代表人、其他组织的主要负责人或者该法人、组织负责收件的人签收；受送达人有诉讼代理人的，可以送交其代理人签收；受送达人已向人民法院指定代收人的，送交代收人签收。受送达人的同住成年家属、法人或者其他组织的负责收件的人、诉讼代理人或者代收人在送达回证上签收的日期为送达日期。

（二）留置送达

受送达人或者他的同住成年家属拒绝接收诉讼文书的，送达人可以邀请有关基层组织或者所在单位的代表到场，说明情况，在送达回证上记明拒收事由和日期，由送达人、见证人签名或者盖章，把诉讼文书留在受送达人的住所；也可以把诉讼文书留在受送达人的住所，并采用拍照、录像等方式记录送达过程，即视为送达。

（三）电子送达

经受送达人同意，人民法院可以采用传真、电子邮件等能够确认其收悉的方式送达诉讼文书，但判决书、裁定书、调解书除外。电子送达的，以传真、电子邮件等到达受送达人特定系统的日期为送达日期。

（四）委托送达

直接送达诉讼文书有困难的，可以委托其他人民法院代为送达。

（五）邮寄送达

直接送达诉讼文书有困难的，可以邮寄送达。邮寄送达的，以回执上注明的收件日期为送达日期。

（六）转交送达

受送达人是军人的，通过其所在部队团以上单位的政治机关转交。受送达人被监禁的，通过其所在监所转交。受送达人被采取强制性教育措施的，通过其所在强制性教育机构转交。代为转交的机关、单位收到诉讼文书后，必须立即交受送达人签收，以在送达回证上的签收日期，为送达日期。

（七）公告送达

受送达人下落不明，或者采用上述其他方式无法送达的，公告送达。自发出公告之日起，经过60日，即视为送达。书记员应当在案卷中记明公告送达的原因和经过。公告送达起诉状或上诉状副本的，应在公告中说明起诉或上诉要点、受送达人答辩期限及逾期不答辩的法律后果；公告送达传票，应在公告中说明出庭地点、时间及逾期不出庭的法律后果。公告送达可以在法院的公告栏、受送达人原住所地张贴公告，也可以在报纸上刊登公告；对公告送达方式有特殊要求的，应按要求的方式进行公告。公告期满，即视为送达。

不论采用何种送达方式，书记员都要保存好送达的回执并及时入卷。

基本程序

为了开庭审理的顺利进行，在开庭审理前首先要制作相关诉讼文书，为送达做准备。各法院对诉讼文书的送达情况有以下几种：一是立案庭给原、被告送达包括答辩状、开庭传票在内的各种诉讼文书，之后立案庭将案件移交审判庭，审判庭负责审理；二是立案庭给原告送达除开庭传票之外的各种诉讼文书，之后立案庭将案件移交审判庭，审判庭给原告送达答辩状和开庭传票、给被告送达各种诉讼文书；三是立案庭仅给原告送达受理案件通知书、预交诉讼费等确定案件受理的诉讼文书，之后立案庭将案件移交审判庭，审判庭向原、被告送达其他诉讼文书。在各法院的实际工作中，上述几种送达情况有时会混合使用，不会进行清晰地区分。因为二审、发回重审、再审案件需要送达的诉讼文书在诉讼法中有规定，且与一审案件的诉讼文书送达程序差别不大，下面以第二种送达情况为基础对一审时诉讼文书的制作和送达进行阐述，对以其他程序审理的案件不再赘述。

一、制作文书

步骤1：制作针对原告的诉讼文书，包括：案件受理通知书、诉讼须知、举证通知书、送达地址确认书、告知合议庭组成人员通知书、开庭传票等诉讼文书。

步骤2：制作针对被告的诉讼文书，包括：应诉通知书、诉讼须知、举证通知书、送达地址确认书、告知合议庭组成人员通知书、开庭传票等诉讼文书。

步骤3：制作针对其他诉讼参与人的诉讼文书，主要是出庭通知书。

二、送达文书

步骤1：立案的同时，立案庭书记员向原告送达诉讼文书，包括：案件受理通知书、诉讼须知、举证通知书、送达地址确认书、授权委托书、法定代表人身份证明书等诉讼文书。

步骤2：案卷移交审判庭后，审判庭书记员向被告送达诉讼文书，包括：起诉状副本、应诉通知书、诉讼须知、举证通知书、送达地址确认书、授权委托书、法定代表人身份证明书、告知合议庭组成人员通知书、开庭传票等诉讼文书。

步骤3：案卷移交审判庭后，审判庭书记员向原告送达诉讼文书，包括：被告提交的答辩状副本、告知合议庭组成人员通知书、开庭传票等诉讼文书。

注意：因为有的材料系法院印制好的材料或当事人提交的材料，不需要填充制作，所以送达时这些材料不存在制作问题，送达即可。送达诉讼文书后，书记员需将已经签收的送达回证归卷。

任务拓展

思考在符合法律规定的情况下如何提高民事案件的送达效率？

实训设计

一、实训目的

通过训练，能够明确该环节各项具体的工作任务以及它们之间的先后顺序，能够正确填写案件受理通知书、应诉通知书、举证通知书、告知合议庭组成人员通知书、开庭传票等诉讼文书。

二、实训内容

民事案件起诉状副本的发送及有关文书的填制和发送。

三、实训素材

1. 民事案件案例：2011年6月2日，王某作为被保险人为其所有的五十铃牌货车向某保险公司投保了机动车交通事故责任强制保险和第三者责任险100 000元、不计免赔特约险，保险期间1年。2012年5月，王某的司机李某驾驶该车在某小区高层北侧未观察清楚车后情况便开始倒车，将车后的张某、刘某撞倒，造成张某脑挫裂伤、脑干损伤引起中枢性呼吸循环衰竭，刘某多处软组织损伤。张某经抢救无效死亡，花费医疗费51 061.32元，刘某花费医疗费10 201.85元，共计61 263.17元。事故发生后，李某的家属以李某的名义与刘某、张某的家属达成赔偿协议，一次性赔偿张某家属 375 000 元，一次性赔偿伤者刘某 20 000 元。后王某找到保险公司要求理赔，保险公司认为机动车交通事故责任强制保险赔偿的前提是发生了道路交通事故，但该起事故发生在小区内，并非道路交通事故，保险公司不应赔偿交强险；第三者责任险需要交警部门出具的事故认定书，按照责任比例才能进行赔付，但该起事故没有事故认定书，故拒绝赔偿。后王某将保险公司诉至法院，法院立案受理了该案。你认为，审判庭的书记员在开庭前，应向王某和某保险公司发送哪些文书？应于何时发送？

2. 空白的文书样式，包括案件受理通知书、应诉通知书、举证通知书、告知合议庭组成人员通知书、开庭传票等文书。

四、实训情境设计

1. 教师说明实训内容、目的和要求。

2. 教师提供相关背景资料，由学生分角色扮演模拟有关的案件场景，准备起诉状副本并填写受理案件通知书、应诉通知书、举证通知书、告知合议庭组成人员通知书、开庭传票等文书，采用法律规定的方式发送诉讼文书。

3. 教师对本次实训课进行总结，学生写出实训报告或心得。

附件

参考：《最高人民法院关于以法院专递方式邮寄送达民事诉讼文书的若干规定》。

学习任务三　　办理开庭审理前的其他事务

任务导入

天南公司与海北公司签订了《彩钢板定作合同》，约定天南公司为海北公司加工定作某项目的彩钢板并进行安装，海北公司付款给天南公司 50 万元。后天南公司作完彩钢板并安装好，海北公司支付 30 万元后不再付款。天南公司将海北公司诉至人民法院，并在诉讼中申请保全海北公司的银行存款 20 万元或查封、扣押海北公司的等价值财产；海北公司提出天南公司制作的彩钢板不符合双方约定的质量要求，申请对彩钢板进行质量鉴定。

你作为书记员，如何协助法官处理财产保全申请和质量鉴定申请？

任务分析：开庭审理前的其他事务涉及财产保全、对管辖权异议的审理、委托鉴定、证据交换、调查取证、发布开庭公告等内容。

基本知识

一、人民法院的管辖权

人民法院发现受理的案件不属于本院管辖的，应当移送有管辖权的人民法院，受移送的人民法院应当受理。受移送的人民法院认为受移送的案件依照规定不属于本院管辖的，应当报请上级人民法院指定管辖，不得再自行移送。

人民法院受理案件后，当事人对管辖权有异议的，应当在提交答辩状期间提出。书记员应当及时将当事人提出的管辖权异议汇报给法官。人民法院对当事人提出的异议，应当审查。异议成立的，裁定将案件移送有管辖权的人民法院；异议不成立的，裁定驳回。当事人未提出管辖异议，并应诉答辩的，视为受诉人民法院有管辖权，但违反级别管辖和专属管辖规定的除外。

二、证据来源

当事人对自己提出的主张，有责任并应当及时提供证据。当事人应当在举证期限内向人民法院提交证据材料，当事人在举证期限内不提交的，视为放弃举证权利。当事人在举证期限内提交证据材料确有困难的，应当在举证期限内向人民法院申请延期举证，经人民法院准许，可以适当延长举证期限。当事人在延长的举证期限内提交证据材料仍有困难的，可以再次提出延期申请，是否准许由人民法院决定。

人民法院收到当事人提交的证据材料，应当出具收据，写明证据名称、页数、份数、原件或者复印件以及收到时间等，并由经办人员签名或者盖章，书记员收到证据时，亦应出具收据。

当事人及其诉讼代理人因客观原因不能自行收集的证据，或者人民法院认为审理案件需要的证据，人民法院应当调查收集。由人民法院负责调查收集的证据包括：当事人及其诉讼代理人因客观原因不能自行收集的；人民法院认为需要鉴定、勘验的；当事人提供的证据互相有矛盾、无法认定的；人民法院认为应当由自己收集的其他证据。当事人及其诉讼代理人申请人民法院调查收集证据，不得迟于举证期限届满前 7 日。人民法院对当事人及其诉讼代理人的申请不予准许的，应当向当事人或其诉讼代理人送达通知书。当事人及其诉讼代理人可以在收到通知书的次日起 3 日内向受理申请的人民法院书面申请复议一次。人民法院应当在收到复议申请之日起 5 日内作出答复。书记员要协助法官作好调查笔录，调查笔录经被调查人校阅后，由被调查人、调查人、书记员签名或者盖章，书记员应当将调查笔录、调查的证据及时入卷保存。

三、查阅证据

当事人、代理民事诉讼案件的律师和其他诉讼代理人有权查阅所代理案件的有关材料和证据材料。但是，诉讼代理人查阅案件材料不得影响案件的审理。人民法院应当为诉讼代理人阅卷提供便利条件，安排阅卷场所。必要时，该案件的书记员或者法院其他工作人员应当在场。诉讼代理人在诉讼过程中需要查阅案件有关材料的，应当提前与该案件的书记员或者审判人员联系；查阅已经审理终结的案件有关材料的，应当与人民法院有关部门工作人员联系。

诉讼代理人查阅案件有关材料应当出示律师证或者身份证等有效证件。查阅案件有关材料应当填写查阅案件有关材料阅卷单。诉讼代理人在诉讼中查阅案件材料限于案件审判卷和执行卷的正卷，包括起诉书、答辩书、庭审笔录及各种证据材料等；案件审理终结后，可以查阅案件审判卷的正卷；书记员要注意，当事人及诉讼代理人不得查阅副卷。

四、证据交换

经当事人申请，人民法院可以组织当事人在开庭审理前交换证据。人民法院对于证据较多或者复杂疑难的案件，应当组织当事人在答辩期届满后、开庭审理前交换证据。交换证据的时间可以由当事人协商一致并经人民法院认可，也可以由人民法院指定。人民法院组织当事人交换证据的，交换证据之日举证期限届满。当事人申请延期举证经人民法院准许的，证据交换日相应顺延。

证据交换应当在审判人员的主持下进行，书记员负责记录交换的过程。在证据交换的过程中，书记员对当事人无异议的事实、证据应当记录在卷；对有异议的证据，按照需要证明的事实分类记录在卷，并记载异议的理由。通过证据交换，审判人员能确定双方当事人争议的主要问题。当事人收到对方交换的证据后提出反驳并提出新证据的，人民法院应当通知当事人在指定的时间进行交换。

五、鉴定申请

当事人可以就查明事实的专门性问题向人民法院申请鉴定。当事人申请鉴定，应当在举证期限内提出。当事人申请鉴定的，由双方当事人协商确定具备资格的鉴定人；协商不成的，由人民法院指定。当事人未申请鉴定，人民法院对专门性问题认为需要鉴定的，应当委托具备资格的鉴定人进行鉴定。当事人可以申请人民法院通知有专门知识的人出庭，就鉴定人作出的鉴定意见或者专业问题提出意见。

六、财产保全

财产保全分为诉前财产保全和诉中财产保全。依申请的财产保全可以存在于诉讼开始之前和诉讼过程中，依职权的财产保全只存在于诉讼过程中。

（一）诉中财产保全

人民法院受理案件后，对于可能因当事人一方的行为或者其他原因，使判决难以执行或者造成当事人其他损害的案件，根据对方当事人的申请，可以裁定对其财产进行保全、责令其作出一定行为或者禁止其作出一定行为；当事人没有提出申请的，人民法院在必要时也可以裁定采取保全措施。

人民法院采取保全措施，可以责令申请人提供担保，申请人不提供担保的，裁定驳回申请。人民法院接受申请后，对情况紧急的，必须在 48 小时内作出裁定；裁定采取保全措施的，应当立即开始执行。

（二）诉前财产保全

利害关系人因情况紧急，不立即申请保全将会使其合法权益受到难以弥补的损害的，可以在提起诉讼或者申请仲裁前向被保全财产所在地、被申请人住所地或者对案件有管辖权的人民法院申请采取保全措施。申请人应当提供担保，不提供担保的，裁定驳回申请。人民法院接受申请后，必须在 48 小时内作出裁定；裁定采取保全措施的，应当立即开始执行。申请人在人民法院采取保全措施后30 日内不依法提起诉讼或者申请仲裁的，人民法院应当解除保全。

不论是诉前财产保全还是诉中财产保全，保全限于请求的范围，或者与本案有关的财物。财产保全采取查封、扣押、冻结或者法律规定的其他方法。人民法院保全财产后，应当立即通知被保全财产的人。财产已被查封、冻结的，不得重复查封、冻结。

基本程序

一、签收证据材料

步骤 1：接收证据材料。

步骤2：核对证据材料。

步骤3：出具接收收据，写明证据名称、页数、份数、原件或者复印件以及收到时间等，并由审判人员或书记员签名或者盖章，以确认接收。

二、财产保全

（一）诉前保全的程序

诉前保全只能依申请，具体步骤如下：

步骤1：接受利害关系人的保全申请和担保后，立案庭的书记员及时汇报给立案庭的法官，由立案庭法官分案。

步骤2：办案的审判人员对保全申请和担保进行审查，必须在接受申请后的48小时内作出是否保全的裁定。书记员记录审查的过程和结果。

步骤3：若裁定采取保全措施的，将保全裁定书交付执行局执行。

步骤4：将保全裁定书送达利害关系人和被申请人即财产被保全的人。

（二）诉讼中保全的程序

诉讼中保全包括依申请的保全和依职权的保全，其中依申请的保全步骤如下：

步骤1：接受当事人的保全申请和担保后，审判庭的书记员及时汇报给承办法官。

步骤2：办案的审判人员对保全申请和担保进行审查，对情况紧急的，必须在接受申请后的48小时内作出是否保全的裁定。书记员记录审查的过程和结果。

步骤3：若裁定采取保全措施的，将保全裁定书交付执行局执行。

步骤4：将保全裁定书送达各方当事人。

依职权的保全程序不需当事人申请保全和提供担保，其余程序与依申请的保全程序一样，故不再赘述。

三、管辖权异议

步骤1：书记员接受当事人提出的管辖权异议申请后，及时汇报给承办法官。

步骤2：审判人员对申请进行审查，书记员记录审查的过程和结果。

步骤3：将对管辖权异议申请作出的裁定送达各方当事人。

步骤4：办理当事人不服裁定的上诉或者裁定生效后的其余工作。

四、委托鉴定

步骤 1：接受当事人就查明事实的专门性问题向人民法院提出的鉴定申请。

步骤 2：双方当事人协商确定具备资格的鉴定人；协商不成的，由人民法院指定。书记员记录协商过程和结果。

步骤 3：填制鉴定委托书，将鉴定素材和鉴定委托书等材料送到鉴定机构。

五、证据交换

步骤 1：在开庭审理前接受当事人提出的证据交换申请，并汇报给承办法官。

法院对于证据较多或者复杂疑难的案件，可以组织当事人在答辩期届满后、开庭审理前交换证据。

步骤 2：书记员在证据交换前将双方的证据送达对方，并告知证据交换的时间、地点和注意事项。

步骤 3：证据交换在审判人员的主持下进行，书记员记录证据交换的过程，对当事人无异议的事实、证据记录在卷；对有异议的证据，按照需要证明的事实分类记录在卷，并记载异议的理由。

六、调查取证

步骤 1：配合承办法官调查取证，制作调查笔录。承办法官调查取证时，书记员应制作调查笔录，调查笔录要记明调查的时间、地点、调查人、被调查人、记录人，被调查人回答的内容应如实记录，记录完成后，被调查人确认调查笔录无误后签名或盖章。

步骤 2：需要委托外地法院调查的，书记员要填制委托调查函，将委托调查函和相应的调查提纲一并邮寄到外地法院。

七、发布开庭公告

步骤 1：对于公开审理的案件，填制开庭公告。

步骤 2：在开庭审理前的 3 日，发布开庭公告。

任务拓展

1. 查阅有关法律和案例等相关材料，并结合法院工作实际情况，思考并掌握证据保全的工作程序。

2. 查阅有关法律和案例等相关材料，并结合法院工作实际情况，思考并掌握反诉的工作程序。

3. 查阅有关法律和案例等相关材料，并结合法院工作实际情况，思考并掌握追加当事人的工作程序。

实训设计

一、实训目的

通过训练，能够明确和掌握民事案件开庭审理前诉讼保全、管辖权异议、证据交换、委托鉴定等事务的办理。

二、实训内容

办理民事案件开庭审理前诉讼保全、管辖权异议、证据交换、委托鉴定等事务。

三、实训素材

1. 民事案件案例：李某和张某原本是关系要好的朋友。2012 年双方签订了《转让协议》，李某将位于解放路的某烘烤店转让于张某，转让费为 100 万元。张某当即支付了 80 万元，并称剩余费用等资金周转后就付款。张某接手店铺后不久，房东却告知该门面房屋不能再由张某租用，让张某将店铺搬到后院经营，给张某造成了一定的经济损失，因此张某一直没有支付剩余的 20 万元转让费，李某讨要未果后将张某诉至某法院，要求其支付剩余的 20 万元。某法院民二庭的审判员陈某适用简易程序审理该案，李某向法院提出了财产保全申请。你认为，作为书记员应如何协助陈法官处理该财产保全申请？

2. 空白的文书样式，包括诉讼保全申请书等文书。

四、实训情境设计

1. 教师说明实训内容、目的和要求。

2. 教师提供相关背景资料，由学生分角色扮演模拟有关的案件场景，办理民事案件开庭审理前诉讼保全、管辖权异议、证据交换、委托鉴定等事务。

3. 教师对本次实训课进行总结，学生写出实训报告或心得。

附件

参考:《人民法院司法鉴定工作暂行规定》;《人民法院对外委托司法鉴定管理规定》;《最高人民法院关于诉讼代理人查阅民事案件材料的规定》;《全国人民代表大会常务委员会关于完善人民陪审员制度的决定》;《最高人民法院关于人民陪审员参加审判活动若干问题的规定》。

学习任务四　庭审的准备

任务导入

原告湖北某冲压机床厂与被告湖南某煤机有限公司买卖合同纠纷一案于半小时后开庭,小王作为书记员担任庭审记录,小王应做什么准备?

任务分析:庭审的准备涉及的内容有检查法庭设备;核对出庭人员的情况,并记入笔录;宣布法庭纪律;请审判人员入庭。

基本知识

一、公开审理原则

人民法院审理民事案件,必须坚持依法公开审判制度,做到公开开庭,公开举证、质证,公开宣判。人民法院对于第一审案件,除涉及国家秘密、个人隐私或者法律另有规定的以外,应当公开进行。离婚案件,涉及商业秘密的案件,当事人申请不公开审理的,可以不公开审理。对于不公开审理的案件,应当当庭宣布不公开审理的理由。

依法公开审理的案件,公民可以旁听,但精神病人、醉酒的人和未经人民法院批准的未成年人除外。根据法庭场所和参加旁听人数等情况,旁听人员需要持旁听证进入法庭,旁听证由人民法院制发。外国人和无国籍人持有效证件要求旁听的,参照中国公民旁听的规定办理。旁听人员必须遵守《人民法院法庭规则》的规定,并应当接受安全检查。

二、开庭前的准备

适用普通程序审理的民事案件,开庭审理前,书记员应当查明当事人和其他诉讼参与人是否到庭。当事人或其他诉讼参与人没有到庭的，应将情况及时报告审判长，并由合议庭确定是否需要延期开庭审理或者中止诉讼。决定延期开庭审理的，应当及时通知当事人和其他诉讼参与人；决定中止诉讼的，应当制作裁定书，送达当事人。原告经传票传唤，无正当理由拒不到庭的，可以按撤诉处理；被告经传票传唤，无正当理由拒不到庭的，可以缺席判决。

适用简易程序审理的民事案件，开庭审理前，书记员查明当事人及其诉讼参与人是否到庭。当事人或其他诉讼参与人没有到庭的，应将情况及时报告审判员，由审判员决定是否需要延期或者中止审理。决定延期或者中止审理的，应及时通知当事人和其他诉讼参与人。原告经传票传唤，无正当理由拒不到庭的，可以按撤诉处理。审判员决定如期审理的，书记员宣布当事人及其诉讼代理人入庭。

三、法庭秩序

案件开庭审理时，合议庭的审判长或者独任审判的审判员主持法庭的审判活动，指挥司法警察维持法庭秩序。出庭的审判人员、书记员、公诉人或者抗诉人、司法警察应当按照规定着装；出庭的辩护人、诉讼代理人、证人、鉴定人、勘验人、翻译人员和其他诉讼参与人应当衣着整洁。审判人员应当严格按照法律规定的诉讼程序进行审判活动，保障诉讼参与人的诉讼权利。诉讼参与人应当遵守法庭规则，维护法庭秩序，不得喧哗、吵闹；发言、陈述和辩论，须经审判长或者独任审判员许可。

案件开庭审理时，新闻记者未经审判长或者独任审判员许可，不得在庭审过程中录音、录像、摄影。对于违反法庭规则的人，审判长或者独任审判员可以口头警告、训诫，也可以没收录音、录像和摄影器材，责令退出法庭或者经院长批准予以罚款、拘留。对哄闹、冲击法庭，侮辱、诽谤、威胁、殴打审判人员等严重扰乱法庭秩序的人，依法追究刑事责任；情节较轻的，予以罚款、拘留。对违反法庭规则的人采取强制措施，由司法警察执行。

基本程序

一、检查法庭设备

步骤1：在开庭前的15分钟，检查法庭的当事人、审判人员等的标牌是否齐全和摆放位置是否正确，以及法槌摆放位置是否正确。

步骤2：在开庭前的15分钟，检查法庭的电子设备是否齐全和功能运转是否正常。

二、核对出庭人员的情况，并记入笔录

步骤1：在开庭前的10分钟，宣布当事人及其诉讼代理人入庭，出庭人员就座后，查明当事人及其诉讼代理人到庭情况，核对当事人及其诉讼代理人身份及其证件。

步骤2：在开庭前的10分钟，核对证人、鉴定人、专家的到庭情况、身份及其证件，请其退席，等候传唤。

步骤3：当事人、其他诉讼参与人没有到庭的，书记员应将情况及时报告审判长，并由合议庭确定是否延期开庭审理或中止诉讼。

步骤4：公开开庭的，应当检查参加旁听的人员是否适合，是否有现场采访的记者。如发现有未成年人（经批准的除外）、精神病人和醉酒的人以及其他不宜旁听的人旁听开庭的，应当请其退出法庭或者向审判长报告。如发现有记者到庭采访，应当确认其是否办理审批手续，并向审判长被告。如未经批准，应当明确告知记者不得录音、录像或者摄影；但应当允许记者作为旁听人员参加旁听和记录。

××××人民法院 旁听证（存根） 姓名：_____　性别：_____ 年龄：_____　工作单位：_____ 身份证号：_____ 旁听时间：_____	××××人民法院 旁 听 证 编号： 庭审结束后请将此证退还法院

三、宣布法庭纪律

步骤1：书记员站到书记员席的位置。

步骤 2：控制好法庭秩序后，宣布如下法庭纪律：

一、法庭审理过程中，诉讼参与人、旁听人员应当遵守以下纪律：

（一）服从法庭指挥，遵守法庭礼仪；

（二）不得鼓掌、喧哗、哄闹、随意走动；

（三）不得对庭审活动进行录音、录像、摄影，或者通过发送邮件、博客、微博客等方式传播庭审情况，但经人民法院许可的新闻记者除外；

（四）旁听人员不得发言、提问；

（五）不得实施其他扰乱法庭秩序的行为。

二、法庭审理过程中，诉讼参与人或者旁听人员扰乱法庭秩序的，审判长应当按照下列情形分别处理：

（一）情节较轻的，应当警告制止并进行训诫；

（二）不听制止的，可以指令法警强行带出法庭。

四、请审判人员入庭

步骤 1：宣读法庭纪律后，待审判人员已经在庭外准备就绪，书记员宣布："全体起立，请审判长、审判员（陪审员）入庭。"

步骤 2：待合议庭成员坐定后，书记员宣布："请坐下。"

步骤 3：审判人员入庭后，书记员向审判长报告出庭情况："报告审判长，本案的当事人及其他诉讼参与人已全部到庭，法庭准备就绪，请开庭审理。"

任务拓展

查阅有关法律和案例等相关材料，并结合法院工作实际情况，思考如何协助审判长或独任审判员处理违反法庭秩序的突发事件。

实训设计

一、实训目的

通过训练，能够明确开庭审理前书记员的各项具体工作任务以及它们之间的先后顺序，能够在实务当中熟练运用司法礼仪。

二、实训内容

民事案件开庭审理前书记员的各项具体工作任务以及各任务之间的先后顺序。

三、实训素材

1. 民事案件案例：邢某与吴某经人介绍认识并于2010年登记结婚。2011年吴某生一子邢某某。婚后几个月双方感情一直很好，孩子生下之后，邢某称其妻子吴某经常谩骂其及其母亲，弄得家里鸡犬不宁。邢某诉至法院要求与吴某离婚，并要求儿子归其抚养，吴某每月支付抚养费500元。该案即将开庭，你认为，书记员到达法庭后应做好开庭前的哪些准备工作？

2. 法庭规则文本。

四、实训情境设计

1. 教师说明实训内容、目的和要求。

2. 教师提供相关背景资料，由学生分角色扮演模拟有关的案件场景，核对当事人和诉讼参与人到庭情况、宣布法庭纪律、请审判人员到庭，向审判长报告开庭的准备工作。

3. 教师对本次实训课进行总结，学生写出实训报告或心得。

附件

参考：《最高人民法院关于严格执行公开审判制度的若干规定》；《中华人民共和国人民法院法庭规则》。

学习任务五　庭审笔录、合议笔录、审判委员会笔录

任务导入

广州某电力有限公司与西安某电容器有限公司承揽合同纠纷一案，开完庭后，合议时合议庭成员的意见有重大分歧，该案件被提交审判委员会讨论决定，你作为书记员，应如何制作庭审笔录、合议庭评议笔录、审判委员会讨论决定案件笔录？

任务分析：该部分涉及的内容主要有庭审笔录、合议庭评议笔录以及审判委员会笔录。

基本知识

《民事诉讼法》及相关的法律法规规定了第一审普通程序、第一审简易程序、第二审程序、特别程序等审理案件的程序，并规定了相应的合议庭制度和审判委员会制度。本书之前已介绍过合议庭的相关制度，现着重介绍第一审适用普通程序开庭审理、第一审适用简易程序开庭审理及审判委员会讨论决定案件的程序。

一、第一审适用普通程序开庭审理的程序

（一）宣布开庭及有关事项

审判长核对当事人及其诉讼代理人的身份，并询问各方当事人对于对方出庭人员有无异议。当事人的身份经审判长核对无误，且当事人对对方出庭人员没有异议，审判长宣布各方当事人及其诉讼代理人符合法律规定，可以参加本案诉讼。

审判长宣布案由及开始庭审，不公开审理的应当说明理由。

被告经人民法院传票传唤，无正当理由拒不到庭的，审判长可以宣布缺席审理，并说明传票送达合法和缺席审理的依据。无独立请求权的第三人经人民法院传票传唤，无正当理由拒不到庭的，不影响案件的审理。

审判长宣布合议庭组成人员、书记员名单。审判长告知当事人有关的诉讼权利义务，询问各方当事人是否申请回避。当事人提出申请回避的，合议庭应当宣布休庭。院长担任审判长时的回避，由审判委员会决定；审判人员的回避，由院长决定；其他人员的回避，由审判长决定。当事人申请回避的理由不能成立的，由审判长在重新开庭时宣布予以驳回，记入笔录；当事人申请回避的理由成立，决定回避的，由审判长宣布延期审理。当事人对驳回回避申请的决定不服，申请复议的，不影响案件的开庭。人民法院对复议申请，应当在3日内作出复议决定并通知复议申请人，也可以在开庭时当庭作出复议决定并告知复议申请人。

（二）法庭调查

审判长宣布进行法庭调查后，应当告知当事人法庭调查的重点是双方争议的事实。当事人对自己提出的主张，有责任提供证据；反驳对方主张的，也应提供证据或说明理由。

法庭调查的顺序：

1. 当事人按下列顺序陈述。

（1）原告简要陈述起诉的请求和理由，或者宣读起诉书。

（2）被告针对原告起诉中的请求和理由作出承认或者否定的答辩，对双方确认的事实，应当记入笔录，法院无须再作调查。

（3）第三人陈述或答辩。有独立请求权的第三人陈述诉讼请求及理由。无独立请求权的第三人针对原、被告的陈述提出承认或否认的答辩意见。

2. 告知证人的权利义务，证人作证，宣读未到庭的证人证言。凡是知道案件情况的单位和个人，都有义务出庭作证。证人出庭作证，法庭应查明证人身份，告知证人作证的义务以及作伪证应负的法律责任。证人作证后，应征询双方当事人对证人证言的意见。经法庭许可，当事人及其诉讼代理人可以向证人发问。证人确有困难不能出庭的，其所提交的书面证言应当当庭宣读。当事人自己调查取得的证人证言，由当事人宣读后提交法庭，对方当事人可以质询；人民法院调查取得的证人证言，由书记员宣读，双方当事人可以质询。

3. 出示书证、物证、视听资料和电子数据。双方当事人就争议的事实所提供的书证、物证、视听资料，应经对方辨认，互相质证。

4. 宣读鉴定意见。

5. 宣读勘验笔录。勘验人、鉴定人宣读勘验笔录、鉴定意见后，由双方当事人发表意见。经法庭许可，当事人及其诉讼代理人可以向勘验人、鉴定人发问。

（三）法庭辩论

审判长宣布法庭辩论开始，当事人及其诉讼代理人就本案争议的问题进行辩论。审判长在必要时可以根据案情限定当事人及其诉讼代理人每次发表意见的时间。

法庭辩论按照下列顺序进行：

1. 原告及其诉讼代理人发言。

2. 被告及其诉讼代理人答辩。

3. 第三人及其诉讼代理人发言或者答辩。

4. 互相辩论。

第一轮辩论结束后，审判长应当询问当事人是否还有补充意见。当事人要求继续发言的，应当允许，但要提醒不可重复。当事人没有补充意见的，审判长宣布法庭辩论终结。

（四）当事人最后陈述

法庭辩论终结，审判长按照原告、被告、第三人的顺序征询各方的最后意见，此处的最后意见也即当事人的最后陈述，是当事人用简短的一两句话概括自己的全部主张或抗辩意见或其他意见。

（五）法庭调解

经过法庭调查和辩论，如果事实清楚，审判长按照原告、被告和有独立请求权的第三人的顺序询问当事人是否愿意调解。无独立请求权的第三人需要承担义务的，在询问原告、被告之后，还应询问其是否愿意调解。当事人愿意调解的，可以当庭进行，也可以休庭后进行。

经过调解，双方当事人达成协议的，应当在调解协议上签字盖章。人民法院应当根据双方当事人达成的调解协议制作调解书并送达当事人。双方当事人达成协议后当即履行完毕，不要求发给调解书的，应当记入笔录，在双方当事人、合议庭成员、书记员签名或盖章后，即具有法律效力。

双方当事人当庭达成调解协议的，合议庭应当宣布调解结果，告知当事人调解书经双方当事人签收后，即具有法律效力。

（六）合议庭评议

经过开庭审理后调解不成的，合议庭应当休庭进行评议，就案件事实的认定和法律的适用进行评议。合议庭评议案件时，先由承办法官对认定案件事实、证据是否确实、充分以及适用法律等发表意见，审判长最后发表意见；审判长作为承办法官的，由审判长最后发表意见。对案件的裁判结果进行评议时，由审判长最后发表意见。审判长应当根据评议情况总结合议庭评议的结论性意见。合议庭进行评议时，如果意见分歧，应当按多数人的意见作出决定，但是少数人的意见应当写入笔录。

二、第一审适用简易程序开庭审理的程序

（一）宣布开庭及有关事项

审判员核对当事人及其诉讼代理人的身份，并询问各方当事人对于对方出庭人员有无异议。当事人身份经审判员核对无误，且对对方出庭人员没有异议的，审判员宣布到庭的当事人及其诉讼代理人符合法律规定，可以参加本案诉讼。

审判员宣布案由、开庭。审判员宣布审判员、书记员姓名，告知当事人有关的诉讼权利义务，询问各方当事人是否申请回避。

（二）法庭调查

原告简要陈述起诉的请求、事实和理由。

被告针对原告起诉中陈述的事实提出承认或者否认的答辩。

当事人对自己的主张有责任提供证据，各方当事人提供的证据，应经对方辨认、互相质证。

证人出庭作证的，应查明证人身份，告知证人作证的义务以及作伪证应负的法律责任。证人作证后应征询双方当事人对证人证言的意见。经法庭许可，当事人及其诉讼代理人可以向证人发问。对确实不能出庭的证人提供的证言，当庭宣读后，也应征询双方当事人意见。

（三）法庭辩论

当事人对争议的问题可以互相辩论。审判员对当事人在辩论中与本案无关的言辞应当及时制止。

（四）当事人最后陈述

法庭辩论终结，审判员按照原告、被告的顺序征询各方的最后意见。

（五）法庭调解

经法庭调查、辩论，事实基本清楚后，审判员按原告、被告的顺序询问双方当事人是否愿意调解。调解可以当庭进行，也可以休庭后进行。经调解，双方当事人取得一致意见，根据协商的内容起草调解协议，由各方当事人签字或盖章。人民法院应当制作调解书发给当事人。

第一审适用简易程序与适用普通程序开庭审理的程序基本一致，人民法院在适用简易程序审理过程中，发现案件不宜适用简易程序的，裁定转为普通程序。

不论是适用普通程序还是适用简易程序审理的案件，书记员都应当将法庭审理的全部活动记入笔录，由审判人员和书记员签名。法庭笔录应当当庭宣读，也可以告知当事人和其他诉讼参与人当庭或者在5日内阅读。当事人和其他诉讼参与人认为对自己的陈述记录有遗漏或者差错的，有权申请补正。如果不予补正，应当将申请记录在案。法庭笔录由当事人和其他诉讼参与人签名或者盖章。拒绝签名盖章的，记明情况附卷。

三、审判委员会讨论决定案件的程序

审判委员会是人民法院的最高审判组织，在总结审判经验，审理疑难、复杂、重大案件中具有重要的作用。人民法院审判工作中的重大问题和疑难、复杂、重大案件以及合议庭难以作出裁决的案件，应当由审判委员会讨论或者审理后作出决定。案件或者议题是否提交审判委员会讨论，由院长或者主管副院长决定。

（一）审判委员会讨论决定案件的范围

审判委员会讨论决定案件的范围分为两种：应当提交审判委员会讨论决定的案件和可以提请院长决定提交审判委员会讨论决定的案件。

1. 应当提交审判委员会讨论决定的案件范围。最高人民法院审理的下列案件应当提交审判委员会讨论决定：本院已经发生法律效力的判决、裁定确有错误

需要再审的案件；最高人民检察院依照审判监督程序提出抗诉的刑事案件。

高级人民法院和中级人民法院审理的下列案件应当提交审判委员会讨论决定：本院已经发生法律效力的判决、裁定确有错误需要再审的案件；同级人民检察院依照审判监督程序提出抗诉的刑事案件；拟判处死刑立即执行的案件；拟在法定刑以下判处刑罚或者免于刑事处罚的案件；拟宣告被告人无罪的案件；拟就法律适用问题向上级人民法院请示的案件；认为案情重大、复杂，需要报请移送上级人民法院审理的案件。

基层人民法院审理的下列案件应当提交审判委员会讨论决定：本院已经发生法律效力的判决、裁定确有错误需要再审的案件；拟在法定刑以下判处刑罚或者免于刑事处罚的案件；拟宣告被告人无罪的案件；拟就法律适用问题向上级人民法院请示的案件；认为应当判处无期徒刑、死刑，需要报请移送中级人民法院审理的刑事案件；认为案情重大、复杂，需要报请移送上级人民法院审理的案件。

2. 可以提请院长决定提交审判委员会讨论决定的案件范围。人民法院审理下列案件时，合议庭可以提请院长决定提交审判委员会讨论：合议庭意见有重大分歧、难以作出决定的案件；法律规定不明确，存在法律适用疑难问题的案件；案件处理结果可能产生重大社会影响的案件；对审判工作具有指导意义的新类型案件；其他需要提交审判委员会讨论的疑难、复杂、重大案件。

对于上述案件，合议庭没有建议提请审判委员会讨论的案件，院长、主管副院长或者庭长认为有必要的，也可提请审判委员会讨论。

(二) 案件提交审判委员会的程序

需要提交审判委员会讨论的案件，由合议庭层报庭长、主管副院长提请院长决定。院长、主管副院长或者庭长认为不需要提交审判委员会的，可以要求合议庭复议。

审判委员会讨论案件，合议庭应当提交案件审理报告。案件审理报告应当符合规范要求，客观、全面地反映案件事实、证据以及双方当事人或控辩双方的意见，说明合议庭争议的焦点、分歧意见和拟作出裁判的内容。案件审理报告应当提前发送审判委员会委员。

(三) 审判委员会讨论决定案件的程序

审判委员会讨论案件时，合议庭全体成员及审判业务部门负责人应当列席会议。对本院审结的已发生法律效力的案件提起再审的，原审合议庭成员及审判业务部门负责人也应当列席会议。院长或者受院长委托主持会议的副院长可以决定其他有必要列席的人员。审判委员会讨论案件，同级人民检察院检察长或者受检察长委托的副检察长可以列席。

审判委员会会议由院长主持。院长因故不能主持会议时，可以委托副院长主持。

审判委员会讨论案件按照听取汇报、询问、发表意见、表决的顺序进行。案件由承办人汇报，合议庭其他成员补充。审判委员会委员在听取汇报、进行询问和发表意见后，其他列席人员经主持人同意可以发表意见。

审判委员会讨论案件实行民主集中制。审判委员会委员发表意见的顺序，一般应当按照职级高的委员后发言的原则进行，主持人最后发表意见。审判委员会应当充分、全面地对案件进行讨论。审判委员会委员应当客观、公正、独立、平等地发表意见，审判委员会委员发表意见不受追究，并应当记录在卷。审判委员会委员发表意见后，主持人应当归纳委员的意见，按多数意见拟出决议，付诸表决。审判委员会的决议应当按照全体委员 1/2 以上多数意见作出。

基本程序

一、庭审笔录

步骤 1：记录庭审情况。应记录的内容包括：

（1）审判人员在庭审不同阶段先后向当事人所宣布、告知、询问的内容以及当事人回答、陈述、质证、辩解的内容。

（2）出示物证、书证、证人证言和视听资料等项证据以及当事人对各项证据表示的意见。

（3）当庭调解情况。

步骤 2：及时核对庭审笔录与签名。书记员负责监督当事人和其他诉讼参加人核签笔录，应当向当事人和其他诉讼参与人当庭宣读，也可以告知当事人和其他诉讼参与人当庭阅读或者 5 日内阅读，当事人和其他诉讼参与人确认没有错误后，由当事人和其他诉讼参与人签名或盖章。对于当事人和其他诉讼参与人认为自己的陈述记载有遗漏或差错，请求补充或修正的，书记员应将查阅的情况在笔录上注明并报请审判员决定，如果同意，书记员可以对笔录加以修正；如果不同意，书记员可将当事人及其他诉讼参与人的意见和审判人员不同意修正的理由一并记录附卷。如当事人或其他诉讼参加人拒不签字，应记明情况附卷。

庭审笔录由审判人员和书记员签名。

二、合议庭评议笔录

步骤1：记录合议庭评议的情况。书记员须记明评议时间、地点、合议庭成员；案由、当事人情况；合议庭成员对案件事实认定、证据采信和法律适用所发表的意见、理由和依据；评议结果。

步骤2：核对合议庭评议笔录。

步骤3：组织合议庭成员在评议笔录上签名。

三、审判委员会讨论案件笔录

步骤1：记录审判委员会讨论的情况。书记员须记明讨论的时间、地点、主持人、与会人员、列席人员、记录人、汇报案件的审判人员；案由、当事人情况；审判人员汇报的案件事实和合议庭评议的结果；各位委员和列席人员在讨论中发表的意见或保留的意见；各位委员的表决；审判委员会的决定。

步骤2：及时核对修正笔录。

步骤3：各委员审阅无误后签名。

任务拓展

1. 查阅有关法律和案例等相关材料，并结合法院工作实际情况，思考并掌握民事案件撤诉的工作程序。

2. 查阅有关法律和案例等相关材料，并结合法院工作实际情况，思考并掌握民事案件中止诉讼、终结诉讼的工作程序。

3. 查阅有关法律文件和案例等相关材料，并结合法院工作实际情况，思考并掌握民事案件调解的工作程序。

4. 查阅有关笔录的相关材料，并结合法院工作实际情况，思考并掌握书记员遇到法官、当事人语速快、方言重等语言特点，如何提高笔录的正确性、效率性。

实训设计

一、实训目的

通过训练，能够掌握民事案件的庭审笔录、合议庭评议笔录、审判委员会讨论案件笔录制作的基本要领，以及笔录的整理、核对与签字方法。

二、实训内容

民事案件庭审笔录、合议庭评议笔录、审判委员会讨论决定案件笔录的制作、整理、核对与签字。

三、实训素材

1. 民事案件案例：2011 年 4 月 25 日，王某、李某因在某村承揽工程，与郭某签订合同一份，约定郭某给王某的工地供应沙子、石子，王某分期付款。2011 年 5 月 4 日，郭某又和王某、张某签订合同一份，合同约定，郭某向王某在某村的工地供应机红砖，王某分期付款，如果违约，违约方支付对方每天 1000 元人民币，张某自愿把自己的涂料厂内的一切设备作为担保的保证金。上述两份合同签订后，郭某向王某的工地供应了 116 325 元的货物，王某支付郭某 104 000 元，剩余 10 000 余元未付。由于张某尚欠王某 12 000 元，于是王某要求张某将此款归还郭某，并由张某于 2011 年 9 月 29 日向其出具借条一份，但郭某几经催要至今未还。2013 年 5 月 5 日，郭某诉至法院，要求三被告连带返还欠款 12 325 元及违约金 77 140 元。该案由民二庭三位审判员组成合议庭进行审理。你作为书记员，如何制作庭审笔录？开庭审理中，法庭调查的顺序是什么？开庭审理中，法庭辩论阶段各当事人的发言顺序是什么？

2. 民事案件笔录制作需要的计算机、打印设备、电子文档，核对与签字所需的笔和印泥。

四、实训情境设计

1. 教师说明实训内容、目的和要求。

2. 教师提供相关背景资料，由学生分角色扮演模拟有关的案件场景，制作庭审笔录、合议庭评议笔录、审判委员会讨论决定案件笔录。

3. 教师对本次实训课进行总结，学生写出实训报告或心得。

附件

参考：《最高人民法院第一审经济纠纷案件适用普通程序开庭审理的若干规定》；《最高人民法院经济纠纷案件适用简易程序开庭审理的若干规定》；《最高人民法院关于适用简易程序审理民事案件的若干规定》；《最高人民法院关于改革和完善人民法院审判委员会制度的实施意见》。

学习任务六　辅助法庭宣判的工作

任务导入

原告贵阳某汽车服务有限公司与被告安顺市某经贸有限公司、王某、遵义市某贸易有限公司转让合同纠纷一案在庭审过程中，当事人无法达成调解协议，合议庭评议后决定另定日期宣判，你作为书记员，应当如何协助合议庭宣判？

任务分析：辅助法庭宣判包括协助制作与校对裁判文书、协助宣判。

基本知识

人民法院对公开审理或者不公开审理的案件，一律公开宣告判决。宣告判决时，必须告知当事人上诉权利、上诉期限和上诉的法院。宣告离婚判决，必须告知当事人在判决发生法律效力前不得另行结婚。

判决书应当写明判决结果和作出该判决的理由。判决书内容包括：案由、诉讼请求、争议的事实和理由；判决认定的事实和理由、适用的法律和理由；判决结果和诉讼费用的负担；上诉期间和上诉的法院。判决书由审判人员、书记员署名，加盖人民法院印章。人民法院审理的民事案件，其中一部分事实已经清楚，可以就该部分先行判决。

根据宣判时间的不同，宣判分为两种：

一、当庭宣判

适用第一审普通程序审理的案件，合议庭评议后，由审判长宣布继续开庭并宣读裁判。宣判时，当事人及其他诉讼参与人、旁听人员应当起立。适用第一审简易程序审理的案件，当事人调解达不成协议的，审判员可以当庭宣判。不论适用普通程序还是简易程序审理的第一审案件，宣判的内容均包括：认定的事实、适用的法律、判决的结果和理由、诉讼费用的负担、当事人的上诉权利、上诉期限和上诉法院。

二、定期宣判

不能当庭宣判的，审判长或审判员应当宣布另定日期宣判。定期宣判的，确定宣判日期后，应当在宣判 3 日前将宣判的时间、地点通知当事人、法定代理人、委托代理人及其他诉讼参与人。

对于定期宣判的，书记员须制作宣判笔录。笔录首部写明宣告判决或裁定的时间、地点、旁听人数、审判人员和书记员姓名、到庭的当事人和其他诉讼参与人的诉讼称谓和姓名、名称。正文应记明所宣读裁判文书的内容，并告知有关注意事项和宣判后当事人的表示。宣判笔录应当由当事人签名或盖章，拒绝签名、盖章的应记明情况。审判人员和书记员应在笔录上签名。

基本程序

一、制作与校对裁判文书

步骤1：除承办法官制作的裁判文书外，书记员可协助承办法官制作简单的裁定书，如保全裁定书、转程序裁定书等。

步骤2：协助承办法官校对裁判文书并打印盖章。

二、协助宣判

步骤1：经合议庭评议后，决定当庭宣判的，不需要另行通知当事人和诉讼参与人宣判的时间、地点，也无须制作宣判笔录。

步骤2：经合议庭评议后，决定定期宣判的，书记员须制作宣判笔录。

步骤3：宣判笔录应当由当事人签名或盖章，审判人员和书记员签名。

步骤4：在审判长宣布闭庭后，书记员应当宣布退庭。

步骤5：合议庭成员退庭后，书记员宣布当事人和旁听人员退庭。

步骤6：在当庭宣判或定期宣判后，向当事人送达裁判文书，并制作送达回证。

宣 判 笔 录

时　　间：　　年　　月　　日　　时　　分至　　时　　分。

地　　点：　　　　旁听人数：

审判长（员）：

人民陪审员：

书记员：

到庭的当事人和其他诉讼参与人：

　　宣读　　　　人民法院（　　）　字第　号　　书，并告知有关事项和宣判后当事人的表示：

　　是否听清，是否上诉

原告：

被告：

　　看笔录无误后签字，现在宣布闭庭。

书记员：全体起立，请合议庭成员（审判员）退庭。

书记员：

任务拓展

1. 查阅有关法律和案例等相关材料，并结合法院工作实际情况，思考并掌握提高民事案件裁判文书制作规范性的方法。

2. 查阅有关法律和案例等相关材料，并结合法院工作实际情况，思考并掌握提高民事案件裁判文书校对正确性的方法。

实训设计

一、实训目的

通过训练，能够掌握民事案件裁判文书的制作与校对的基本要领，辅助法庭宣判的工作。

二、实训内容

民事案件裁判文书的制作与校对，辅助法庭宣判的工作。

三、实训素材

1. 民事案件案例：个体户龙女士与某服饰公司签订了租赁协议，约定服饰公司将即将开业的某商铺租赁给龙女士，租期为 1 年，龙女士于协议签订当日即交付了租金等项费用 2 万元。但因服饰公司一直未能开业，龙女士也一直未能使用商铺，后龙女士多次要求服饰公司退还租金等款项 2 万元，但服饰公司未退还，龙女士遂将服饰公司诉至法院。法院适用第一审普通程序审理该案后，审判长宣布另定日期宣判。你认为，宣判日期确定后，书记员应如何协助审判人员进行之后的宣判程序？开庭宣判时，人民陪审员因故不能参加宣判，则宣判能否继续进行？书记员制作宣判笔录时，应告知当事人哪些事项？

2. 民事案件裁判文书的制作与校对的计算机、打印设备。

四、实训情境设计

1. 教师说明实训内容、目的和要求。

2. 教师提供相关背景资料，由学生分角色扮演模拟有关的案件场景，进行民事案件裁判文书的制作与校对、宣判。

3. 教师对本次实训课进行总结，学生写出实训报告或心得。

附件

参考：《最高人民法院关于定期宣判的案件人民陪审员因故不能参加宣判时可否由审判员开庭宣判问题的批复》。

学习任务七　送达裁判文书

任务导入

原告成某与被告某医院、某报社肖像权纠纷一案定期宣判，你作为书记员，应当如何向各当事人送达判决书？

任务分析：民事案件送达裁判文书分为两种情况，即当庭宣判的裁判文书送达和定期宣判的裁判文书送达。

基本知识

对于民事案件，人民法院当庭宣判的，应当在 10 日内发送判决书；定期宣判的，宣判后立即发给判决书。

定期宣判的案件，必须在法律规定的下列审理期限内宣判并发送判决书：适用普通程序审理的案件，应当在立案之日起 6 个月内审结。有特殊情况需要延长的，由本院院长批准，可以延长 6 个月；还需要延长的，报请上级人民法院批准。适用简易程序审理的案件，应当在立案之日起 3 个月内审结。基层人民法院及其派出法庭审理适用简易程序的民事案件，标的额为各省、自治区、直辖市上年度就业人员年平均工资 30% 以下的，实行一审终审；一审终审需在判决书中明确写明并在宣判时告知当事人。

基本程序

送达裁判文书。

步骤1：当庭宣判的民事案件，应当在宣判后10日内向当事人及其他诉讼参与人送达裁判文书。

步骤2：定期宣判的民事案件，应当在宣判后当庭向当事人及其他诉讼参与人送达裁判文书。

注意：送达回证的办理是法律文书送达的最后程序，在法律文书送达的同时，书记员让受送达人填写送达回证，之后书记员将送达回证归卷。

任务拓展

通过查阅相关资料和咨询法院书记员，考察当庭宣判的民事案件裁判文书如何送达？法院如何运用各种送达方式送达裁判文书，最常用哪种方式？

实训设计

一、实训目的

通过训练，能够掌握民事案件裁判文书的送达方式。

二、实训内容

民事案件裁判文书的送达方式和途径。

三、实训素材

1. 民事案件案例：曲某、钟某二人协议离婚，约定儿子小曲由曲某抚养并承担全部生活教育费。曲某再婚后，钟某怕小曲受委屈，便承担起了对儿子的抚养。为了使小曲到好的学校就读，钟某不顾自己的个人条件差，四处借钱供小曲读书，而曲某不管不问。钟某无奈之下，以自己承担不起儿子上学的花费为由诉至法院，要求曲某支付原告5年来为小曲支付的上学花费5万元。法院适用第一审普通程序审理该案，并作出了由曲某支付钟某3万元的判决，现在法院准备进行宣判。你认为，当庭宣判的，判决书如何送达？定期宣判的，判决书如何送达？

2. 民事案件的各种裁判文书。

四、实训情境设计

1. 教师说明实训内容、目的和要求。

2. 教师提供相关背景资料，由学生分角色扮演模拟有关的案件场景，进行裁判文书送达方式和途径的演练。

3. 教师对本次实训课进行总结，学生写出实训报告或心得。

学习任务八　办理报结、报送、退卷、执行

任务导入

叶某与童某不当得利纠纷一案，双方当事人收到判决书后，叶某不服判决提起上诉，你作为书记员，如何办理上诉事宜？

任务分析： 报结、报送、退卷、移送执行涉及的内容为办理案件审理的报结、办理上诉案件的报送、办理上诉案件的退卷、办理生效裁判的执行移送等内容。

基本知识

一、案件审理的报结

第一审民事案件的结案方式有判决、撤诉、调解、移送、终结诉讼等，不论案件以哪种方式审结，在相应的法律文书送达各方当事人之后，都应当对案件进行报结。报结是立卷归档的前提，不报结，无法立卷归档；同时，也只有报结后，才能将当事人的上诉报送上级人民法院，才能将案件移送执行。

二、当事人的上诉程序

（一）上诉期间

当事人不服地方人民法院第一审判决的，有权在判决书送达之日起 15 日内向上一级人民法院提起上诉。当事人不服地方人民法院第一审裁定的，有权在裁定书送达之日起 10 日内向上一级人民法院提起上诉。

最高人民法院的判决、裁定，以及依法不准上诉或者超过上诉期没有上诉的

判决、裁定，是发生法律效力的判决、裁定。公众可以查阅发生法律效力的判决书、裁定书，但涉及国家秘密、商业秘密和个人隐私的内容除外。

（二）上诉主体

上诉是当事人的权利，由当事人提出。双方当事人和第三人都提出上诉的，均为上诉人。

必要共同诉讼人中的一人或者部分人提出上诉的，按下列情况处理：该上诉是对与对方当事人之间权利义务分担有意见，不涉及其他共同诉讼人利益的，对方当事人为被上诉人，未上诉的同一方当事人依原审诉讼地位列明；该上诉仅对共同诉讼人之间权利义务分担有意见，不涉及对方当事人利益的，未上诉的同一方当事人为被上诉人，对方当事人依原审诉讼地位列明；该上诉对双方当事人之间以及共同诉讼人之间权利义务承担有意见的，未提出上诉的其他当事人均为被上诉人。

无民事行为能力人、限制民事行为能力人的法定代理人，可以代理当事人提起上诉。

（三）上诉方式

上诉应当由当事人递交书面上诉状。上诉状的内容，应当包括当事人的姓名，法人的名称及其法定代表人的姓名或者其他组织的名称及其主要负责人的姓名；原审人民法院名称、案件的编号和案由；上诉的请求和理由。

一审宣判时或判决书、裁定书送达时，当事人口头表示上诉的，人民法院应告知其必须在法定上诉期间内提出上诉状。未在法定上诉期间内递交上诉状的，视为未提出上诉。

上诉状应当通过原审人民法院提出，并按照对方当事人或者代表人的人数提出副本。当事人直接向第二审人民法院上诉的，第二审人民法院应当在 5 日内将上诉状移交原审人民法院。

（四）预交上诉费

上诉案件的案件受理费由上诉人向人民法院提交上诉状时预交。双方当事人都提起上诉的，分别预交。上诉人在上诉期内未预交诉讼费用的，人民法院应当通知其在 7 日内预交。

当事人逾期不交纳诉讼费用又未提出司法救助申请，或者申请司法救助未获批准，在人民法院指定期限内仍未交纳诉讼费用的，案件仍报送第二审人民法院，由第二审人民法院按撤回上诉处理。

三、人民法院的上诉报送

原审人民法院收到上诉状，应当在 5 日内将上诉状副本送达对方当事人，对方当事人在收到之日起 15 日内提出答辩状。人民法院应当在收到答辩状之日起 5 日内将副本送达上诉人。对方当事人不提出答辩状的，不影响人民法院审理。

原审人民法院收到上诉状、答辩状及预交上诉费的收据，报送第二审人民法院。当事人不预交上诉费的，不影响原审人民法院的报送。

四、上诉案件审结的宣判

人民法院审理对判决的上诉案件，应当在第二审立案之日起 3 个月内审结。有特殊情况需要延长的，由本院院长批准。人民法院审理对裁定的上诉案件，应当在第二审立案之日起 30 日内作出终审裁定。

第二审人民法院的判决、裁定，是终审的判决、裁定。

第二审人民法院宣告判决可以自行宣判，也可以委托原审人民法院或者当事人所在地人民法院代行宣判。

五、执行的移送

（一）执行的管辖法院

发生法律效力的民事判决、裁定，以及刑事判决、裁定中的财产部分，由第一审人民法院或者与第一审人民法院同级的被执行的财产所在地人民法院执行。

（二）执行的移送

发生法律效力的民事判决、裁定，当事人必须履行。一方拒绝履行的，对方当事人可以向人民法院申请执行，也可以由审判员移送执行员执行。调解书和其他应当由人民法院执行的法律文书，当事人必须履行。一方拒绝履行的，对方当事人可以向人民法院申请执行。

（三）执行的申请期间

申请执行的期间为 2 年。申请执行时效的中止、中断，适用法律有关诉讼时效中止、中断的规定。上述期间从法律文书规定履行期间的最后一日起计算；法律文书规定分期履行的，从规定的每次履行期间的最后一日起计算；法律文书未规定履行期间的，从法律文书生效之日起计算。

基本程序

一、办理报结

步骤1：在审判员的案件登记簿上填写案件处理结果和结案日期。

步骤2：将报结情况录入案件审判流程管理系统。

二、办理上诉案件的报送

步骤1：接收上诉状并预收上诉费。

步骤2：送达上诉状副本。

步骤3：接收答辩状并送达答辩状副本。

步骤4：将上诉移送函及全部案卷、证据报送第二审人民法院。

三、办理上诉案件的退卷

步骤1：第二审法院审结后，填写委托宣判函、退卷函。

步骤2：将委托宣判函、退卷函及第二审的裁判文书、送达回证、宣判笔录和第一审的全部案卷、证据一并退回第一审法院。

四、办理生效裁判的执行申请

步骤1：裁判文书生效后，由审判人员填写执行案件立案审批表。

步骤2：当事人将生效裁判文书、执行申请书、执行案件立案审批表及其他材料递交立案庭或由审判人员、书记员将生效裁判书、执行案件立案审批表及其他材料送交立案庭。

步骤3：立案庭受理申请执行的案件后，将案件送交执行局执行。

执行案件立案审批表

案由		申请执行标的			
当事人	申请执行人		地址电话		
	被申请执行人		地址电话		

续表

执行依据	（ ） 字第 号		诉讼案件承办人 （签名）	
	裁判生效日期　年　月　日		履行义务期限　年　月　日	
应执行标的			应交诉讼费	
已执行标的			已交诉讼费	
诉讼期间是否 采取何种措施	查　封（　　） 扣　押（　　） 冻　结（　　） 支付令（　　） 其　他（　　） 未采取（　　）			
此栏以上部分由一审诉讼案件承办人填写				
审查人意见	年　月　日			
庭长意见	年　月　日			
立案时间	年　月　日	案号	（　　）执字第　号	

任务拓展

查阅相关材料，并结合法院工作实际情况，思考并掌握延长审限审结的民事案件中书记员的工作任务与程序。

实训设计

一、实训目的

通过训练，能够掌握民事案件报结、办理上诉、退卷、移送执行等事务。

二、实训内容

有关案件的报结、办理上诉、退卷、移送执行等事务。

三、实训素材

1. 民事案件案例：孙某下岗后，决定自己经营一家干洗店，之后便倾其所有购买了某洗涤公司的干洗机，并加盟该公司，做起了小本生意。在经营过程中，该洗涤公司向孙某提供的干洗机并不是双方事先约定的由生产厂家提供的，且产品频繁出现故障，甚至出现漏电伤人的现象。孙某多次与洗涤公司协商此事未果，后将洗涤公司诉至法院，要求退回干洗设备，返还货款。后法院经过审理，判决孙某将所购干洗机退还某洗涤公司，某洗涤公司将货款返还孙某，法院向双方送达了判决书。被告某洗涤公司不服判决提起了上诉。那么，某洗涤公司应如何提起上诉？如何交纳上诉费？若判决已发生法律效力，但被告某洗涤公司未履行判决，案件应如何移送执行？

2. 民事案件的报结、上诉、移送执行等文书。

四、实训情境设计

1. 教师说明实训内容、目的和要求。

2. 教师提供相关背景资料，由学生分角色扮演模拟有关的案件场景，进行案件报结、办理上诉、退卷、移送执行等事务的演练。

3. 教师对本次实训课进行总结，学生写出实训报告或心得。

学习任务九 案卷整理归档

任务导入

王法官于 2013 年 3 月至 6 月已审结 35 件民事案件，这些案件现需归档，小李作为书记员，应如何整理案卷并归档？

任务分析：案卷整理归档涉及的内容为立卷、案卷评查和案卷归档。

基本知识

人民法院的各类诉讼文书，是国家重要的专业文书之一。由诉讼文书所形成的诉讼档案，是人民法院审判活动的真实记录，反映了人民法院贯彻执行党的路线、方针、政策和国家法律的情况以及人民法院的基本职能，是人民法院进行审判活动的重要依据和必要条件。诉讼文书的立卷归档工作是书记员工作的重要内容。

一、立卷

民事案件自立案后，书记员就需收集有关本案的各种诉讼文书材料，从收案到结案所形成的法律文书、公文、函电都使用收案时编定的案号。书记员要按立卷的要求、原则、步骤和标准进行工作。

二、案卷评查

书记员立卷后，经过人民法院案卷评查部门的评查才能归档，一般是经过自查、监察室和档案室人员共同评查后归档。对于案卷评查的办法和标准，各人民法院的规定不完全一致，但均涉及程序、实体和文书卷宗三项内容。程序方面主要是确定程序是否合法。实体方面包括事实认定是否清楚，证据是否充分；定性是否准确；适用法律是否正确；法律文书的制作是否规范；裁判结果是否公正。文书卷宗方面主要涉及卷宗材料是否齐全、装订是否规范。

三、归档

各级人民法院的档案机构负责集中统一管理本院的全部档案（包括各种门类和载体的档案），积极提供利用，切实为审判工作和其他工作服务。确保档案的完整与全面，是人民法院各级领导和全体工作人员的共同任务。各级人民法院设置与职能任务相适应的档案机构，配备与所承担任务相适应的专职档案干部，进行档案的管理。

案件结案后 3 个月内，经过评查后，由审判庭内勤或承办书记员编写归档清册向档案管理部门移交归档。诉讼档案以案件为保管单位。同一案件由于审级改变或其他原因形成几个案号的案卷，应当合并保管。并卷要求是：再审卷并入一审或二审卷；向本院提出申诉所形成的申诉卷并入本院的审判卷；向上级法院提出申诉所形成的申诉卷由上级法院立卷归档；近年申诉卷并入早年申诉卷。卷宗合并时，要在卷宗封面、卷宗登记簿和检索卡片上注明移出、移入的相关案号。

基本程序

一、立卷

步骤 1：收集案卷材料。

步骤 2：整理、排列材料。

步骤 3：立卷编目。

步骤 4：装订卷宗。

正卷的卷宗封面：

	××××人民法院 民事　　　审卷宗 副　　　　　卷		
	年　　　　　字第　　　　号		
	案由		
当事人			
审判长　　　　　员　　　　　员　　　　　书记员			
收案日期	年　月　日	结案日期	年　月　日
原审法院		有关案号	

续表

一审结果		二审结果		再审结果				
归档日期	年　月　日			保管期限				
全宗号	类型	年度	审级	期限	卷宗号	全宗号	目录号	案卷号

副卷的卷宗封面：

<table>
<tr><td colspan="5" align="center">××××人民法院
民事　　　　审卷宗
副　　　　　　卷</td></tr>
<tr><td colspan="5" align="center">年　　　　　　字第　　　　　号</td></tr>
<tr><td rowspan="3">当事人</td><td>案由</td><td></td></tr>
<tr><td></td><td></td></tr>
<tr><td></td><td></td></tr>
<tr><td colspan="2" align="center">审判长</td><td align="center">员</td><td align="center">员</td><td align="center">书记员</td></tr>
<tr><td colspan="2"></td><td></td><td></td><td></td></tr>
<tr><td>收案日期</td><td colspan="2">年　月　日</td><td>结案日期</td><td>年　月　日</td></tr>
</table>

原审 法院			有关 案号		
一 审 结 果		二 审 结 果		再 审 结 果	

归档 日期	年　月　日			保管 期限				
全宗号	类型	年度	审级	期限	卷宗号	全宗号	目录号	案卷号

二、配合案卷评查

步骤1：将已装订的卷宗送法院评查部门评查。

步骤2：评查合格，才能归档；评查不合格，经纠正后，将卷宗送评查部门再进行评查。

三、案卷归档

步骤1：案件结案后3个月内由书记员编写归档清册。

步骤2：向档案管理部门移交归档。

任务拓展

1. 查阅有关法律和案例等相关材料，并结合法院工作实际情况，思考并掌握民事案件立卷编目的方法。

2. 查阅有关法律和案例等相关材料，并结合法院工作实际情况，思考并掌握民事案件装订卷宗的方法。

3. 查阅有关法律和案例等相关材料，并结合法院工作实际情况，思考并掌握提高民事案件案卷评查合格率的方法。

实训设计

一、实训目的

通过训练，能够掌握民事案件案卷的立卷与归档。

二、实训内容

民事案件案卷的立卷与归档。

三、实训素材

1. 民事案件案例：孙大爷因其房屋被拆迁可获得200万的拆迁补偿款。由于孙大爷身体不好，便委托两个儿子代其办理相关款项领取手续。两个儿子作为受委托人领取相关款项后，进行了私分，并未交给孙大爷。之前，孙大爷一直随小儿子生活，大儿子也时常探望照顾。可自从分得这200万以后，大儿子的关心少了，小儿子也经常对老父亲发脾气，二人对老人都没了从前的耐心。无奈，老人搬出去与女儿同住，并一纸诉状将两个儿子告上法庭，要求两个儿子返还自己的拆迁补偿款200万。后在审判员的悉心调解下，父子三人终于言归于好，孙大爷撤回了对两个儿子的起诉。你认为，就上述案件，书记员应如何立卷？上述案件的案卷评查标准有哪些？

2. 民事案件的卷宗材料、案卷装订工具若干。

四、实训情境设计

1. 教师说明实训内容、目的和要求。

2. 教师提供相关背景资料，由学生分角色扮演模拟有关的案件场景，进行案卷的立卷与装订。

3. 教师对本次实训课进行总结，学生写出实训报告或心得。

学习情境二 刑事案件书记员工作流程

学习任务一 案件的受理

任务导入

2013 年，政法大学毕业的小黄第一天到法院上班，在刑庭庭长办公室，庭长接待了新到庭室报到的小黄。在了解了小黄的相关情况以后，问了小黄一个问题，问题如下：刑事书记员的工作纷繁复杂，而每一步的工作都离不开认真、仔细，任何人要熟悉刑事审判工作，都必须从刑事书记员开始干起，你认为一个刑事书记员在接收到立案庭移送的刑事案件以后应当注意哪些内容呢？小黄虽然认真作了解答，但是都不完整。通过庭长的介绍，小黄对该方面的知识有了初步的了解。

任务分析：该部分内容包括辅助整理、接收移送案件、审查相关案件材料、案件登记、办理调卷、整理装订等案件任务。

基本知识

一、人民法院审理刑事案件的类型

人民法院审理刑事案件的类型主要有两种：一种是人民检察院提起公诉的刑事案件；一种是自诉人自诉的刑事案件。

人民法院受理公诉和自诉案件的范围包括：

1. 人民法院对人民检察院提起公诉的案件，并非径直开庭审判，而要经过初步审查后，才决定是否开庭审判。《刑事诉讼法》第 181 条规定，人民法院对提起公诉的案件进行审查后，对于起诉书中有明确的指控犯罪事实的，应当决定开庭审判。

人民法院对于按照普通程序审理的公诉案件，决定是否受理，应当在 7 日内审查完毕；对于人民检察院建议按照简易程序审理的公诉案件，决定是否受理，按照 2012 年《刑事诉讼法》的精神也应当在 7 日内审查完毕。

2. 对于自诉案件，被害人有权向人民法院直接起诉，被害人死亡或者丧失行为能力的，被害人的法定代理人、近亲属有权向人民法院起诉，人民法院应当依法受理。《刑事诉讼法》第 204 条规定，自诉案件包括下列案件：①告诉才处理的案件；②被害人有证据证明的轻微刑事案件；③被害人有证据证明对被告人侵犯自己人身、财产权利的行为应当依法追究刑事责任，而公安机关或者人民检察院不予追究被告人刑事责任的案件。

对于自诉案件，人民法院应当在收到自诉状或者口头告诉第二日起 15 日内作出是否立案的决定，并书面通知自诉人或者代为告诉人。

人民法院立案庭对所受理的公诉案件和自诉案件按照法律规定进行审查后，对符合立案条件的案件，应予立案并填写立案审批表。然后将立案审批表连同全部案卷材料移送本院刑事审判庭。

对于二审案件，上述所列材料齐全的，第二审人民法院应当收案；材料不全的，应当通知第一审人民法院及时补送。

二、人民法院对案件的审查及审查后的处理

人民法院对提起公诉的案件进行审查后，对于起诉书中有明确的指控事实的，应当决定开庭审判。

人民法院对提起公诉的案件审查后，对于不符合条件的，应当按照以下情形处理：对于告诉才处理的案件，应当退回人民检察院，并告知被害人有权提起自诉；对于不属于本院管辖或者被告人不在案的，应当退回人民检察院；对于需要补充材料的，应当通知人民检察院在 3 日内补充；对于裁定准许撤诉的案件，没有新的事实、证据，重新起诉的，应当退回人民检察院。对于犯罪已过诉讼时效的，经特赦令免除刑罚的，依照刑法告诉才处理的犯罪，没有告诉或者撤回告诉的，犯罪嫌疑人、被告人死亡的，其他法律规定免予追究刑事责任的，应当裁定终止审理或者退回人民检察院。

人民法院对自诉案件进行审查时，应当审查自诉状中是否有以下内容：①自诉人（代为告诉人）、被告人的姓名、性别、年龄、民族、出生地、文化程度、职业、工作单位、住址、联系方式；②被告人犯罪行为的时间、手段、情节和危害后果等；③具体的诉讼请求；④致送的人民法院和具状时间；⑤证据的名称、来源等；⑥证人的姓名、住址、联系方式等。

如果被告人是两人以上的，自诉人需要按照被告人的人数提供自诉状副本。

人民法院对自诉案件审查后，按照以下情形处理：①犯罪事实清楚，有足够证据的案件，应当开庭审判；②缺乏罪证的自诉案件，如果自诉人提不出补充证据，应当说服自诉人撤回自诉，或者裁定驳回。自诉人经两次合法传唤，无正当理由，拒不到庭的，或者未经法庭许可中途退庭的，按撤诉处理。

法庭审理过程中，审判人员对证据有疑问，可以宣布休庭，对证据进行调查核实。人民法院调查核实证据，可以进行勘验、检查、扣押、鉴定、查询和冻结。

人民法院对自诉案件，可以进行调解。自诉人在宣判判决前，可以同被告人自行和解或者撤回起诉。被害人有证据证明对被告人侵犯自己人身、财产权利的行为应当依法追究刑事责任，而公安机关或者人民检察院不予追究被告人刑事责任的案件不适用调解。

基本程序

一、辅助立案与整理、移交案件

立案庭接收到检察院的起诉材料、自诉人的自诉材料、上诉人的上诉材料、检察院的抗诉材料、一审法院移送的上诉材料和抗诉材料、申诉人的申诉材料后，立案庭的书记员应当辅助法官办理立案与案件的整理、移交工作。

步骤1：辅助法官办理立案工作。

（1）对于一审案件而言，立案庭书记员需要完成以下工作：①签收起诉材料；②办理换押手续；③填写立案审批表；④录入案件审判流程管理系统，系统自动生成案号。

（2）对于二审案件而言，立案庭书记员需要完成以下工作：①书记员接收下级法院移送的上诉材料、抗诉材料时，应当检查上诉材料、抗诉材料是否齐全，检查内容包括：上诉（抗诉）移送函、上诉状、抗诉书、答辩状、一审判决书（裁定书）8份（每增加1名被告人增加1份）及其电子文本、全部案卷材料和证据、案件审结报告、送达回证等其他诉讼材料。材料不全的，应当通知第一审人民法院及时补送。②填写立案审批表。③录入案件审判流程管理系统，系统自动生成案号。

注意：上诉人直接向第二审人民法院上诉的，立案庭书记员应将上诉状移交原审人民法院。

（3）对于申诉案件而言，立案庭书记员需要完成以下工作：①填写立案审批表；②录入案件审判流程管理系统，系统自动生成案号。

（4）对于人民检察院抗诉的再审案件、最高人民法院或者上级人民法院、本院决定再审的案件而言，立案庭书记员需要完成以下工作：①填制立案登记表；②录入案件审判流程管理系统，系统自动生成案号。

步骤2：辅助法官办理分案、移交工作——立案庭书记员辅助分案、将案件材料移交审判庭书记员或者审监庭书记员。

辅助法官分案是指立案庭书记员根据法院立案系统收集各审判庭、执行庭、审判监督庭下的各合议庭的收案以及结案数据，报送立案庭分案法官，由立案庭分案法官针对各合议庭分配案件，书记员录入案件审判流程管理系统。合理分案有利于审判庭、执行庭、审判监督庭等司法资源合理调配和充分利用，有利于审判庭、执行庭、审判监督庭等业务庭提高办案效率，有利于缩短法院办案周期，方便当事人进行诉讼。

立案庭书记员将案件材料移交审判庭书记员或者审监庭书记员签收。

刑事案件立、结案表

立 案 时 间		移送合议庭时间		结 案 时 间	
本 案 编 号		初 审 结 果		终 审 结 果	
原审法院及案号					
案 件 来 源					
罪 名					
当 事 人					
审 查 意 见		审查人： 年 月 日			
合 议 庭 组成人员	审判长		合议庭成员		
	主审人		书 记 员		

续表

领　导批　示	年　月　日		
向　合　议　庭　提　供			
上　诉　状	（份）	预　审　卷	（册）
综　合　报　告	（份）	检　察　卷	（册）
审　理　报　告	（份）	法院一审卷	（册）
请　示　报　告	（份）	抗　诉　书	（份）
判　决　书	（份）	裁　定　书	（份）
光（磁）盘	（个）		
立　案　人　签　名	接　受　人　签　名		主　审　人　签　名
备　注			

二、审查

接收立案庭书记员移交的案件时，审判庭书记员或者审监庭书记员要检查、复核案件法律手续和法律文书是否齐全。

1. 对于一审案件而言，审判庭书记员需要审查的诉讼文书包括：立案审批表、起诉书及其副本、证人名单、证据材料及其清单等诉讼文书。应审查起诉书份数是否充分，起诉书一般情况下为 8 份，每增加 1 名被告人，起诉书增加 5份。查看是否有证据目录及本案的全部案卷材料，对照证据目录审核证据材料，证据材料的名称和份数要与证据目录一致。证据材料与证据目录有出入的，应退回立案庭。案卷中是否附有提供了证人证言的证人名单，证人名单应分别列明出庭作证和不出庭作证的证人的姓名、性别、年龄、职业、住址和通讯处。同时还应审查被告人是否羁押，未羁押的被告人是否到案，羁押的在什么地点以及被害人是否在检察院提起了附带民事诉讼等。

2. 对于二审案件而言，还需要进一步审核一审法院移送的一审案卷和上诉材料是否与上诉移送函所列一致。一审法院的上诉移送函中具体填写了其移送的卷宗数和相关材料，这是二审法院接受材料的范围和保管的责任范围。因此，书记员在签收上诉案件时应认真按照上诉移送函中的内容核对一审法院移送的卷宗和材料，发现有出入的，应将卷宗和相关材料退回立案庭，待一审法院将案卷和相关材料补充齐全后再予接受。立案庭书记员需要审查的诉讼文书包括：上诉（抗诉）移送函、上诉状、抗诉书、答辩状、一审判决书（裁定书）、立案审批表、全部案卷材料、证据材料及其清单、案件审结报告等诉讼文书，被告人是否被羁押以及羁押的地点。

3. 对于申诉案件而言，审监庭书记员需要审查的诉讼文书包括：立案审批表、再审决定书、证据材料及其清单等诉讼文书。

4. 对于人民检察院抗诉的再审案件、最高人民法院或者上级人民法院、本院决定再审的案件而言，审监庭书记员需要审查的诉讼文书包括：再审决定书（除人民检察院抗诉的以外）、再审抗诉书、立案审批表、证据材料及其清单等诉讼文书以及被告人羁押的地点及执行情况。

三、登记

步骤1：对案件审查完毕后，审判庭书记员在案件登记表中登记案件相关信息。登记的要求如下：

（1）明确案件是一审案件、二审案件或者再审案件。

（2）选择适用一审案件登记表、二审案件登记表或者再审案件登记表。

（3）填制"案件统计卡片"、"办案质量跟踪卡"。

步骤2：制作案件登记本。制作案件登记本的要求如下：

（1）在登记本中要准确登记案件案号、案由、公诉机关名称、自诉人名称、被告人的姓名、年龄、籍贯、性别、立案时间、结案方式、适用程序、合议庭成员、签收时间、签收人，并留出登记开庭时间、结案时间、报结时间，以及归档时间等。

（2）如果是二审的还要注明原判刑罚、是否改判、维持、发还等审结结果，以及案件有上诉的，上诉后的结果等也应当予以标明。案件信息登记时，应当认真填写，确保所填写的信息准确无误；对相关内容应用全称的，不能采取简略方式填写。

四、办理调卷

对于再审案件而言，审监庭书记员应当根据案件需要办理案卷的调卷工作。

步骤1：填制调卷函。

步骤2：明确案卷所属法院。

步骤3：加盖所属法院印章，要求印章清晰、位置正确。

步骤4：调齐相关案卷材料。

五、整理装订

审判庭书记员将审查和登记的案件材料整理装订完毕。书记员在收到新收案件后，应当在5个工作日内对卷宗材料进行初步装订。[1]卷宗材料的初步装订与案件审结后的正式立卷装订有所不同，初步装订不需要编写页码，不需要永久固定所装订的材料，也不需要装订正式卷皮，只需要将案卷材料按时间顺序排列好，把卷宗材料固定好就可以了。对卷宗材料的初步装订是为了防止卷宗材料在审理案件的过程中散落丢失，或者混入其他案卷。

步骤1：整理审查和登记的案件材料。

步骤2：将案件材料整理完毕后，完成装订。

六、汇报

向审判长汇报接收案件的审查、登记、调阅、装订的情况。

步骤1：审判庭的书记员或内勤将收到的材料登记之后向庭长或合议庭审判长进行汇报，由庭长或合议庭审判长确定案件的具体承办人员。

步骤2：按照庭长或合议庭审判长的批注，将案件材料分别交给相应的承办审判人员，并由审判员在收案登记本中签收。

任务拓展

1. 查阅有关法律文件和案例等相关材料，并结合法院工作实际情况，思考并掌握立案庭书记员如何辅助法官办理自诉案件的立案工作，以及审查审判庭书记员如何办理自诉案件的审查工作。

2. 查阅有关法律文件和案例等相关材料，并结合法院工作实际情况，思考如何在法官的领导下在立案审查、登记工作中充分发挥书记员的主观能动性。

实训设计

一、实训目的

通过实训，能够掌握刑事案件立案时立案庭书记员和立案后刑事审判庭书记员的工作。

---

〔1〕 参见张明丽：《书记员工作原理与实务》，法律出版社2009年版，第366页。

二、实训内容

刑事案件的立案受理工作包括案件的接受、审查、登记、调卷、整理装订、汇报。

三、实训素材

1. 刑事案件案例：张某与王某二人均系某大学三年级同学，且二人同住一宿舍。2013 年 11 月 8 日晚自习后，张某首先回到宿舍，看到王某新买的手机放在其床上，张某趁无人之际，将该手机拿走。王某回到宿舍后发现，经索要，张某不予退还。第二天，张某将该手机到二手市场出卖，获得赃款 3500 元。后王某向法院起诉，并提供了足以证明张某盗窃手机的证据，要求人民法院追究张某盗窃罪的刑事责任。作为立案庭负责刑事案件登记的书记员小王在得到庭长审批后，你认为，小王应当具体负责哪些手续的办理？

2. 刑事案件材料、收案登记簿等。

四、实训情境设计

1. 教师说明实训内容、目的和要求。

2. 教师提供相关背景资料，由学生分角色扮演模拟有关刑事案件立案审查场景，检查案卷材料是否齐全，并对案卷物证、书证进行清点，案件信息登记，案卷初步装订等。

3. 教师对本次实训课进行总结，学生写出实训报告或心得，并针对问题进行改正或补充。

附件

参考：《人民法院组织法》第 39 条；《人民法院书记员管理办法〈试行〉》第 1 ~ 2 条；《最高人民法院关于适用〈中华人民共和国刑事诉讼法〉的解释》第 181、309 条。

学习任务二　开庭审理前的文书制作与送达

任务导入

被告人王某某强奸一案，由某某人民检察院提起公诉，法院已于 2013 年 5

月 8 日对本案进行立案。

你作为本案的书记员，应当如何协助法官确定开庭时间、送达起诉书副本？本案是否需要进行开庭公告？

任务分析： 书记员开庭文书制作与送达涉及开庭审理前制作相关法律文书和送达相关法律文书。

基本知识

一、向人民检察院、诉讼参与人制作和送达开庭前的诉讼文书

根据《刑事诉讼法》第 106 条的规定，"诉讼参与人"是指当事人、法定代理人、诉讼代理人、辩护人、证人、鉴定人和翻译人员。

刑事诉讼中的诉讼参与人，是指除专门机关依其职权办案的人员以外，享有一定的诉讼权利并承担一定的诉讼义务而参加诉讼的人，诉讼参与人分为当事人和其他诉讼参与人两大类。

对于刑事公诉案件，书记员应将人民检察院的起诉书副本至迟在开庭 10 日以前送达被告人及其辩护人，在向被告人送达起诉书副本时应当告知被告人有权委托辩护人。被告人是盲、聋、哑或者未成年人或被告人可能被判处死刑而没有委托辩护人的，应当为被告人指定承担法律援助义务的律师为其提供辩护。对于公诉人出庭公诉的案件，被告人因经济困难或者其他原因没有委托辩护人的，人民法院一般也要指定承担法律援助义务的律师为其提供辩护，以保证审判公正。

刑事案件的被告人有权申请人民陪审员参加审判。因此书记员还应当在开庭前向被告人送达陪审员审判告知书和申请书。

另外，还要通知被告人、辩护人于开庭 5 日前提供出庭作证的身份、住址、通讯地址明确的证人、鉴定人名单及不出庭作证的证人、鉴定人名单和拟当庭宣读、出示的证据复印件、照片。

除适用简易程序审理的案件外，公诉案件检察院应当派员出庭支持公诉。为了便于检察院做好出庭准备，书记员应将开庭的时间、地点在开庭 3 日以前通知人民检察院。

传唤当事人开庭用开庭传票，通知诉讼参与人开庭用出庭通知书，通知辩护人、代理人、证人、鉴定人、勘验检查笔录制作人、翻译人员都使用出庭通知书。法院至迟在开庭 3 日以前将开庭传票和出庭通知书送达当事人和相关诉讼参与人。

公开宣判的案件，应当在开庭 3 日以前发布开庭公告，先期公布案由、被告人的姓名、开庭时间和地点。依法不公开审理的案件，任何公民包括与审理该案无关的法院工作人员和被告人的近亲属都不得参加旁听。

二、送达诉讼文书的形式

送达，是指人民法院按照法定程序和方式，将诉讼文书送交受送达人的行为。其中主要的送达方式有：

（一）直接送达

公检法机关送达诉讼文书，一般应以直接送达为原则。对传票、通知书、判决书、裁定书、调解书等具有较为重要的法律后果的诉讼文件，通常采取直接送达的方式送达。

（二）留置送达

刑事案件中的送达涉及留置送达的主要是指，对人民检察院起诉书起诉的事实或者人民法院的判决，犯罪嫌疑人不予认可，拒绝接受或拒绝签名、盖章时，送达人可以依法采用该方式，即送达人邀请看守所或者监所负责人员在场，说明情况，由看守所或者监狱负责人员签名的方式。留置送达与直接送达具有同等的法律效力。但是对调解书不适用留置送达，因为调解必须自愿，而当事人不愿意接受调解书说明当事人不自愿。

转交送达、委托送达、邮寄送达也是送达的重要方式。

基本程序

一、制作文书

为了开庭顺利进行，在开庭审理前首先要准备相关法律文书，为送达做准备。

步骤 1：对于一审案件而言，向人民检察院准备相关法律文书，主要是开庭通知书。向被害人准备相关法律文书，主要是人民检察院起诉书副本、开庭传票等诉讼文书。同时还应根据案件需要准备诉讼出庭通知书、公告等法律文书。

对于人民检察院提起抗诉的二审案件而言，向人民检察院准备法律文书，主要也是开庭通知书。

对于人民检察院抗诉的再审案件、最高人民法院或者上级人民法院、本院决定再审的案件而言，向被害人准备法律文书，包括再审决定书、开庭传票等法律文书。

步骤2：对于一审案件而言，向被告人准备法律文书，包括起诉书副本、开庭传票等法律文书。

对于二审案件而言，如果人民检察院抗诉，向原审被告人准备法律文书，主要包括抗诉书副本、开庭传票等法律文书。

对于人民检察院抗诉的再审案件、最高人民法院或者上级人民法院、本院决定再审的案件而言，向原审被告人准备法律文书，主要包括再审决定书、抗诉书副本、开庭传票等法律文书。

步骤3：向其他诉讼参与人制作诉讼文书，主要是开庭通知书。向人民检察院制作法律文书，主要是出庭通知书。

送达起诉书副本笔录是人民法院审理刑事公诉案件向被告人送达人民检察院起诉书副本时使用的笔录。由标题、首部、正文、尾部四部分组成，其主要内容包括：笔录头、送达时间、送达地点、送达人、记录人签名；送达人核对被告人基本情况，何时被逮捕以及被告人的回答；送达人告知被告人人民检察院提起公诉的罪名，送达起诉书副本后告知被告人开庭时除自己行使辩护权外，还可以委托律师等辩护人辩护，并记录送达人和被告人是否委托辩护人的回答；如果被告人属于人民法院应当为其指定辩护人的，也应当向被告人说明；如果被告人没有委托辩护人，人民法院可以为其指定辩护人，并注意提前通知其代理人出庭。

人民法院受理附带民事诉讼案件，应当在5日内向附带民事诉讼的被告人送达附带民事诉讼状副本，并告知提交答辩状的时间；人民法院决定适用简易程序审理的案件，应当在向被告人送达起诉书副本的同时，告知该案使用简易程序审理。上述事项，应当在送达起诉书副本笔录中分别列项记明。

起诉书副本送达笔录应当交给被告人阅读或者向其宣读。被告人认为无误后，应当签名或盖章。如果被告人拒收起诉书副本，应邀请监所看管人员到场，说明拒收情况，在笔录和送达回证上记明拒收理由，由送达人和看管人员在送达回证上签名，并将起诉书副本留在监所。如果被告人要求委托律师或亲属辩护，可让被告人写一份委托辩护的申请书。

送达起诉书副本笔录
（公诉案件用）

时　　间：　　年　　月　　日　　时

地　　点：

送 达 人：

记 录 人：

送达人核对被告人姓名、性别、出生年月日、民族、出生地、文化程度等情况：

问：你何时被拘留？何时被逮捕？

答：

告知：　　　　　人民检察院指控你犯有　　　　罪向本院提起公诉，我院已经受理。根据《中华人民共和国刑事诉讼法》第182条第1款的规定，现将×××人民检察院　　检诉［　　　］号起诉状副本送达给你。我院即将开庭审理。除你自己行使辩护权外，还可以委托律师等辩护人为你辩护。

问：你听清了吗？有什么要说的吗？

答：

【注意事项】

1. 送达起诉书副本笔录时，告知被告人除了自己进行辩护以外，还可以委托辩护人进行辩护；

2. 通过结合对《刑事诉讼法》的学习，明确哪些是禁止担任辩护人的范围，如果其要求亲属代为委托律师的，须在笔录中明确记录该亲属的姓名，与被告人的关系，明确的联系方式，并告知如果其亲属不愿为其委托辩护人，法院将依照相关的法律规定处理。

二、送达文书

送达是诉讼主体与诉讼行为相互联系的纽带，直接影响着诉讼的进程。送达不仅是书记员的基本工作任务之一，更是人民法院实现司法效力、效率的重要法定程序之一。

送达是指书记员依照法律规定的程序和方式，将起诉书、应诉通知书、诉讼须知、传票、告知审判庭组成人员、开庭通知书等相关法律文书送交当事人或其他诉讼参与人，并产生相应法律效果的行为。送达是法院审理各种案件的准备，是案件庭审能否及时进行的基础。在我国人民法院的实务工作中，诉讼文书的送达部分有三种情况：①有些法院的法律文书送达由立案庭办理；②有些法院的法律文书送达由审判庭办理；③有些法院的法律文书送达以审判庭办理为主，以立案庭办理为辅。山西省大部分法院采用以审判庭办理为主，立案庭办理为辅的原则。

（一）一审案件的送达程序

步骤1：案件立案后，审判庭书记员向被害人送达法律文书，包括起诉书副本、诉讼须知等法律文书。

步骤2：审判庭书记员向被告人送达法律文书，包括起诉书副本、诉讼须知等法律文书。

步骤3：通知被告人、辩护人提供出庭作证的证人、鉴定人名单和不出庭作证的证人、鉴定人名单以及拟当庭宣读、出示的证据复印件、照片。

步骤4：审判庭书记员向被害人和被告人送达法律文书，包括：人民检察院起诉书副本、开庭传票、合议庭组成人员通知书；向其他诉讼参与人送达的诉讼文书，主要是出庭通知书；审判庭书记员向人民检察院送达的法律文书，主要是开庭通知书。

注意：在开庭以前，审判人员可以召集公诉人、当事人和辩护人、诉讼代理人，对回避、出庭证人名单、非法证据排除等与审判相关的问题，了解情况，听取意见。

（二）二审案件的送达程序

步骤1：签收下级法院移送的上诉材料后，审判庭书记员向上诉人、被害人送达法律文书，包括开庭传票、诉讼须知、合议庭组成人员通知书等法律文书。签收下级法院移送的抗诉材料后，审判庭书记员向原审被告人送达法律文书，包括开庭传票、诉讼须知、合议庭组成人员通知书等法律文书。

步骤2：审判庭书记员向其他诉讼参与人送达法律文书，即出庭通知书。审判庭书记员向人民检察院送达法律文书，主要是开庭通知书。

（三）人民检察院抗诉的再审案件、最高人民法院或者上级人民法院、本院决定再审的案件的送达程序

步骤1：审监庭书记员向被害人送达法律文书，包括再审决定书、诉讼须知、开庭传票等法律文书。审监庭书记员向原审被告人送达法律文书，包括再审决定书、抗诉书副本、诉讼须知、开庭传票等法律文书。

步骤2：审监庭书记员向其他诉讼参与人送达法律文书，即出庭通知书。审监庭书记员向人民检察院送达法律文书，主要是开庭通知书。

（四）送达回证办理程序

送达回证的办理是以上所有案件法律文书送达的最后的必经程序。送达回证是指经司法机关制作，用以证明业已进行送达行为及其结果的诉讼文书。送达回证应记载的事项是：①进行送达的司法机关的名称；②应受送达人或代收人；③应送达的诉讼文书；④送达处所及送达时间；⑤送达方式（包括必要的经过或原因）；⑥应受送达人或代收人、受托送达人及其送达人签名或盖章。在留置送达时，还应记录前述内容。

步骤1：在以上案件法律文书送达的同时，各庭书记员将送达回证送达受送达人签收。

步骤2：各庭书记员将签收的送达回证归卷。如果是委托送达的，应当及时同委托法院沟通，要求其将送达回证退回并予归卷。

开庭日期确定后，将人民检察院的起诉书副本最迟在开庭10日前送达被告人及其辩护人，在向被告人送达起诉书副本时，应告知其有委托辩护人为自己辩护的权利，将情况写入送达起诉书副本笔录。如果被告人认罪的，还要向被告人送达认罪程序审理通知。

在送达时，因为这是被告人同法院进行的第一次接触，所以法院工作人员这时就代表了法院的形象，用语是否规范、态度是否和蔼等，都会直接影响被告人对法院的了解。这也有助于法院工作人员了解被告人的心态、认罪态度等，及时向审判长、审判员反馈，以便在开庭前做好一系列防范措施。

关于送达的方式，《刑事诉讼法》第105条规定了直接送达及留置送达。《最高人民法院关于适用〈中华人民共和国刑事诉讼法〉的解释》第169条规定了委托送达，第170条规定了邮寄送达，第171条规定了转交送达。虽然法律及其解释规定了五种送达方式，但是因为刑事案件涉及被告人有罪或无罪以及适用何种刑罚，因此一般刑事案件都以直接送达为主。

（五）送达的效力

送达的诉讼文书不同，送达的效力也不同，具体体现在如下几个方面：

第一，受送达人实施诉讼行为、行使诉讼权利和履行诉讼义务的开始时间予以确定（如上诉期限的确定）。

第二，受送达人受送达以后，如果没有按照所送达的诉讼文书的要求实施特定的行为，就要承担相应的法律后果。

任务拓展

1. 查阅有关法律文件和案例等相关材料，并结合法院工作实际情况，思考并掌握书记员向自诉人、其他诉讼参与人制作和送达的相关法律文书的内容和程序。

2. 查阅有关法律文件，并结合法院工作实际，思考并掌握法院书记员送达的方式并比较与民事、行政案件送达方式的不同。

3. 小黄应审判长张某的工作安排，到看守所送达起诉书副本，犯罪嫌疑人向书记员小黄提出让小黄帮忙给其亲属打电话，要求其家人给其送一些换洗的衣服，如小黄不答应，就不同意在副本笔录上签字。请问小黄应否答应？如果答应是否违反法律规定？

实训设计

一、实训目的

通过训练，能够明确该环节各项具体的工作任务以及它们之间的先后顺序，能够正确填写开庭传票、合议庭组成人员通知书、开庭通知书、出庭通知书、送达回证等文书。

二、实训内容

刑事案件起诉书副本发送及有关文书的填制。

三、实训素材

1. 刑事案件案例：2013 年 5 月 1 日下午，被告人孟某某在某县某村刘某（女）家中，因怀疑与其一同在此居住的张某要拿刀杀他，遂从地上拿起一把斧子朝张某的头部连砸数下，致张某倒地。后被回家的刘某发现，将张某送至医院抢救无效，于当月 8 日死亡。经法医鉴定，张某主因颅骨粉碎性骨折、硬膜外血肿、硬膜下血肿、脑挫裂创，继发小脑扁桃体疝压迫生命中枢引起呼吸、循环衰竭而死亡。公诉机关依法以被告人孟某某的行为构成故意杀人罪为由，向人民法院起诉。就以上案例，审判庭书记员应当发送哪些诉讼文书？如何填写？在填写过程中应当注意哪些事项？在送达过程中，如果被告人张某某拒不配合，如何处理？

2. 空白的文书样式，包括开庭传票、公告、出庭通知书、合议庭组成人员通知书等文书。

四、实训情境设计

1. 教师说明实训内容、目的和要求。

2. 教师提供相关背景资料，由学生分角色扮演模拟有关刑事案件场景，准备人民检察院起诉书副本及填写受理开庭传票、合议庭组成人员通知书、出庭通知书等文书，并且明确发送人民检察院起诉书副本所应采取的方式和途径。

3. 教师对本次实训课进行总结，学生写出实训报告或心得。

附件

参考:《最高人民法院关于适用〈中华人民共和国刑事诉讼法〉的解释》第167~171、182条;《刑事诉讼法》第33、182条。

学习任务三　办理开庭审理前的其他事务

任务导入

所供材料如下:

公诉机关:某某市人民检察院

被告人黄某某,男,1995年10月1日出生,汉族,系某省某市某区人,初中文化,系市第×中学学生,住某市某街道。2012年9月8日因涉嫌故意杀人罪被某市公安局刑事拘留,同年9月2日被检察院批准逮捕,现羁押于某市看守所。

指控的犯罪事实如下:2012年7月1日上午10时,被告人黄某某在学校因琐事与同学李某发生争执,在双方殴打过程中,被告人黄某某持刀将被害人李某捅刺致死,后逃离现场。

人民检察院以故意杀人罪对被告人黄某某提起公诉。我院经审查后予以受理,并于2013年11月8日依照法律规定向被告人送达了起诉书副本,现本案决定开庭审理。在开庭审理前,法官刘某安排你作为本案的书记员。请问:为了保障庭审的顺利进行,你作为本案的书记员,应当配合法官刘某做哪些准备工作?

任务分析:办理审理前的其他事务涉及的内容包括指定辩护、通知二审案件同级人民检察院阅卷、办理人民陪审员参加法院审理活动、安排开庭时间和地点、发布开庭公告等事务。

基本知识

人民法院进行审判活动主要是通过开庭审理进行的,开庭审理是整个诉讼过程中的一个重要阶段,而在开庭审理之前,需要进行大量的庭前准备工作,具体到不同的案件之中,庭前准备工作也不尽相同。庭前准备工作的充分与否直接决定庭审能否顺利进行,关系到整个诉讼过程是否顺利,并直接影响法律规定的当事人各种权利能否得到充分的实现和保障。

一、明确管辖的分类

刑事诉讼中的审判管辖，是指人民法院审判第一审刑事案件的职权范围，包括各级人民法院之间、普通人民法院与专门人民法院之间以及同级人民法院之间，在审判第一审刑事案件上的权限划分。审判管辖所要解决的是某个刑事案件由哪个人民法院作为第一审进行审判的问题。根据《刑事诉讼法》第 172 条的规定，人民检察院认为犯罪嫌疑人的犯罪事实已经查清，证据确实、充分，依法应当追究刑事责任的，应当作出起诉决定，按照审判管辖的规定向人民法院提起公诉，并将案卷材料、证据移送人民法院。根据我国《人民法院组织法》的规定，人民法院除设有最高人民法院作为国家的最高审判机关外，还设有地方各级人民法院和军事法院等专门法院。地方各级人民法院又分为基层人民法院、中级人民法院、高级人民法院。

（一）级别管辖

级别管辖是指各级人民法院之间在审判第一审刑事案件上的分工。我国刑事诉讼法划分级别管辖的主要依据是案件的性质，罪行的轻重程度和可能判处的刑罚，案件涉及面和社会影响的大小，各级人民法院在审判体系中的地位、职责和条件等。对此，刑事诉讼法对各级人民法院管辖的第一审刑事案件作了明确的规定。

1. 基层人民法院管辖的第一审刑事案件。《刑事诉讼法》第 19 条规定，基层人民法院管辖第一审普通刑事案件，但是依照本法由上级人民法院管辖的除外。可见基层人民法院是普通刑事案件的第一审审级，普通刑事案件原则上由基层人民法院管辖。

2. 中级人民法院管辖的第一审刑事案件。《刑事诉讼法》第 20 条规定，中级人民法院管辖下列第一审刑事案件：①危害国家安全案件、恐怖活动案件；②可能判处无期徒刑、死刑的案件。上述两类刑事案件，属于性质严重，危害极大，案情重大、复杂，或者影响较大的案件，因此必须更加慎重。同时，处理这几类案件，无论在案件事实的认定上还是在适用法律上，难度往往也较大，这就需要法律知识全面、业务能力更强的法院工作人员，因此由中级人民法院审理上述两类案件，更有利于保证案件的正确处理。中级人民法院作为基层人民法院的上一级法院，其也就必然成为普通刑事案件的第二审法院。另外其还有审判监督的任务。

3. 高级人民法院管辖的第一审刑事案件。《刑事诉讼法》第 21 条规定，高级人民法院管辖的第一审刑事案件，是全省（自治区、直辖市）性的重大刑事案件。高级人民法院的主要任务是审判对中级人民法院裁判的上诉、抗诉案件、复核死刑案件，核准死刑缓期二年执行的案件，以及监督全省的下级人民法院的审判工作。

4. 最高人民法院管辖的第一审刑事案件。《刑事诉讼法》第 22 条规定，最高人民法院管辖的第一审刑事案件，是全国性的重大刑事案件。最高人民法院是全国的最高审判机关，除核准死刑案件外，由最高人民法院第一审审判的刑事案件应当只是极个别的。在全国范围内具有重大影响的，性质、情节都特别严重的刑事案件，才由最高人民法院审判。

上级人民法院在必要的时候，可以审判下级人民法院管辖的第一审刑事案件；下级人民法院认为案情重大、复杂需要由上级人民法院审判的第一审刑事案件，可以请求移送上一级人民法院审判。

（二）地域管辖

地域管辖是指同级法院之间按照各自的辖区在审判第一审案件上的权限划分。《刑事诉讼法》第 24 条规定，刑事案件由犯罪地的人民法院管辖。如果由被告人居住地的人民法院审判更为适宜的，可以由被告人居住地的人民法院管辖。犯罪地包括犯罪行为地和犯罪结果地。

（三）优先管辖和移送管辖

优先管辖和移送管辖是指几个同级法院都有权管辖的案件，如何确定管辖的问题。根据《刑事诉讼法》第 25 条的规定，几个同级人民法院都有权管辖的案件，由最初受理的人民法院审判。在必要的时候，可以移送主要犯罪地的人民法院审判。对于在中华人民共和国领域外的中国船舶内的犯罪、中国航空器内的犯罪，由犯罪发生后该船舶最初停泊的中国口岸所在地，该航空器在中国最初降落地的人民法院管辖。

（四）指定管辖

指定管辖是指上级人民法院以裁定方式指定下级人民法院对某一案件行使管辖权。指定管辖的实质，是法律赋予上级人民法院在特殊情况下有权变更和确定案件管辖法院，以适应审判实践的需要，保证案件及时正确地裁判。根据《刑事诉讼法》第 26 条的规定，上级人民法院可以指定下级人民法院审判管辖不明的案件，也可以指定下级人民法院移送其他人民法院审判。

（五）专门管辖

专门管辖是指各种专门人民法院审判刑事案件的职权范围。它解决的是哪些刑事案件应当由哪些专门人民法院审判的问题。《刑事诉讼法》第 27 条规定，专门人民法院案件的管辖另行规定。在司法实践中，军事法院管辖的刑事案件，主要是现役军人和军内在编职工违反刑法分则第十章，犯军人违反职责罪的犯罪案件。铁路运输法院管辖的刑事案件，主要是铁路运输系统公安机关负责侦破的刑事案件，如危害和破坏铁路交通和安全设施的犯罪案件，在火车上发生的犯罪案件，铁路职工违反规章制度、玩忽职守造成严重后果的犯罪案件等。

二、掌握各种笔录的适用和记录重点

刑事案件中，庭审前的准备工作主要是为了保障庭审的顺利进行。该部分的工作主要是在法官主持下进行的，书记员的主要工作是协助法官办理与庭审有关的调查等事务，并制作相应的笔录。

（一）调查笔录

调查笔录是人民法院在办理刑事案件过程中，依法向被害人、证人、知情人及其他人员或单位调查、询问案情而作出的具有证据效力的笔录。

该笔录首部写明调查的时间、地点，调查人和记录人姓名，被调查人的基本情况。其中如果被调查人是证人或者其他有关人员的，还应写明其与当事人的关系。询问证人时，应当告知他要如实地提供证言，如果有意作伪证或者隐匿证据，要负法律责任。正文部分，要如实记明被调查人陈述的内容。记录的方法一般是问答式，按提问和回答的顺序记录，如果被调查人未回答的，要注明"未答"；如有点头或摇头表示的，亦应据实记录。笔录经被调查人校阅后，由被调查人、调查人、记录人在尾部签名或盖章。

制作刑事案件调查笔录应该注意以下几个问题：①制作刑事调查笔录应注意不同的调查对象使用不同的称谓；②制作刑事调查笔录应力求详细、具体、完整，力求记录被调查人原话，反映被调查人的个性特点，有些被调查人的自然特征，如盲、聋、哑、跛足等也应注明；③要注明被调查人与当事人之间的关系，这些内容往往可以作为鉴别真伪的重要依据，不能忽略；④对证人进行调查时，应记明材料来源，是亲眼所见，还是直接听当事人所说或者间接听他人介绍等情况。

（二）勘验笔录

勘验笔录是审理刑事案件（含自诉案件）时书记员制作的对刑事案件现场及有关场所、物品、痕迹等进行勘验的笔录。

勘验笔录的首部，写明勘验的时间和当时的天气情况，勘验的地址和场所，勘验人、记录人和在场的当事人或者其成年家属，以及人民法院邀请的当地基层组织或者有关单位人员的姓名等。正文部分，写明勘验的对象，如实记载勘验的经过情况和结果。笔录的尾部，由勘验人、记录人、当事人或者其成年家属和被邀请参加人等分别签名或盖章。有的刑事案件，人民法院在必要时也可以进行勘验，其勘验笔录对于勘验情况和过程，应当尽可能地具体记录，如勘验的具体地点、位置环境、现场内部、中心部位的地形、物品，现场的走道、门窗、楼梯、家具陈设、物品放置有无损坏、损坏的程度，作为被损害对象的人、物所受害的具体情况、有无血迹、损害的具体尺寸、有无现场提供的物证等。

（三）讯问笔录

讯问笔录是各级人民法院审理刑事案件中讯问被告人而制作的，用于记录被告人的供述或辩解情况以及对被告人依法讯问情况的笔录。

讯问笔录是认定被告人罪与非罪、罪重罪轻、认罪悔罪的重要依据，是被告人供述的主要表现形式，同时还是诉讼活动过程内容的记载和反映。研究案件、总结审判经验、检查案件质量都离不开讯问笔录。

讯问笔录首部包括：时间、地点、审判人员、书记员签名；审判人员核对被告人基本情况；讯问的正文内容；被告人的签名和盖章。

讯问笔录应交由被告人核对，对于没有阅读能力的，应当向其宣读。如果记载有遗漏或差错，被告人可以提出补充或者改正，也可由讯问人在笔录末尾附注说明，每篇笔录末尾和改动之处应由被告人签名按手印。

被告人请求自行书写供述的，应当准许，必要的时候，也可以要求被告人亲笔书写供词。

讯问笔录正文一般以问答式记录，对提问和回答内容记录时要有针对性，详略得当，重点突出，全面清楚。

制作一份高质量的庭审笔录并不是一件简单的事情。书记员应注意法律知识、相关业务的学习，在法庭上做到"手、脑、耳、心"并用，在平时注意总结经验、教训，以提高书记员的业务水平和业务能力，进而更好地为审判工作服务。

三、了解开庭前相关准备工作的期限

根据刑事诉讼法的规定，人民法院应当为符合特定条件的被告人指定承担法律援助义务的律师为其提供辩护，在开庭5日以前通知被告人、辩护人提供证人及证言的相关材料，传唤当事人与通知诉讼参与人开庭的时间和地点，办理人民陪审员参加法院的审理，办理庭前会议，安排开庭的时间和地点，制作和发布开庭公告。

基本程序

一、协助法官在庭审前进行调查、勘验及询问工作，并制作各种笔录

（一）制作调查笔录

步骤1：准备笔录用纸。

步骤2：调查笔录制作。调查笔录一般由标题、首部、正文、尾部四部分组成。被调查人如果是证人或其他人时，应询问其与当事人的关系。询问证人时，还应当告知证人应如实地提供证言，如故意作伪证或者隐匿证据，要负法律责任。尾部应由被调查人签名或盖章。

调查笔录

时间：　年　月　日　时　分至　时　分

地点：

调查人：　　　　　　　　　　　　　　　　　记录人：

被调查人：

审：

被调查人：

审：

被调查人：

审：

被调查人：

审：核对笔录无误后签字。

步骤3：核对与签名。本笔录记录完毕后，经被调查人校阅，由被调查人和调查人、记录人签名或者盖章。

（二）制作勘验笔录

步骤1：准备笔录用纸。

步骤2：勘验笔录制作。勘验笔录一般由标题、首部、正文、尾部四部分组成。勘验笔录的具体内容包括：勘验时间、天气情况，勘验地址和场所，勘验人、记录人、在场当事人或者其成年家属，被邀参加人，勘验对象、勘验情况和结果。

勘验笔录

时 间： 年 月 日 时 分至 时 分

天气情况：

勘验地址和场所：

勘验人： 记录人：

在场当事人或者其成年家属：

被邀参加人：

勘验对象：

勘验情况和结果：

步骤3：核对与签名。本笔录记录完毕，勘验人、记录人、当事人或其成年家属和被邀参加人等分别签名或盖章。

（三）制作讯问笔录

步骤1：准备笔录用纸。

步骤2：制作讯问笔录。

讯 问 笔 录
（提讯刑事被告人用）

时 间： 年 月 日上午 时 分至 时 分

地 点：

审判人员：

书 记 员：

审判人员：审判人员核对被告人姓名、性别、出生年月日、民族、籍贯等。

被告人：

审判人员：我们是××人民法院的审判人员，今天依法向你讯问以下问题，望你如实回答，是否听清？

被告人：听清了。

审判人员：

…………

以上笔录核对无误后签字。

步骤3：核对与签名。

注意：审判人员、书记员应当在笔录上签名。

二、协助法官确定被告人是否属于应当或可以为其指定辩护人的情形

对于符合法定条件的，法律援助机构有义务指派律师为其提供辩护，这是我国保护犯罪嫌疑人、被告人合法权益的体现，同时也体现了我国法治文明的进步。

步骤1：协助法官审查犯罪嫌疑人、被告人是否属于应当为其指定辩护人的以下三种情形：①盲、聋、哑人；②尚未完全丧失辨认或者控制自己行为能力的精神病人；③可能被判处无期徒刑、死刑的人。

步骤2：协助审查犯罪嫌疑人、被告人是否属于可以为其指定辩护人的情形：①共同犯罪案件中，其他被告人已经委托辩护人；②有重大社会影响的案件；③人民检察院抗诉的案件；④被告人的行为可能不构成犯罪；⑤有必要指派律师提供辩护的其他情形。

步骤3：向援助义务承担机构或机关送达指定辩护人通知书。

××× 人民法院

指定辩护人通知书

（×××）×刑×字第×号

××× （写明法律援助机构或者司法行政机关的名称）：

本院受理×××人民检察院指控被告人×××犯××罪一案，因被告人×××……（写明指定辩护人的事由），根据《中华人民共和国刑事诉讼》第34条第×款和《最高人民法院关于适用〈中华人民共和国刑事诉讼法〉的解释》第42条（或者第43条）第×项的规定，本院决定为其指定辩护人。请在收到本通知书3日内，指派承担法律援助义务的律师提供辩护，并于××××年××月××日前到本院××审判庭查阅案卷，准备出庭辩护。

附：×××人民检察院的起诉书副本一份。

（院印）

××××年××月××日

三、通知被告人、辩护人有关作证事项

步骤1：通知被告人、辩护人需要提供证人以及证言的相关材料。通知被告人、辩护人于开庭5日前提供出庭作证的身份、住址、通讯处明确的证人、鉴定人名单。

步骤2：核实出庭作证的证人的身份情况。根据《刑事诉讼法》第60条的

规定，凡是知道案件情况的人，都有作证的义务。生理上、精神上有缺陷或者年幼，不能辨别是非、不能正确表达的人，不能作证人。因此并不是所有的人都能作为刑事诉讼中的证人。根据《最高人民法院关于适用〈中华人民共和国刑事诉讼法〉的解释》第 75 条第 1 款的规定，处于明显醉酒、中毒或者麻醉等状态，不能正常感知或者正确表达的证人所提供的证言，不得作为证据使用。

四、传唤当事人与通知诉讼参与人

步骤 1：传唤当事人。刑事案件的当事人包括被害人、自诉人、犯罪嫌疑人、被告人、附带民事诉讼的原告人和被告人。在开庭之前，书记员要向当事人送达开庭传票、传唤当事人，同时告知其开庭的时间和地点，填写开庭传票。开庭传票为填充式，一式二联，一联存档，一联送达被传唤的当事人。传票由承办案件的审判员、书记员署名，并加盖法院印章。传票应当至迟在开庭 3 日前送达，在送达传票的同时应让受送达的当事人在送达回证上签字。

步骤 2：通知公诉机关（人民检察院）、辩护人、法定代理人、诉讼代理人、证人、鉴定人和翻译人员。

制作出庭通知书，将开庭的时间、地点在开庭 3 日以前通知人民检察院、辩护人、法定代理人、诉讼代理人、证人、鉴定人和翻译人员。书记员在送达出庭通知书的同时，应该让受送达的当事人在送达回证上签字。

××市中级人民法院

开庭通知书

（　　）×刑初字第×号

公诉人×××：

被告人×××故意伤害罪一案，本院定于×年×月×日上午 9 时在本院第×法庭开庭审理，你作为公诉人，请准时出席法庭。

××市中级人民法院

××××年×月×日（院印）

××市中级人民法院

出庭通知书

（　　）×刑初字第×号

×××：

本院受理××一案，定于××××年×月×日×时×分在××开庭审理，根据《中华人民共和国刑事诉讼法》第182条第3款的规定，特通知你作为本案的×人请准时出席法庭。

××市中级人民法院

××××年×月×日（院印）

五、通知人民检察院阅卷

通知人民检察院阅卷主要针对第二审案件。

步骤1：在第二审人民法院决定开庭审理后，准备齐案卷。

步骤2：通知人民检察院查阅案卷，制作阅卷通知书，并加盖法院印章。书记员在送达阅卷通知书的同时，应该让通知阅卷的人民检察院的相关人员在送达回证上签字。

××人民法院

阅卷通知书

（　　）×刑初字第×号

××人民检察院：

　　××人民检察院指控被告人××犯××罪一案，经××人民法院审理判决后，被告人××不服，提出上诉（或××人民检察院提出抗诉），我院决定近期开庭审理。依照《中华人民共和国刑事诉讼法》第224条的规定，请于×月底前查阅案卷，并准备出庭履行职务。

主审人：×××电话：×××

案卷：公安卷××宗，××检察卷××宗，法院一审××宗，

其他案卷××宗，总卷数××宗。

××××年×月×日

（院印）

六、办理人民陪审员参加法院审理活动

人民陪审员可以参加审判的刑事案件有：①社会影响较大的刑事一审案件，人民法院可以决定由人民陪审员和审判员共同组成合议庭进行审理。社会影响较大的刑事案件由审理案件的法院确定，一般指可能判处10年以上有期徒刑、无

期徒刑或者死刑的刑事案件，未成年人犯罪的刑事案件，以及当事人一方人数众多的共同诉讼或其他社会影响较大的刑事案件。②当事人享有申请人民陪审员参加合议庭审判案件的权利。刑事案件的被告人可以向法院申请由人民陪审员参加合议庭审判案件。对于刑事案件被告人，在向其送达起诉书副本时，告知该项权利及行使期限，当事人申请人民陪审员参加合议庭审判的，应在被告知后 3 日内提出。如果人民法院主动选择人民陪审员参加审判，或者被告人申请人民陪审员参加审判，书记员应当通知人民陪审员办公室，由陪审员办公室为该案选择人民陪审员参加审判。陪审员确定后，书记员应及时同陪审员协商开庭时间。开庭时间确定以后，书记员应将开庭时间和地点在开庭 3 日前通知陪审员；庭审结束后，及时进行合议，不能及时合议的，等合议时间确定后通知陪审员参加评议。需要陪审员参加公开宣判的，书记员应通知陪审员在指定时间参加案件的宣判工作。最后，将裁判文书送交陪审员和陪审员办公室各一份。

人民陪审员参加法院审理活动的前提条件是第一审人民法院决定适用普通程序审理案件。

步骤 1：告知双方当事人，有权申请由人民陪审员参加合议庭审判案件。

步骤 2：接到当事人在规定期限内提交的申请后，经审查符合本规定的，通知政工部门采取电脑生成等方式，从人民陪审员名单中随机抽取确定人民陪审员。特殊案件需要具有特定专业知识的人民陪审员参加审判的，人民法院可以在具有相应专业知识的人民陪审员范围内随机抽取。

步骤 3：送达合议庭组成人员通知书给双方当事人，随机抽取确定人民陪审员。

步骤 4：邀请人民陪审员参加法院开庭审理，与人民陪审员协调好出庭时间，同时将案件基本信息告知人民陪审员，如当事人的姓名、案由等。如果人民陪审员确有正当理由不能参加审判活动，通知政工部门及时重新确定其他人选。

步骤 5：向人民陪审员送达开庭通知。

七、办理庭前会议

召开庭前会议，有利于人民法院提高审判效率，有利于刑事审判的公正、公平，有利于当事人诉讼权利的充分、有效行使。庭前会议有依申请的庭前会议和依职权的庭前会议。[1]庭前会议实际上是开庭审理前听取各方意见的预备程序，

---

〔1〕 江必新主编：《〈最高人民法院关于适用《中华人民共和国刑事诉讼法》的解释〉理解与适用》，中国法制出版社 2013 年版，第 188 页。

并非正式的审判程序，被告人不参加并不影响其诉讼权利的行使，被告人是否参加庭前会议，应当根据案件具体情况和庭前会议所要解决的具体问题而定。庭前会议设计的目的在于在开庭前确定庭审重点，提高审判效率，保证庭审质量，以便法官更好地驾驭庭审。

（一）依申请的庭前会议

步骤1：接受当事人及其辩护人、诉讼代理人申请，及时告知承办法官。

步骤2：将庭前会议的过程和结果予以记录。

（二）依职权的庭前会议

步骤1：通知公诉机关、当事人及其辩护人、诉讼代理人参加庭前会议。

步骤2：将庭前会议的过程和结果予以记录。

八、安排开庭时间和地点

步骤1：在法定期限内，确定开庭时间。

步骤2：安排地点。

九、发布开庭公告

公开开庭审判的案件，在开庭3日前先期公布案由、被告人姓名、开庭时间和地点。

步骤1：填制开庭公告，包括当事人的姓名、案由、开庭时间、地点。《刑事诉讼法》第182条第3款规定，公开审判的案件，应当在开庭3日以前先期公布案由、被告人姓名、开庭时间和地点。公开审判是我国刑事诉讼的一个基本原则，因此一般刑事案件的审判都是公开审理。

××人民法院

公告（稿）

本院定于　　年　月　日　时　分　在　　公开审理

　　一案。

特此公告

　　　　　　　　　　　　　　　　　　　　　　　年　月　日

　　　　　　　　　　　　　　　　　　　　　　　（院印）

注：本公告已于　　年　月　日张贴。

　　　　　　　　　　　　　　　　　书记员：

步骤 2：明确公开审理的案件和不公开审理的案件的类型。《刑事诉讼法》第 183 条规定，有关国家秘密或者个人隐私的案件，不公开审理；涉及商业秘密的案件，当事人申请不公开审理的，可以不公开审理。14 周岁以上不满 16 周岁未成年人犯罪的案件，一律不公开审理。16 周岁以上不满 18 周岁未成年人犯罪的案件，一般也不公开审理。对于不公开审理的案件，应当当庭宣布不公开审理的理由。《最高人民法院关于适用〈中华人民共和国刑事诉讼法〉的解释》第 186 条规定，对于当事人提出申请的确属涉及商业秘密的案件，法庭可以决定不公开审理。

步骤 3：对于公开审理的案件，在开庭前的 3 日发布开庭公告并予以张贴。

任务拓展

1. 查阅有关法律文件和案例等相关材料，并结合法院工作实际情况，思考并掌握书记员如何办理提押事务。

2. 查阅有关法律文件和案例等相关材料，并结合法院工作实际情况，思考并掌握书记员如何协助法官办理调查、勘验事务。

3. 查阅相关法律文书并结合法院工作实际，思考在该部分中如何充分发挥书记员工作的能动性和主动性。

实训设计

一、实训目的

通过训练，能够明确和掌握办理庭审前刑事案件管辖权异议、证据交换等事务，以及刑事案件的其他事务。

二、实训内容

办理刑事庭审前的准备工作，包括一些常用笔录的制作，协助法官确定被告人是否属于应当或者可以指定辩护人的情形，通知被告人、辩护人提供证人及证言的相关材料，传唤当事人与通知诉讼参与人开庭的时间和地点，办理人民陪审员参加法院的审理，办理庭前会议、安排开庭时间和地点，制作和发布开庭公告。

三、实训素材

1. 刑事案件案例：2012 年 9 月 5 日晚 10 时许，被告人贾某酒后去本村刘某某家赌博，见同村村民王某也在赌场，便向王某索要以前欠款，为此二人发生口角并厮打。被告人贾某从地上拾起一把钳子朝王某头上打去，王某也持烟灰缸打贾某。被人拉开后，王某准备去医院包扎伤口，被告人贾某见王某走后，便跑回家驾驶自己的别克轿车，追至医院。贾某从自己车上拿出一把弹簧刀，在王某进行包扎之际，持刀朝王某后背猛刺两刀，致王某当场死亡。后贾某被医院的相关人员予以控制。经法医鉴定，王某系利器刺伤左胸部致心脏破裂引起失血性休克死亡。你作为该案的书记员，应当协助承办法官办理哪些相关事项？参照该案例，制作相应的法律文书。

2. 空白的刑事诉讼文书样式。

四、实训情境设计

1. 教师说明实训内容、目的和要求。

2. 教师提供相关背景资料，由学生分角色扮演模拟有关刑事案件场景，办理庭审前的相关事务准备工作。

3. 教师对本次实训课进行总结，学生写出实训报告或心得。

附件

参考：《刑事诉讼法》第 19～22、34 条；《最高人民法院关于适用〈中华人民共和国刑事诉讼法〉的解释》第 42、43、182～184 条；《全国人民代表大会常务委员会关于完善人民陪审员制度的决定》第 1～20 条；《最高人民法院关于人民陪审员参加审判活动若干问题的规定》第 1～10 条。

学习任务四 庭审的准备

任务导入

刑事庭书记员小黄由于开庭前一晚休息较晚，第二天早上开庭之前又遇到堵车，开庭前匆忙赶到单位，因为时间比较紧，小黄匆忙间来不及换制服，上身穿法官服，下身穿白色的裙子赶到法庭进行开庭记录。在开庭审理过程中，由于执勤法警的疏忽，导致电脑电源线被拉掉，电脑出现黑屏，庭审记录没有保存。请问：小黄为保障庭审及时进行，不穿制服的行为是否符合规定？电脑突然断电造成的记录丢失应由谁承担责任？此种情况下，如果你是小黄，如何处理？

任务分析：庭审准备涉及的内容有检查法庭设备，核对出庭人员的情况并记入笔录，宣布法庭纪律，请审判人员入庭。

基本知识

开庭审理，是指人民法院在当事人和其他诉讼参与人的参加下，按照法定的方式和程序对案件进行全面审查并作出裁判的诉讼活动，是人民法院代表国家对被告人的刑事责任问题作出最终权威裁判的活动。庭审准备工作主要是指案件开庭审理前的相关准备工作。在开庭审理的法庭调查之前，书记员需要完成的相关的庭审准备工作任务主要包括核对当事人基本情况、查明诉讼参与人到庭情况、宣读法庭规则、向审判长报告开庭准备工作等事项。书记员对这一环节的充分准备，对整个刑事案件的顺利进行起到了一定的保障作用。

一、审判活动区的布置

审判法庭由审判活动区和旁听区组成，以审判活动区为主，保障审判活动的依法进行。人民法院开庭审理刑事案件，其审判人员、公诉人员、辩护人员及被告人的位置安排如下：

法庭布置场景

法 台

书记员　　　　　　　　　　证人席

公诉台　　　　　　　　　　　　　辩护台

被告人

旁听区

审判活动区正中前方设置法台，法台的面积应满足审判活动的需要，高度为

20～60 厘米，法台上设置法桌、法椅，为审判人员席位。法桌、法椅的造型和颜色应力求严肃、庄重、和谐。法台右前方为书记员座位，与法台成 45 度角。[1] 书记员座位应比审判人员座位低 20～40 厘米。法台左前方为证人、鉴定人位置，与法台成 45 度角。

对于未成年人犯罪的刑事案件审判区的设置，也可以设置为圆桌型、会议型等。

二、法庭规则

法庭规则是进入法庭的所有人都应当遵守的纪律和规则，在很大程度上属于司法利益的范畴。为维护法庭秩序，保障审判活动的正常进行，法庭开庭时，法庭内所有人员应遵守法庭规则，保持法庭的庄严。

三、书记员在法庭开庭前的工作

1. 开庭前，书记员首先到审判法庭检查，检查内容主要有两项：①检查电脑及庭审电子设备是否正常运转，法庭布置是否符合要求，法官、公诉人、被告人、辩护人的座位牌是否摆放准确，旁听席的桌、椅摆放是否整齐，法庭卫生状况是否良好；②查明公诉人、当事人、证人及其他诉讼参与人是否到庭。最好是开庭前 15 分钟到法庭，这时也可以和被告人进行一下接触，告诉被告人开庭时，尽量用普通话，声音要大一些，语速要慢一些。如果有附带民事诉讼原告人或者被害人的亲属到场的，要予以嘱咐，尽量注意情绪，如果发现有异常问题，也要及时同审判长沟通。有证人的，及时安排好证人在开庭时等待的地方。另外要注意司法礼仪，开庭时必须穿制服。旁听人员持身份证等相关证明文件，经法警检查后进入旁听区旁听案件的审理。

2. 审判长决定按时开庭的，书记员应做好如下工作：旁听人员按照各自的位置坐好并安静下来后，宣布法庭纪律（或称法庭规则）。在宣读法庭纪律时注意，一定要声音洪亮，要保证法庭纪律让在场的所有旁听人员听清。特别是一些重大刑事案件，需要同步录音、录像的更需如此。另外注意用语规范。值庭法警、公诉人、辩护人入庭后，宣布全体起立，请审判长、审判员（人民陪审员）入庭；审判长、审判员入庭后，向审判长报告庭前准备工作已经就绪，请审判长开庭。注意，证人不能参加旁听。

---

〔1〕 彭建新、韩艳主编：《法院书记员工作实务》，清华大学出版社 2011 年版，第 101 页。

基本程序

一、检查法庭设备

步骤1：开庭前，书记员应着制服，佩戴法徽。首先到审判法庭检查，检查内容主要有：①检查电脑及庭审电子设备是否正常运转，法庭布置是否符合要求；②查明公诉人、当事人、证人及其他诉讼参与人是否到庭。如有证人的，安排好证人的等待位置。

步骤2：法官、公诉人、被告人、辩护人的座位牌是否摆放准确，旁听席的桌、椅摆放是否整齐，法庭卫生状况是否良好以及法槌摆放位置是否正确。

二、核对出庭人员的情况，并记入笔录

步骤1：在开庭前的15分钟，宣布当事人及其诉讼代理人、辩护人入庭，出庭人员就座后，查明当事人及其诉讼代理人、辩护人到庭情况，核对当事人及其诉讼代理人、辩护人身份及其证件。

步骤2：在开庭前的15分钟，核对证人、鉴定人、勘验检查人、专家的到庭情况、身份及其证件，请其退席，等候传唤，安排其到指定的地点等待。

步骤3：案件开庭前，首先和被告人进行接触，告知被告人开庭时，尽量使用普通话。如果有附带民事诉讼原告人或者被害人的亲属到场的，要予以嘱咐，注意克制情绪，如果发现有异常情况，及时向审判长报告。

步骤4：当事人、其他诉讼参与人没有到庭的，书记员应将情况及时报告审判长，并由合议庭确定是否延期开庭审理或中止诉讼。

步骤5：公开开庭的，应当检查参加旁听的人员是否适合，是否有现场采访的记者。

如发现有未成年人（经批准的除外）、精神病人和醉酒的人以及其他不宜旁听的人旁听开庭的，应当请其退出法庭或者向审判长报告。

如发现有记者到庭采访，应当确认其是否办理审批手续，并向审判长报告。如未获得批准，应当明确告知记者不得录音、录像或者摄影；但应当允许记者作为旁听人员参加旁听。

三、宣布法庭纪律（或称法庭规则）

检查工作完毕后，完成宣布法庭纪律的工作。

步骤1：书记员在确认开庭准备工作就绪后，应站到书记员席的位置，起立面向旁听席。

步骤2：宣读法庭纪律，一般应使用普通话：

一、法庭审理过程中，诉讼参与人、旁听人员应当遵守以下纪律：

（一）服从法庭指挥，遵守法庭礼仪；

（二）不得鼓掌、喧哗、哄闹、随意走动；

（三）不得对庭审活动进行录音、录像、摄影，或者通过发送邮件、博客、微博客等方式传播庭审情况，但经人民法院许可的新闻记者除外；

（四）旁听人员不得发言、提问；

（五）不得实施其他扰乱法庭秩序的行为。

二、法庭审理过程中，诉讼参与人或者旁听人员扰乱法庭秩序的，审判长应当按照下列情形分别处理：

（一）情节较轻的，应当警告制止并进行训诫；

（二）不听制止的，可以指令法警强行带出法庭。

四、向审判长报告公诉人、诉讼参与人的到庭情况

步骤1：宣读法庭纪律后，书记员宣布："请公诉人及其他诉讼参与人入庭。"

步骤2：书记员宣布："全体起立，请审判长、审判人员（人民陪审员）入庭。"

步骤3：待合议庭成员坐定后，书记员宣布："请坐下。"

步骤4：审判人员入庭后，书记员向审判长报告出庭情况："报告审判长，庭审准备工作就绪，请开庭。"

任务拓展

1. 查阅有关法律文件和案例等相关材料，并结合法院工作实际情况，思考如何协助刑事审判庭法官处理违反法庭秩序的突发事件。

2. 根据相关法律规定，探讨违反法庭纪律行为的处理方式及程序。以及在庭审过程中，作为书记员如何和法官进行配合？

3. 结合法律规定和法院工作实际，如果你是法院刑庭的一名书记员，你在开庭审理前应该做哪些必要准备工作？

实训设计

一、实训目的

通过训练，能够明确开庭审理前书记员的各项具体工作任务以及它们之间的先后顺序，能够在实务当中熟练运用司法礼仪。

二、实训内容

刑事案件开庭审理前书记员的各项具体工作任务以及各任务之间的先后顺序。

三、实训素材

1. 刑事案件案例：2013 年 5 月 17 日 10 时许，被告人沈某（女）在某区信合路某网吧内上网，怀疑网吧收银员未将自己付费的 10 元钱充值在游戏卡内，便将此事告诉了酒后来找其玩耍的男朋友梁某某。被告人梁某某便找收银员要求退钱，遂与该网吧网管高某某发生口角，争执中被告人梁某某掏出随身携带的折叠刀将被害人高某某捅刺一刀后逃离现场，致被害人高某某抢救无效死亡。经鉴定：高某某系被宽约 1.7 厘米的单刃锐器由左侧胸腔刺入，造成心脏破裂，导致失血性休克而死亡。当日晚被告人沈某明知梁某某将被害人捅伤仍与梁某某一起跑到某市，并让梁某某在其上班的休息室躲藏。在侦查机关抓捕二被告人时，被告人沈某为梁某某提供 12 元钱使其逃跑，次日被告人梁某某在高速服务区被抓获。你作为本案的书记员，在到达法庭后应当做哪些准备工作？

2. 法庭规则文本。

四、实训情境设计

1. 教师说明实训内容、目的和要求。

2. 教师提供相关背景资料，由学生分角色扮演模拟有关的案件场景，核对诉讼参与人到庭情况、宣布法庭纪律、请审判人员入庭、向审判长报告开庭前的准备工作。

3. 教师对本次实训课进行总结，学生写出实训报告或心得。

附件

参考：《最高人民法院关于适用〈中华人民共和国刑事诉讼法〉的解释》第189、249~253 条；《人民法院法庭规则》第 1~15 条；《最高人民法院关于严格执行公开审判制度的若干规定》第 1~11 条。

学习任务五　庭审笔录、合议笔录、审判委员会笔录

任务导入

小黄作为书记员，负责一个故意杀人案件的合议庭记录工作。在合议案件过程中，合议庭的 3 名法官就案件的定性、量刑以及立功是否可以认定等关键情节进行了充分、激烈的评议和研究。在讨论过程中，法官刘某还没有将意见发表完毕就被另外一名法官张某打断并提出异议，小黄在忍无可忍的情况下，终于鼓起勇气要求合议庭的法官暂停，并要求法官一个一个地发表对案件的意见和看法。请问：小黄的行为是否正确？如果你是本案的书记员，针对以上的情况应如何记录？

任务分析：该部分涉及的内容主要有庭审笔录、合议庭评议笔录以及审判委员会笔录。

基本知识

一、庭审笔录

庭审笔录是指在法庭审判过程中，书记员制作的反映法庭审判活动全部过程的真实、客观情况的记录。

审判长宣布开庭，传被告人到庭，查明被告人的基本情况，包括：姓名、出生年月日、出生地、民族、文化程度、职业、住址、户籍所在地、是否受过法律处分及处分的种类和时间、是否被采取强制措施及强制措施的种类和时间、收到起诉书副本的时间、收到刑事附带民事起诉状的时间。二审案件的还要查明收到一审判决的时间、是否上诉、上诉的时间是否符合法律规定。抗诉案件的还需要进一步查清收到检察院抗诉书的时间等。

审判长当庭宣布案件的来源、起诉的案由、附带民事诉讼原告人和被告人的

姓名以及是否公开审理，二审案件的，宣读上诉人的姓名。不公开审理的，应当当庭宣布不公开审理的理由。审判长宣布合议庭的组成人员、书记员、公诉人（检察员）、辩护人、鉴定人和翻译人员的名单，同时告知当事人、法定代理人在法庭审理过程中依法享有的诉讼权利，包括回避权、提出新证据、通知新证人到庭、调取新的证据、重新鉴定、自行辩护、最后陈述权利。

审判长宣布开始法庭调查：①由公诉人宣读起诉书，有附带民事诉讼的，再由附带民事诉讼原告人或其代理人宣读附带民事起诉状；②由被告人、被害人就起诉书指控的犯罪事实分别进行陈述；③询问、发问被告人、被害人；④出示、核实证据；⑤合议庭人员调查核实证据。

法庭调查结束后，由审判长宣布进行法庭辩论。法庭辩论应当就案件的事实、证据、适用法律等问题进行法庭辩论。辩论应当按照以下顺序进行：①公诉人发言；②被害人及其诉讼代理人发言；③被告人自行辩护；④辩护人辩护；⑤控辩双方进行辩论。附带民事诉讼部分的辩论应当在刑事诉讼部分的辩论结束后进行，先由附带民事诉讼原告人及其诉讼代理人发言，然后由被告人及其诉讼代理人答辩。

法庭辩论结束后，由审判长宣布进入最后陈述阶段，合议庭应当保障被告人充分行使最后陈述的权利。附带民事诉讼部分可以在法庭辩论结束后当庭调解，不能达成调解协议的，可以同刑事部分一并判决。

被告人在最后陈述完毕后，审判长应当宣布休庭，合议庭进行评议。

法庭审理笔录，应当要求审判人员和书记员签字。

二、合议庭笔录

合议庭评议笔录，是在庭审结束后，由书记员对合议庭就案件事实和证据进行评议时的情况所做的客观、真实的记录。

庭审结束后，合议庭应及时对案件进行评议，合议庭评议案件应当在庭审结束后5个工作日内进行。合议庭成员应当认真负责，充分陈述意见，独立行使表决权，不得拒绝陈述意见或仅作同意与否的简单表态。合议庭成员意见有分歧的，应把合议庭的多数意见和少数意见都记入笔录，最后应当按照合议庭多数人员的意见作出决定。合议庭笔录制作完成后由合议庭成员签名。

三、审判委员会笔录

审判委员会笔录，是在合议庭开庭审理以后，合议庭在合议案件过程中针对疑难、复杂、重大的案件，认为难以作出决定的，或者独任审判员认为有必要的案件，提请院长决定由审判委员会讨论决定，由书记员做客观、真实记录的笔录。

审判委员会笔录，应当如实记录讨论案件的过程和作出的决定，讨论中如有不同意见，必须如实记入笔录，最后按照少数服从多数的意见作出决定。审判委员会笔录制作完成后，应当由审判委员会人员签名。对于列席人员，在笔录中应当写明其姓名、单位和职务。对于审判委员会的决定，合议庭应当执行。

基本程序

一、庭审笔录

步骤1：制作刑事公诉案件法庭审理笔录。

注意：区分刑事公诉案件的几个阶段。

附：死刑二审案件开庭审理笔录样本：

××人民法院

法庭审理笔录

案由：　　　　　罪

时间：　年　月　日　午　时　分

地点：　　人民法院法庭

是否公开审理：是　　　　旁听人数：无

合议庭成员：审判长：　　　审判员：

书记员：

记录如下：

书记员：现在宣布法庭纪律：（略）

书记员：法庭纪律宣读完毕。

书记员：请检察员、辩护人、原审附带民事诉讼原告人、诉讼代理人入庭；请起立；请审判长、审判员入席；报告审判长，庭前准备工作已经就绪，请您开庭。

审判长：××人民法院刑事审判第××庭现在宣布开庭，传原审被告人到庭，给原审被告人去掉械具。

审判长：原审被告人××，你还有别的名字吗？

…………

审判长：一审判决认定你的出生日期、民族、籍贯、出生地、文化程度、捕前职业和住址等基本身份情况准确吗？

············

审判长：你历史上是否受过刑事处罚或其他处分？

审判长：你何时因涉嫌什么罪名被刑事拘留？何时被逮捕？

············

审判长：××人民法院（　　　）　　刑初字第　　号刑事附带民事判决书是否收到？何时收到？

············

审判长：是否提出上诉？

············

审判长：附带民事诉讼上诉人的附带民事上诉状是否收到？

············

审判长：附带民事上诉人向法庭报告你们的基本情况。

············

审判长：根据《中华人民共和国刑事诉讼法》第 183 条的规定，今天，××人民法院刑事审判第×庭依法公开开庭审理原审被告人某某犯××罪提起上诉××一案。

审判长：根据《中华人民共和国刑事诉讼法》第 185 条的规定，本庭由××人民法院刑事审判第××庭××担任审判长，与审判员××、××组成合议庭，书记员××担任法庭记录。××人民检察院检察员××出庭履行职务。××律师事务所律师××出庭为上诉人××担任辩护。原审附带民事诉讼原告人出庭行使自己的权利，××律师事务所律师××出庭担任原审附带民事诉讼原告人××的委托代理人。

审判长：上诉人（原审被告人）××，以上宣布的合议庭组成人员和参与诉讼的有关人员名单听清了没有？

············

审判长：根据《中华人民共和国刑事诉讼法》的有关规定和《最高人民法院关于适用〈中华人民共和国刑事诉讼法〉的解释》第 193 条的规定，现在向你们告知在法庭审理过程中依法享有的权利：

第一项，依照《中华人民共和国刑事诉讼法》第 28 条的规定，你在今天的法庭上享有申请回避的权利，也就是说对刚才本庭宣布的合议庭组成人员、书记员、检察员、鉴定人和翻译人员等，如果你认为他们与本案有利害关系，或与本案当事人有其他关系可能影响本案的公正处理，可以申请回避，即申请换人审理或参与诉讼。

审判长：上诉人（原审被告人），你是否申请回避？如申请回避应说明申请何人回避及理由。

…………

审判长：辩护人是否申请回避？

…………

审判长：附带民事诉讼上诉人××是否申请回避？

…………

审判长：不申请回避，请书记员记录在案。

审判长：第二项，依照《中华人民共和国刑事诉讼法》第11条、第32条第1款的规定，你在法庭上依法享有辩护的权利，既可以委托律师辩护，也可以自己辩护。

审判长：第三项，依照《中华人民共和国刑事诉讼法》第192条的规定，你依法享有申请通知新的证人到庭，调取新的物证，申请重新鉴定或者勘验的权利。

审判长：第四项，依照《中华人民共和国刑事诉讼法》第189条的规定，在证人、鉴定人出庭作证时，依法享有经审判长许可，对证人、鉴定人发问的权利。

审判长：第五项，依照《中华人民共和国刑事诉讼法》第193条的规定，在法庭辩论结束后，依法享有最后陈述的权利。

审判长：上诉人（原审被告人）××，以上宣布的各项权利你听清了没有？

…………

审判长：上诉人（原审被告人）××，对于以上第二、三、四、五项权利（也就是辩护权，申请通知新的证人到庭，调取新的物证，申请重新鉴定或者勘验权，对证人、鉴定人发问权，最后陈述权）何时行使，本庭会适时告知你。听清了没有？

法 庭 调 查

审判员：现在开始法庭调查。首先由审判员××宣布××中级人民法院（　　）刑初字第××号刑事附带民事判决书。

审判员：上诉人（原审被告人）××，刚才宣读的××中院的一审判决书是否和你收到的一致？要点你听清了没有？

…………

审判员：上诉人××简要陈述你的上诉理由。

…………

审判员：根据《最高人民法院关于审理二审开庭程序若干问题的规定》，结合上诉人上诉理由和一审法院审理情况，本庭将以下几方面作为调查和审理重点：本案的其他事实和证据进行书面审理，民事赔偿庭后调解。上诉人及辩护人是否同意？是否有补充？

…………

审判员：检察员是否同意？是否有补充？

…………

审判员：现在由辩护人对上述事实进行发问。

…………

审判员：现在由检察员就上述事实进行讯问。

…………

审判员：辩护人有无补充发问？

…………

审判员：检察员有无补充讯问？

…………

审判员：现在本庭讯问你几个问题，希望你如实回答。

…………

审判员：下面就以上查证的事实由检、辩双方向法庭举证、质证。举证双方应当在举证时逐一就所出示、宣读的证据的来源和拟证明的事实作简要说明。对于一审已经确认，双方当事人均无异议的证据，本法庭不再重复举证、质证。

审判员：上诉人及辩护人同意吗？

…………

审判员：检察员同意吗？

…………

审判员：首先请检察员出示、宣读证据。

…………

审判员：上诉人××对上述证据有无异议？

…………

审判员：辩护人对上述证据有无异议？

…………

审判员：检察员对上述异议是否进行质证？

………………

审判员：下面由辩护人出示、宣读证据。

………………

审判员：检察员对刚才出示的证据有无异议？

………………

审判员：上诉人××对上述证据有无异议？

………………

审判员：在开庭时本庭已宣布过，当事人和辩护人、诉讼代理人享有申请新的证人到庭、调取新的物证、申请重新鉴定或者勘验的权利。上诉人（原审被告人）××你是否申请新的证人到庭或调取新的物证或申请重新鉴定？

………………

审判员：辩护人你是否申请新的证人到庭或调取新的物证或申请重新鉴定？

………………

审判员：下面就刑事附带民事部分进行法庭调查。首先由附带民事诉讼上诉人宣读附带民事诉讼上诉状。

………………

审判员：上诉人（原审被告人），刚才宣读的附带民事诉讼上诉状是否听清？

………………

审判员：附带民事诉讼上诉人是否同意调解？

………………

审判员：上诉人（原审被告人）是否同意调解？

………………

审判员：鉴于双方调解差距过大，本庭不再进行调解，将同刑事部分一并判决。

法 庭 辩 论

审判员：法庭调查结束，现在进行法庭辩论。首先由上诉人进行自我辩护。

………………

审判员：下面由辩护人发表辩护意见。

………………

审判员；请检察员发表出庭意见。

………………

审判员：上诉人××有无新的辩护意见？

………………

审判员：上诉人××的辩护人有无新的辩护意见？

…………

审判员：检察员有无新的意见？

…………

审判员：经过法庭辩论，本庭认为检、辩双方的观点已基本阐明，本庭将在合议庭评议时认真充分考虑双方的意见。现在宣布法庭辩论结束。

最　后　陈　述

审判员：现在进行最后陈述。

审判员：上诉人（原审被告人）××，你可以进行最后陈述。

…………

审判长：现在宣布法庭调查，法庭辩论和被告人最后陈述全部结束。休庭后合议庭将对本案进行评议，评议结果提交本院审委会讨论决定后，择期公开宣判，宣判日期另行公告。

审判长：现在宣布休庭。

审判长：将上诉人（原审被告人）带回看守所，退庭。（敲法槌）

步骤2：制作刑事自诉案件法庭审理笔录。

注意：当事人称谓的变化以及自诉案件的特点。

步骤3：及时核对庭审笔录与签名。书记员负责监督当事人和其他诉讼参加人核签笔录，向当事人和其他诉讼参与人当庭宣读，由当事人和其他诉讼参与人签名或盖章。对于当事人和其他诉讼参与人认为自己的陈述记载有遗漏或差错，请求补充或修正的，书记员应将查阅的情况在笔录上注明并报请审判员决定，如果同意，书记员可以对笔录加以修正；如果不同意，书记员可将当事人及其他诉讼参与人的意见和审判员不同意修正的理由一并记录附卷。如当事人或其他诉讼参加人拒不签字，应记录下来。

法庭笔录中的证人证言部分，应当当庭宣读或者交给证人阅读。证人在承认没有错误后，应当签名或者盖章。

庭审笔录经审判长审阅后与书记员共同签名。

刑事自诉状

自诉人：（姓名、性别、年龄、民族、职业、工作单位、住所、联系方式、法人或其他组织的名称、住所和法定代表人或者主要负责人的姓名、职务、联系方式）

被告人：（姓名、性别、年龄、民族、职业、工作单位、住所、联系方式、法人或其他组织的名称、住所和法定代表人或者主要负责人的姓名、职务、联系方式）

案由：（写明案件罪名）

诉讼请求：

事实与理由：

（写明被告人犯罪行为的时间、地点、手段、情节和危害后果等案件情况，并写明起诉的法律依据）

证据来源：

此致　　　××人民法院

自诉人：（签名或盖章）

年　　月　　日

附：本诉状副本　　份

二、记录合议庭评议

步骤1：记录合议庭评议的情况。制作合议庭评议笔录时，首部写明评议的时间、地点、合议庭成员、案件主审人和书记员的姓名、评议案件的名称和案由。正文部分要如实记载评议过程及其内容，特别要详记案件的事实证据，适用什么法律条文，如何处理等重点问题，如实反映合议庭成员发表的意见，记录发言者的原话、原意，力求语句通顺。评议结果要具体、明确，不得模棱两可。评议中如有不同意见，按照少数服从多数原则确定评议结果，但少数人意见必须记入笔录。笔录中如有涂改，加盖书记员印章；评议笔录制作好后，应订入副卷，妥善保存并严格保密。尾部由合议庭成员签名。在刑事案件中，被告人是否有罪、犯的什么罪，是否有法定、酌定从重或从轻、减轻的条件，是否应受惩罚或者适用何种刑罚及理由、依据，赃款赃物如何处理，附带民事诉讼的财产和处理等都是记录的重点。二审案件评议时还要注意记明对一审判决、裁定的意见、理由和根据。记录完毕后应当交合议庭成员查阅并签名。

步骤2：及时核对合议庭评议笔录与组织合议庭成员在评议笔录上签名。

步骤3：合议庭评议情况应当保密，书记员必须严格遵守审判机密。

合议庭评议笔录
（二审案件适用）

时　　间：

地　　点：

合议庭：

主审人：

书记员：

评议案件：

记录如下：

一、案件主审人汇报基本案情（略，详见审理报告）

二、当事人基本情况

三、上诉人的上诉理由

四、二审审理及合议情况

五、议定结果

三、记录审判委员会讨论的案件

步骤1：记录审判委员会讨论的情况。制作审委会笔录时，首部在标题下注明是第几次会议，分行写明讨论的时间、地点，主持讨论的院长或副院长和出席委员的姓名，列席委员的姓名、单位和职务，汇报案件的主审人和记录人的姓名，以及讨论的案件名称和案由等。正文部分如实记载讨论案件的经过情况。有审理报告的，对案件情况可摘要记录，讨论的不同意见要记明。最后由各委员阅看后签名。

步骤2：及时核对审判委员会讨论笔录，由各审判委员会委员审阅无误后签名。

审判长联席会议评议笔录
（第×次）

时　　间：　　年　　月　　日

地　　点：

主持人：

参加人：

汇报人：

书记员：

记录如下：

案号：

一、案由

二、当事人基本情况

三、一审判决情况

四、主审人汇报案情（略，详见审理报告）

五、合议庭意见

六、评议

七、评议结论

任务拓展

1. 查阅有关法律文件和案例等相关材料，并结合法院工作实际情况，思考并掌握自诉案件的调解、和解和撤诉的工作任务程序。

2. 查阅有关法律文件和案例等相关材料，并结合法院工作实际情况，思考并总结庭审记录的方法和技巧。

3. 结合相关法律规定和法院工作实际，了解和掌握自诉案件的类型和区分。

4. 思考刑事一审案件合议庭笔录的样式。

实训设计

一、实训目的

通过训练，能够明确开庭审理前书记员的各项具体工作任务以及它们之间的先后顺序，能够在实务当中熟练运用司法礼仪。

二、实训内容

刑事案件开庭审理前书记员的各项具体工作任务以及它们之间的先后顺序。

三、实训素材

1. 刑事案件案例：2013 年 9 月 18 日 14 时许，被告人刘某因驾驶三轮摩托车车速较快，差点撞上在自家门口施工的被害人李某（女）的小孩，与李某发生口角。被告人刘某先后两次分别持铁锹、斧头欲对李某行凶，均被他人夺下。后被告人刘某从家中取匕首一把用胶带绑于右小腿处，又取菜刀一把再次来到李某家院内，找到李某再次发生争执后，举刀欲砍李某，被其妻子王某等人将刀夺下。当其他人拦阻时，被告人刘某又取下匕首对着劝架的人群乱刺，将陈某嘴部刺伤。当其被被害人蒋某抱住时，刘某用匕首朝蒋某背部猛刺一刀。其后，被告人刘某追上已跑出院外的李某拽其头发致其倒地，朝李某面部、颈部、左大腿、左小腿等部位捅刺，捅刺李某胸部时被李某用双手将刀刃抓住而未能刺中。被告人刘某从李某手中拽出匕首后驾驶三轮车逃离现场。蒋某在被120急救车送往医院途中死亡。经鉴定，蒋某被锐器刺破主动脉弓，致失血性休克而死亡。李某面部之损伤属重伤，右手中环指损伤、右小指末节缺失、左下肢损伤均属轻伤。你作为本案的书记员，如何做好开庭记录工作？在开庭过程中应当注意哪些事项？明确法庭记录的顺序，以此案例作为辅材，模拟法庭开庭及记录的全过程。

2. 法庭规则文本。

四、实训情境设计

1. 教师说明实训内容、目的和要求。

2. 教师提供各个案例的背景资料，由学生分角色扮演模拟有关刑事案件场景，核对诉讼参与人到庭情况、宣布法庭纪律、请审判人员到庭、向审判长报告开庭前的准备工作。

3. 教师对本次实训课进行总结，学生写出实训报告或心得。

附件

参考：《刑事诉讼法》第195～201条；《最高人民法院关于适用〈中华人民共和国刑事诉讼法〉的解释》第237～239条；《最高人民法院关于人民法院合议庭工作的若干规定》第1～18条；《最高人民法院关于改革和完善人民法院审判委员会制度的实施意见》。

学习任务六　辅助法庭宣判的工作

任务导入

在一起故意伤害案件宣判中，被告人张某当庭表示不上诉。在法定的上诉期满后，在未收到上诉状的情况下，书记员小黄以此为依据，下达执行通知书。在向被告人送达执行通知书过程中发现，被告人张某在法定期限内已将上诉状提交至看守所。

请问：小黄下达执行通知书是否符合法律规定？被告人在宣判笔录中的表示可以更改吗？针对该情况，你作为书记员应当如何避免？

任务分析：辅助法庭宣判的工作涉及的内容包括协助裁判文书的制作与校对、法庭宣判的笔录及其宣布退庭等。

基本知识

公开宣判是指无论案件的审理过程是否公开，审理的结果都应当向社会公开宣布。《刑事诉讼法》第 196 条第 1 款规定，宣判判决一律公开进行。

宣判时，一般应当通知公诉人、辩护人、被害人、自诉人、附带民事诉讼原告人和被告人到庭。当庭宣判的，应当宣布判决结果。定期宣告判决的，合议庭应当在开庭宣判 3 日前，先期公布宣判的具体时间和地点，通知公诉人、传唤当事人并通知其他诉讼参与人到庭。对于没有被羁押的被告人、受害人或者受害人家属适用传票通知，对于辩护人、公诉人适用出庭通知书通知，对于被羁押的被告人由法警提押到法庭。定期宣判需要制作宣判笔录，而当庭宣判则不需要制作宣判笔录，宣判的内容应记录在法庭审理笔录当中。

基本程序

一、协助裁判文书的制作与校对

步骤 1：除承办法官制作的裁判文书外，书记员协助承办法官制作简单的裁定书和决定书，如中止审理决定书等。

步骤 2：协助承办法官校对裁判文书并打印。

二、法庭宣判的笔录及其宣布退庭

步骤 1：经合议庭评议后，决定当庭宣判的，当庭宣判不需要另行通知当事人和诉讼参与人宣判的时间、地点，也无须制作宣判笔录。

步骤 2：经合议庭评议后，决定定期宣判的，定期宣判的笔录应当记明宣判的内容和法律依据。

定期宣判时应制作宣判笔录和送达回证。

定期宣判的宣判笔录：首部写明宣告判决或裁定的时间、地点，旁听的大概

人数，审判人员和书记员姓名，到庭的公诉人、当事人和其他诉讼参与人的诉讼称谓和姓名。正文内容应记明宣读××人民法院（××××）×字第×号判决书或裁定书，告知的事项即宣判后当事人的表现。被告人对判决的意见表示要如实记录。讯问被告人是否上诉，并将被告人回答的情况如实记入笔录。如果是当庭宣告判决的，记录时应有宣布的判决主文，其他内容则可省略。宣判笔录应当由当事人签名或盖章，拒绝签名、盖章的应记明情况。宣判后立即发给判决书或裁定书的，应在笔录中记明，并使用送达回证，宣判笔录不能代替送达回证。最后由宣判人员和书记员签名。

被告人上诉的，收取被告人递交的上诉状，审查上诉期限是否过期，没有过期的，要审查上诉状的书写内容及份数是否符合规定，不符合规定的要让被告人重写，比如用铅笔、复写笔（圆珠笔）写的上诉状就不符合规定。及时将上诉状送达检察院，填写上诉卷宗移送函、装订卷宗，经主审法官审查后将上诉材料及卷宗移送立案庭报上级法院。

步骤3：宣判笔录应当由当事人签名盖章，审判人员、书记员签名。

步骤4：在审判长宣布闭庭后，书记员应当宣布退庭即宣布"全体起立，请合议庭成员退庭"。

宣判笔录

时　　间：　年　月　日　时　　分至　时　分。

地　　点：　　　　　　旁听人数：

审判长（员）：

书记员：

到庭的公诉人：

到庭的当事人和其他诉讼参与人：

审判　宣读　　　　人民法院（　　）字第　号　　书，并告知有关事项和宣判后当事人的表示：

被告人是否听清，是否上诉

被告人：

审判　看笔录无误后签字，现在宣布闭庭。

书记员：全体起立，请合议庭成员退庭。

三、书记员的其他事务性工作

从实践来看，书记员除完成在庭审前后的基本任务外，经常要办理的事项有：

群众来访来信的接待、处理；司法案件的统计；法律文书的校对；内勤工作；协助法官起草司法文书；在法官指导下调处轻微的刑事纠纷，调查较为简单的案件事实；法官或庭长、院长安排的有关审判的事项。

任务拓展

1. 查阅有关法律文件和案例等相关材料，并结合法院工作实际情况，思考如何协助法官组织刑事附带民事案件的调解工作。

2. 查阅有关法律文件和案例等相关材料，并结合法院工作实际情况，思考如何提高刑事案件裁判文书校对正确性、效率性的方法。

3. 你作为法院的一名书记员，在8点30分准备9点钟的开庭，这时庭长发来信息让你准备涉密文件，下午3点钟他要向院长汇报，同时一律师打来电话说要来送材料。你应该如何安排？

实训设计

一、实训目的

通过训练，能够掌握刑事案件裁判文书的制作与校对的基本要领，辅助法庭宣判的工作。

二、实训内容

刑事案件裁判文书的制作与校对，辅助法庭宣判的工作。

三、实训素材

1. 刑事案件案例：2013年9月5日0时30分许，被告人刘某到与其一起下班回来的同村村民付某家喝酒，约1时30分，刘某离开付某家。在回家途中，刘某想起本村村民被害人冯某某家刚卖了玉米，家里有钱，便欲到冯某某家行窃。刘某先回自家拿了一把杀猪刀，然后来到冯某某家。刘某用刀割开窗纱从窗户进入冯某某家后即被冯某某发觉，刘某遂持刀向冯某某左胸、左背侧等部位乱刺十余刀，致冯某某倒在床上不动后，刘某打开房门逃离现场。刘某在逃跑途中用水清洗了杀猪刀，回到家后，刘某先烧掉了作案时所穿的胶底布鞋，又让其妻子清洗了其作案时所穿的衣裤。2013年9月18日，刘某被抓获。经鉴定，冯某某系被刺破心脏，呈失血性休克死亡。公诉机关依法以故意杀人罪向某市中级人民法院提起公诉，法院受理后，经过开庭审理，决定择日作出判决。作为书记员，在开庭宣判前应当注意哪些事项？宣判后应当告知当事人哪些注意事项？通过该材料，熟练掌握宣判笔录的制作。

2. 刑事案件裁判文书的制作与校对的计算机、打印设备。

四、实训情境设计

1. 教师说明实训内容、目的和要求。

2. 教师提供各个案例的背景资料，由学生分角色扮演模拟有关刑事案件调解场景。

3. 教师对本次实训课进行总结，学生写出实训报告或心得。

　　附件

参考：《最高人民法院关于适用〈中华人民共和国刑事诉讼法〉的解释》第248、299～304 条。

学习任务七　送达裁判文书

任务导入

被告人崔某某强奸案件一审宣判以后，书记员小黄由于还有其他事务性工作，导致在半个月内判决一直未予送达，请问：小黄的行为是否符合法律规定？在工作中若多项工作相互冲突时，如何解决？

任务分析：送达裁判文书分为两种情况，分别为当庭宣判的裁判文书的送达和定期宣判的裁判文书的送达。

基本知识

刑事案件当庭宣判的，应当在 5 日以内将判决书送达被告人、附带民事诉讼原告人及其代理人、法定代理人、提起公诉的人民检察院、被告人的辩护人和近亲属以及其他诉讼参与人。定期宣判的，应当在判决宣告后立即将判决书送达被告人、法定代理人、提起公诉的人民检察院、被告人的辩护人和近亲属及其他诉讼参与人。判决生效后，还应当送达被告人的所在单位或者原户籍地的公安派出所，或者被告单位的注册登记机关。

基本程序

送达裁判文书。

步骤 1：当庭宣判的裁判文书，应当在宣判后 5 日以内向当事人、人民检察院送达。判决书应当同时送达辩护人、诉讼代理人。

步骤 2：定期宣判的裁判文书，应当在宣告后立即（即当庭）向当事人、人民检察院送达。判决书应当同时送达辩护人、诉讼代理人、人民检察院。

任务拓展

通过查阅相关资料和咨询法院书记员，考察当庭宣判的刑事案件裁判文书，法院如何运用各种送达方式，比如最常用的方式。

实训设计

一、实训目的

通过训练，能够掌握刑事案件送达裁判文书的方法。

二、实训内容

刑事案件送达裁判文书所应采取的方式和途径。

三、实训素材

1. 刑事案件案例：2013 年 2、3 月份，被告人李某开始与本村村民被害人周某之妻闫某某（女）有不正当男女关系，2013 年 5 月下旬此事被周某得知后，李某曾两次约周某见面谈及此事。当月 25 日下午约 5 时，李某携一木柄单刃刀，到周某家找到周某，二人来到村外"小沟的"玉米地中，后二人因此事发生争执，李某持刀连刺周某数刀致周某死亡，李某逃离现场。当晚 7 时许，李某打电话告诉闫某某其"捅了周某十来刀"，让闫某某报警。当晚 21 时许，闫某某向110 报警。当晚 23 时许，李某向 110 报警，称其把周某捅死。2013 年 6 月 5 日上午，李某在某地一旅馆内被抓获。经鉴定，周某系被刺破重要脏器死亡。人民法院依法受理后，作出一审判决：以故意杀人罪判决被告人李某死刑，缓期二年执行，剥夺政治权利终身。当庭宣判的文书如何送达？定期宣判的文书如何送达？

参考该案例，熟练掌握送达文书的填写以及送达方式。

2. 刑事案件的各种裁判文书。

四、实训情境设计

1. 教师说明实训内容、目的和要求。

2. 教师提供各个案例的背景资料，由学生分角色扮演模拟有关刑事案件场景，进行各种裁判文书的送达方式和途径的演练。

3. 教师对本次实训课进行总结，学生写出实训报告或心得。

　　附件

参考：《最高人民法院关于适用〈中华人民共和国刑事诉讼法〉的解释》第247条。

学习任务八　办理报结、报送、退卷、执行

任务导入

　　书记员小黄顺利完成了被告人范某某故意伤害一案的裁判文书送达工作，法官王某告诉小黄可以将该案件录入电脑报结了。案件报结以后，附带民事诉讼原告人在法定期限内提起上诉。假设你作为书记员，案件审结以后，如何进行录入和报结工作？附带民事诉讼原告人上诉之后如何处理？二审审结之后应该如何处理？

　　任务分析：办理报结、报送、退卷、执行涉及的内容为办理报结、办理上诉案件的报送、办理上诉案件的退卷、办理生效裁判的移送执行等内容。

　　基本知识

一、结案后的录入和报结工作

　　案件结案以后，应当及时将案件审理各个阶段的信息录入到法院信息管理系统中，录入电脑的信息应当与案卷材料中的信息保持一致，录入信息的内容包括：合议庭组成人员和书记员，开庭的时间，地点，各种通知书，开庭笔录，合议庭评议笔录，结案方式，裁判结果，宣判时间，裁判文书送达日期，结案案

由，结案日期，相关判决书、裁定书等主要内容。在法院信息管理系统中完成案件报结工作后，案件进入结案库中，案件的审理阶段正式结束。

二、一审刑事案件审结后的上诉工作

（一）审查上诉、抗诉是否在法定期限内

《刑事诉讼法》对一审判决、裁定的上诉期限作了明确规定，当事人不服一审刑事判决的上诉期限是收到一审判决书后的 10 日内，当事人不服一审裁定的上诉期限是收到裁定书后的 5 日内。超过法定期限，当事人丧失上诉的权利，一审刑事判决书或刑事裁定书生效。当事人的任何一方在法定期限内上诉或检察院抗诉的，案件都必须进入二审程序。

因此，当事人在法定期限内上诉的或者检察院在法定期限内抗诉的，书记员应首先审查其上诉或抗诉是否在法定期限内。对符合上诉期限的上诉、抗诉，收取当事人提交的上诉状或抗诉书；对不符合法定期限的上诉、抗诉，不收取当事人提交的上诉状或检察院的抗诉书。上诉或抗诉应当向原审人民法院提出，直接向二审人民法院提出上诉的，二审人民法院应当在 3 日内将上诉状转交一审人民法院。书记员应当对上诉状进行审查，审查上诉状的内容，并且要求上诉人按照对方当事人或代表人的人数提交上诉状副本。原审人民法院应当在 3 日内将上诉状副本送交同级人民检察院和对方当事人。

（二）向二审法院移送上诉案件的卷宗材料

一审法院应当将上诉材料准备齐全，之后将上诉材料及其他案件材料装订入一审卷宗。

（三）二审案件审结之后的工作

二审案件结案后，书记员应当对一审卷宗中需要复印的重要证据材料进行复印，装订入二审卷宗。书记员将二审法院裁判文书送达给当事人及检察院后，应当及时将一审案卷退回原审人民法院。在退回一审卷宗时需要填写退卷函并使用送达回证。退卷函一式二份，一份交给原审人民法院，一份存入二审法院卷宗备案保存。

（四）办理执行工作

刑事裁判文书发生法律效力以后，被判处刑罚的罪犯应当交由相关部门执行具体刑罚，人民法院应当处理好刑事执行案件移送的相关事项。书记员应当在刑事判决生效后，及时办理执行的相关事项。各种判决结果在执行阶段的具体工作内容有：

1. 人民法院一审判决在押的被告人无罪、免于刑事处罚的，如果被告人在押，在宣判后应当立即释放，并通知公安机关。

2. 判处死刑立即执行的案件，在执行前，书记员应当填写验明正身笔录，执行后，制作执行死刑笔录，交付执行的人民法院应当将死刑执行情况报告最高人民法院并通知罪犯家属。

验明正身笔录的填写需要注意：对于验明正身笔录要记录完整、准确。对于审判人员对死刑犯的自然情况的问答以及对犯罪事实和死刑犯的问答，要准确记录，不能随意省略。对于验明正身的笔录的时间要精确到分；笔录结尾处，由指挥执行的审判员、书记员签名。

验明正身笔录

（执行死刑用）

案由：

死刑罪犯姓名：

时间：　　年　　月　　日　　时　　分

地点：

指挥执行的审判人员：

书记员：

临场监督人：　　　×××人民检察院检察员××、×××

审：（核对死刑罪犯的姓名、性别、出生年月日、民族、出生地、文化程度、住址等）

答：

审：（核对犯罪事实）

答：

审：你有没有遗言或信札，还有什么话要说？

答：

执行死刑笔录的填写需要注意：对于指挥执行的审判人员、临场监督人、法医或检验人、书记员在笔录结尾处要共同签名。对于执行的方式以及验尸情况均应详细记录，对于执行死刑笔录中附件死刑罪犯的照片，应当在执行后及时整理附卷。

执行死刑笔录

（刑事案件用）

案由：

死刑罪犯姓名：

执行方法：

执行地点：

执行时间：　　年　　月　　日　　时　　分　　　　天气：

指挥执行的审判人员：

临场监督人：××人民检察院检察员××、×××

执行人：

执行死刑情况：

法医（或者检验人）验明毙命情况：

指挥执行的审判人员：（签名）

临场监督人：（签名）

法医或检验人：（签名）

书记员：（签名）

死刑罪犯执行完毕后，应当及时通知罪犯家属限期领取罪犯尸体或骨灰，对于死刑罪犯的尸体或者骨灰的领取和处理情况，应当制作领取骨灰（或尸体）通知书，记录在卷。

3. 对于判处死刑缓期二年执行、无期徒刑、有期徒刑的罪犯，书记员应当及时将人民法院的判决书、裁定书、人民检察院的起诉书副本、人民法院执行通知书、结案登记表及时送达看守所，由公安机关将罪犯交付监狱执行。无期徒刑、有期徒刑的执行场所为监狱。罪犯在被交付执行前，剩余刑期在3个月以下的，由看守所代为执行。被判处上述刑罚的未成年犯应当在未成年犯管教所执行刑罚。

4. 被判处拘役、管制、缓刑的罪犯由公安机关执行，在判决书、裁定书生效后，由交付执行的人民法院将判决书、裁定书、人民检察院的起诉书副本、人民法院的执行通知书、结案登记表及时送达公安机关或社区矫正机构。

基本程序

一、办理报结

步骤1：刑事审判发生法律效力后，填制罪犯结案登记表和执行通知，填写处理结果和结案日期，录入案件审判流程管理系统。

步骤2：将罪犯结案登记表和执行通知一并送交看守所（发布执行死刑罪犯布告、告知死刑犯家属领取骨灰通知书、刑罚执行通知书等）。

步骤3：将审判员填写的结案卡片收集、保管好，完成案件的报结工作。

二、办理上诉、抗诉案件的报送

步骤1：接收上诉状、抗诉书。

步骤2：送达上诉状副本、抗诉书副本。

步骤3：将全部案卷、证据、报送上诉（抗诉）案件函报送第二审人民法院审查。

三、办理上诉、抗诉案件的退卷

步骤：二审案件结案后，应填写委托宣判函、退卷函，与二审判决书（裁定书）、送达回证、宣判笔录、原审卷宗一并退回原审法院。

四、办理生效裁判的执行

刑事执行案件的移送主要包括有关执行通知书的填制和执行材料的移送。如果被告人收到判决的10日内，没有向上一级法院上诉，检察院也没有抗诉，一审法院的判决就正式生效了，这个时候就需要把羁押在看守所的犯人移送到各个相应的监狱服刑，而从法院寄出来的移送执行通知书就是转移囚犯的一个必备的文件。为了及时移送犯人入监，书记员必须及时地填写相关的执行材料。判处缓刑的要填写缓刑相关材料，并将相关材料移送公安机关及司法局、检察院监所科和社区矫正机构。

任务拓展

1. 查阅相关材料，并结合法院工作实际情况，思考并掌握哪些刑罚应当由法院执行，哪些刑罚由公安机关执行。

2. 查阅相关材料，结合法院实际，思考并掌握死刑缓期二年执行通知书、无期徒刑执行通知书、有期徒刑和拘役执行通知书、有期徒刑和拘役缓刑执行通知书、管制执行通知书、单处剥夺政治权利执行通知书的填制与执行材料的送交。

实训设计

一、实训目的

通过训练，能够掌握办理刑事案件上诉、调卷、退卷、执行等的相关事务。

二、实训内容

准确填写移送上诉函、调卷函、退卷函、执行通知书和结案登记表等相关文书。

三、实训素材

1. 刑事案件案例：被告人杨某与任某（女）有不正当男女关系，欲长期姘居，遂密谋杀害被告人任某的丈夫郝某某，为此二人共同准备了编织袋和绳子。2013 年 6 月 11 日左右，被告人杨某购买灭鼠药 2 瓶，由被告人任某将灭鼠药掺入郝某某的饭中，但因毒药剂量不大未致郝某某死亡。同年 8 月间，被告人杨某又购买 4 瓶灭鼠药再次交予被告人任某，被告人任某于 8 月 15 日晚再次将所买灭鼠药全部掺入郝某某的饭中给郝某某服下，直至翌日晚，郝某某仍未死亡。期间二被告人通过手机短信联系如何处理郝某某。当晚 22 时被告人杨某持一木棍来到被告人任某家中，用木棍击打郝某某头部致郝某某死亡。后被告人杨某骑摩托车将装入编织袋内的尸体抛弃于某村村北一塌陷的坟地内，并于 16 日中午将郝某某的衣物、手机等随身物品分地点抛弃。经鉴定，郝某某符合头部受钝性外力作用致严重颅脑损伤合并氟乙酰胺类鼠药中毒死亡。一审法院受理后，依法作出判决：以故意杀人罪判处被告人杨某死刑，缓期二年执行，剥夺政治权利终身；以故意杀人罪判处被告人任某无期徒刑，剥夺政治权利终身。你认为，案件审结后，应当如何报结？如果被告人杨某不服一审判决，如何提出上诉？假设二被告人在法定期限内均没有上诉，检察院也没有提起抗诉，一审法院是否可以直接下达执行通知书？掌握填写执行通知书的注意事项。

2. 刑事案件的上诉、调卷、退卷、执行等文书。

四、实训情境设计

1. 教师说明实训内容、目的和要求。

2. 教师提供各个案例的背景资料，由学生分角色扮演模拟有关刑事案件场景进行办理上诉、调卷、退卷、执行等事务的演练。

3. 教师对本次实训课进行总结，学生写出实训报告或心得。

附件

参考：《最高人民法院关于适用〈中华人民共和国刑事诉讼法〉的解释》第 302、303、429、431、432、434、436～438 条。

学习任务九　案卷整理归档

任务导入

2013 年在全省法院案卷材料评查中，案卷评查组对某某人民法院的被告人王某某故意伤害一案的案卷材料进行了评查，在评查卷宗中发现该刑事案件正卷中缺失立案审批表、送达起诉书副本笔录，法庭审理笔录中没有承办法官和书记员的签名，死刑案件综合审理报告在正卷中装订，审判委员会笔录中的审判委员会委员签名不全等问题。

请问：在案卷材料装订中，哪些属于正卷装订的内容？哪些属于副卷装订的内容？

任务分析：案卷整理归档涉及的内容为立卷、配合案卷评查和案卷归档。

基本知识

一、立卷、整理

立卷归档是案件审结后最主要、最核心的工作。书记员在案件审结后应及时收集、整理一、二审案件的诉讼材料，并按照《人民法院诉讼文书立卷归档办法》的要求对案卷材料进行立卷、整理、装订。

二、案件质量评查

案件质量评查，是指上级政府相关部门、上级法院或各级法院自身对已经发生法律效力的刑事案件，从立案到结案、执行的处理、法律文书质量、案卷归档整理等各个方面是否严格执行情况进行的评查工作，是一种事后监督方式或措施。案件质量的评查包括实体和程序两个方面。

1. 实体方面。主要是针对认定案件事实的主要证据是否真实、充分，案件的事实是否客观准确、适用法律法规是否正确等方面进行验收审查。

2. 程序方面。主要是针对立案、庭前审查、庭审过程、法律文书的送达、宣判、执行等方面是否按照法律的期限和程序进行，是否严格按照审判流程操作，是否做到了充分保障当事人的权益、卷宗材料装订方法和顺序是否符合法律规定等方面进行验收审查。

三、案卷归档

人民法院在诉讼活动中形成的诉讼档案，是审判活动的真实记录，反映了人民法院执行国家法律、法规、政策的情况以及人民法院的基本职能，也是人民法院进行审判活动的主要依据。书记员负责归档工作，是人民法院书记员工作的重要组成部分，卷宗质量的好坏，直接影响到诉讼档案的保存，反映人民法院办理案件的质量。

基本程序

一、立卷

案件办结后，要认真检查全案的文书材料是否收集齐全，去掉与本案无关的材料再进行排列，排列的顺序基本是按照法定审判程序的顺序进行的。入卷的诉讼文书应当保留原件，没有原件可保存一份复制件并注明没有原件的原因。无法装订的证物可拍照入卷。纸张过大要修剪折叠，过小要贴在 A4 纸上。卷内不要留有金属物，比如订书针一定要去除。页码用阿拉伯数字编写，背面无字迹的、卷宗封面、卷内目录、备考表、证物袋、卷底上不编号。案卷装订完，编写好页码后，要按要求认真填写目录及卷宗封面，避免漏填、错填。材料过多的，分册装订。

步骤 1：收集案卷材料。

（1）人民法院在收案以后，经办书记员应即开始收集有关本案的各种诉讼文书材料，着手立卷工作。在案件办结以后，要认真检查全案的文书材料是否收集齐全，发现法律手续不完备的，应及时补齐或补救。

（2）卷内诉讼文书材料，一般只保存一份（有特殊情况除外），重份的文书材料一律剔除。多余的判决书、裁定书、调解书，为备日后查考，可保留三份夹在已装订好的卷内。

（3）按审判监督程序处理已转化成为审判案件的，或经审判监督处理已起重大作用（如平反、改判）的申诉，其形成的诉讼文书材料，应按审判案件的立卷标准立卷。

（4）具有下列情况之一的刑事申诉或人民来信，可以不立卷归档：①不属法院业务范围归口交办的人民来信；②答复来信来访人到有关法院直诉的信件或记录；③询问一般法律手续问题的来信来访；④没有参考价值的信封；⑤内容、地址不清的申诉信件；⑥确系精神病人的来信；⑦刑事案件申诉中内容相同的重份材料；⑧法律、法规复制件。

步骤2：整理材料。

（1）检查案卷材料是否齐全。如上诉状、答辩状等，不完整的要补齐。

（2）询问笔录或庭审笔录、合议庭评议笔录中合议庭成员或当事人签名是否齐全。

（3）审委会笔录中审委会委员签名是否齐全，人员是否符合法律规定。

（4）刑事判决书或裁定书中有无"本件与原件核对无异"章。

（5）送达回证中填发人及送达人是否署名，送达内容是否填写规范（法院名称是否填写）。

（6）剔除材料、文书中的金属物，以防时间长了污损案卷。

（7）将纸张顶部未分离的部分及时分开，方便页码的编写，防止编写过程中发生漏页现象。

（8）将卷内材料按照装订顺序排列整齐。文件材料的排列，总的要求是按照诉讼程序的客观进程所形成文书时间的自然顺序，兼顾文件之间的有机联系进行排列。

（9）排列后要检查有无倒页、错页、漏页、串页以及错装入其他案卷材料的内容。

（10）对于尺寸不标准的材料应进行修整，超过的要裁剪或折叠，过小的要进行加边加衬或粘贴。加边、加衬、折叠均以 A4 纸为准。在粘贴过程中注意将所粘贴材料靠纸张的右边和下边。

（11）如果卷内材料有破损或褪色的要进行修补或复制。

（12）检查复印件材料是否清晰，对字迹难以辨认的材料，应附上抄件或者重新复印。

（13）对于传真要进行复印，以复印件入卷，以防长时间后褪色。

（14）需要附卷保存的信封，要拆开加粘衬纸，邮票不得去掉。

（15）外文及少数民族文字材料应附上汉语译文。

步骤3：排列材料。诉讼文书材料的排列顺序，总的要求是，按照诉讼程序中审理程序所形成文书的时间顺序进行排列，具体顺序详见《人民法院诉讼文书立卷归档办法》。

步骤4：立卷编目。

（1）一个案件的诉讼文书材料经过系统排列后，要逐页编号。卷宗封面、卷内目录、卷底、备考表不编页码。页码编在右上角，一律使用阿拉伯数字。字体要整齐、清楚。

（2）要认真登记好卷内目录。一份诉讼文书材料编一个顺序号，判决书、裁定书的原本和正本编一个顺序号。卷内目录应按卷内诉讼文书材料排列顺序逐件填写，标明起止号，字迹要工整、清晰。

（3）卷宗封面所列的各个项目，都要用毛笔或钢笔、碳素笔逐项填写齐全，书写要工整。其中结案日期以裁判文书送达日期为准。

步骤5：装订卷宗。

（1）装订前要做好诉讼文书材料的检查。

（2）一个案件的诉讼文书材料，每卷以200张左右为宜，过多时应按形成的顺序分册订卷，并予以标明。

（3）卷宗必须用线绳三眼装订牢固，不要漏订。长度应在18厘米左右。

（4）人民法院的诉讼文书材料，要单独立卷，不要与公安机关预审卷、检察机关起诉卷混订或合订。

（5）卷宗装订以后，应检查文件材料有无漏订现象，然后在卷底装订线上贴上封纸，并用承办书记员名章加盖于骑缝处。

（6）给卷内材料编写页码。页码要逐页编写，注意连贯；页号一律用阿拉伯数字编写，双面均有文字的材料，两面都要编写页码，正面的写在右上角，背面的写在左上角；卷宗封面、卷内目录、备考表、证物袋、卷底不编号。

（7）填写卷内目录。卷内目录应按照诉讼文书材料排列顺序逐页填写；文书材料名称和页码要与卷内材料实际情况吻合；目录下方"附证物袋"也要记得填写，如没有证物则划除。

（8）填写卷面。卷面填写必须使用碳素、蓝黑钢笔，不得使用油笔或纯蓝墨水，以防褪色；卷面中填写的合议庭成员和书记员要与判决文书中的一致；结案时间要填写裁判文书送达日期（不是裁判文书上的落款时间）。

二、配合案卷评查

对于案卷评查的办法和标准而言，我国人民法院都有各自的规定，基本上都涉及程序方面、实体方面和文书卷宗方面。程序方面主要涉及程序是否合法；实体方面包括：事实认定是否清楚，证据是否充分，定性是否准确，适用法律是否正确，法律文书的制作是否规范，裁判结果是否公正；文书卷宗方面主要涉及卷宗材料是否齐全，装订是否规范。

步骤1：将已装订的卷宗移交法院评查部门进行评查。

步骤2：如果卷宗评查合格，审判庭书记员才能进行案卷归档；如果卷宗评查不合格，审判庭书记员纠正后，将卷宗移交法院评查部门再进行评查。

三、案卷归档

步骤1：案件结案后3个月内由书记员编写归档清册。

步骤2：向档案管理部门移交归档。

任务拓展

1. 查阅有关法律文件和案例等相关材料，并结合法院工作实际情况，思考并掌握刑事案件立卷编目的方法。

2. 查阅有关法律文件和案例等相关材料，并结合法院工作实际情况，思考并掌握装订刑事案件卷宗的方法。

3. 查阅有关法律文件和案例等相关材料，并结合法院工作实际情况，思考并掌握提高刑事案件的案卷评查合格率的方法。

实训设计

一、实训目的

通过训练，能够掌握刑事案件案卷的整理装订，并能对案卷进行正确地归档。

二、实训内容

刑事案件案卷材料的整理装订。

三、实训素材

1. 刑事案件案例：2013 年 7 月 5 日 12 时许，被告人周某与被害人薛某在某市某村一铝矿洞口附近的窑洞内喝酒。期间，双方因琐事发生口角，进而厮打在一起。被告人周某持铁锤、被害人薛某持菜刀，打斗过程中，周某用铁锤向薛某头部击打一下，后又抢过薛某手中的菜刀向薛某的头部、身上连砍数刀后逃离现场，被害人薛某当场死亡。案发后第二天被告人周某在其妻子陪同下到公安机关投案自首。经法医鉴定，薛某系创伤失血性休克死亡。认定上述事实的证据有报案材料、证人证言、书证、现场勘查笔录及照片、鉴定意见、被告人供述与辩解等。一审根据事实和法律依法作出相应的判决：以故意杀人罪判处被告人周某死刑，缓期二年执行，剥夺政治权利终身。一审宣判后，被告人周某没有上诉，检察机关亦没有抗诉，后省高院经过复核审理，依法核准一审判决。你认为，就该案件，书记员应当如何立卷和归档？案卷整理过程当中，应当注意哪些事项？以此案件为基础，延伸相关材料，模拟书记员的案卷装订与归档。

2. 刑事案件卷宗材料若干，案卷装订工具若干。

四、实训情境设计

1. 教师说明实训内容、目的和要求。

2. 教师提供刑事案例的背景资料，由学生分角色扮演模拟刑事案件书记员，进行案卷整理与装订。

3. 教师对本次实训课进行总结，学生写出实训报告或心得。

附件

参考：《人民法院诉讼文书立卷归档办法》；《人民法院诉讼档案管理办法》；《关于人民法院诉讼档案保管期限的规定》；《人民法院诉讼档案保管期限表》。

学习情境三　行政案件书记员工作流程

行政审判的书记员工作与民事审判的书记员工作相比较，两者有许多方面相同或相似，因此，本部分的编写就不过多赘述。

学习任务一　案件的受理

任务导入

某市工商行政管理局工作人员与该市产品质量监督检验所工作人员一起对"天田牌"腐竹进行了抽样检验，经鉴定该产品的甲醛超标。某市工商行政管理局对该产品生产商欣达公司作出行政处罚，欣达公司向该市所在的省工商行政管理局申请行政复议，该局维持了该处罚决定。欣达公司不服，以该市工商行政管理局为被告向法院提起行政诉讼。

你作为立案庭的书记员，如何确定欣达公司的诉求能否受理？若能立案，该如何收取诉讼费用？应向欣达公司送达哪些法律文书？如何确定该案件的案号？怎么将案件移交到审判庭？

任务分析：该部分内容包括辅助立案与整理、移送案件、审查相关案件材料、案件登记、办理调卷、整理装订案件、汇报案件等任务。

基本知识

一、起诉的条件

《行政诉讼法》第49条规定，提起诉讼应当符合下列条件：①原告是符合本法第25条规定的公民、法人或者其他组织；②有明确的被告；③有具体的诉讼请求和事实根据；④属于人民法院受案范围和受诉人民法院管辖。

二、立案期限

《行政诉讼法》第51条第1款、第2款规定，人民法院在接到起诉状时对符合本法规定的起诉条件的，应当登记立案。对当场不能判定是否符合本法规定的起诉条件的，应当接收起诉状，出具注明收到日期的书面凭证，并在七日内决定是否立案。不符合起诉条件的，作出不予立案的裁定。裁定书应当载明不予立案的理由。原告对裁定不服的，可以提起上诉。

三、上诉期

《行政诉讼法》第 85 条规定，当事人不服人民法院第一审判决的，有权在判决书送达之日起 15 日内向上一级人民法院提起上诉。当事人不服人民法院第一审裁定的，有权在裁定书送达之日起 10 日内向上一级人民法院提起上诉。逾期不提起上诉的，人民法院的第一审判决或者裁定发生法律效力。

四、当事人申请再审的期限

《最高人民法院关于执行〈中华人民共和国行政诉讼法〉若干问题的解释》第 73 条规定，当事人申请再审，应当在判决、裁定发生法律效力后 2 年内提出。当事人对已经发生法律效力的行政赔偿调解书，提出证据证明调解违反自愿原则或者调解协议的内容违反法律规定的，可以在 2 年内申请再审。

五、立案庭移交案件的期限

《最高人民法院关于人民法院立案工作的暂行规定》第 15 条规定，决定立案后，立案机构应当在 2 日内将案件移送有关审判庭审理，并办理移交手续，注明移交日期。经审查决定受理或立案登记的日期为立案日期。

六、行政案件案由

案由包括民事案件案由、行政案件案由和刑事案件案由。在书记员实务工作中，案由是书记员必须掌握的法律知识。案件案由的作用在于有利于法院监督和管理行政案件，有利于立案庭将案件合理分配到各行政审判庭，有利于书记员提高办理诉讼业务效率，有利于方便当事人诉讼。

《最高人民法院关于规范行政案件案由的通知》规定，为规范行政案件案由，根据《中华人民共和国行政诉讼法》等法律的规定和行政案件的特点，结合行政审判实践经验，就有关行政案件案由问题提出如下意见：

（一）行政案件案由的构成要素和确定方法

行政案件的案由分为作为类案件、不作为类案件和行政赔偿类案件。其确定方法如下：

1. 作为类案件案由的构成要素和确定方法。确定作为类案件案由的基本方法是划分案件的类别，以行政管理范围为"类"，以具体行政行为种类为"别"进行构造。案由的结构应当具备以下两个要素：

（1）行政管理范围。行政管理范围是指行政主体代表国家管理行政事务的领域。以行政管理范围作为行政案件案由的第一个要素，将行政案件初步分为"公安"、"工商"、"税务"等行政纠纷，从类上区别开来。

一般情况下，以行政管理范围作为案由的第一构成要素，分类后无须再作分解，如海关、计划生育、税务等，直接以"海关"、"计划生育"、"税务"作为案由第一构成要素；对个别行政管理范围比较宽泛的领域，如公安行政管理，可细分为治安管理、消防管理等，可以细化、分解后的具体管理范围，将"治安"、"消防"等作为第一构成要素用语。是否分解，应当结合案件实际，以表述简洁、清楚为原则。

（2）具体行政行为种类。以具体行政行为的种类或性质，如"行政处罚"、"行政许可"、"行政确认"等，作为案由的第二个构成要素。具体行政行为的表现形式，如行政处罚中的罚款、拘留等，不以构成要素出现，而均以"行政处罚"代之。

综合上述两个要素，行政作为类案件案由的结构为：管理范围＋具体行政行为种类。以诉公安机关所作的行政拘留处罚为例，案由应确定为"治安行政处罚"。"治安"为公安行政管理范围之下具体的治安管理；"行政处罚"则是具体行政行为的种类，不用具体的处罚形式"拘留"进行表述。以海关作出没收走私物品的行为为例，其案由应确定为"海关行政处罚"。海关管理范围相对窄一些，无须再作分解，可直接以"海关"作为第一构成要素。

2. 不作为类案件案由的构成要素和确定方法。不作为类案件的案由，原则上仍适用上述作为类案件的两种构成要素的结构，但又要体现此类案件的特色，其确定方法是：以"诉"作为此类案件案由的第一个构成要素；以行政主体的类别作为第二个构成要素，如"工商行政管理机关"、"海关"等；以不履行特定行政职责或义务作为第三个构成要素。以公安机关不履行保护人身权法定职责案为例，案由确定为"诉公安机关不履行保护人身权法定职责"。"履行……法定职责"中要求履行的是何种职责，应当根据案件的具体情况确定，如可以具体区分为"诉××（行政主体）不履行保护人身权（财产权）法定职责"、"诉××（行政主体）不履行行政合同义务"、"诉××（房屋管理机关等）不履行登记法定职责"等。

3. 行政赔偿类案件案由的构成要素和确定方法。行政赔偿类案件分为两种情况，即一并提起行政赔偿和单独提起行政赔偿。对于一并提起的行政赔偿案件，在被诉具体行政行为案件案由后加"及行政赔偿"一语即可。如"工商行政登记及行政赔偿"、"诉公安机关不履行保护人身权法定职责及行政赔偿"等。对于单独提起行政赔偿的案件，案由的确定方法为：行政管理范围＋行政赔偿。以税务工作人员在执法中致人伤亡单独提起行政赔偿之诉为例，如"税务行政赔偿"等。

（二）案由适用范围和确定时间

在立案审查阶段，可以根据当事人的起诉确定初步案由。在审理阶段，如果发现初步确定的案由不准确时，应当根据审理后确定的法律关系性质来确定结案案由。因此，本规定既适用于审查起诉阶段，也适用于审理阶段，但法律文书和卷宗封面等均应以结案案由为准。

（三）难以确定案由情况的处理

当出现行政管理范围和具体行政行为种类难以界定、案由难以确定的情况时，可以作为例外情况酌情确定案由。如起诉乡镇人民政府的一些越权行政行为或者不作为案件，就很难确定管理范围，也很难确定其行政行为的种类，这时，可以用"乡（镇）政府行政处理"、"诉乡（镇）政府不履行法定职责或行政义务"等作为案由。

不属于行政诉讼受案范围的案件，在裁定不予受理或驳回起诉时，案由可通过概括当事人诉讼请求的方式来确定。

七、诉讼费用

（一）诉讼费用交纳的范围

案件受理费；申请费；证人、鉴定人、翻译人员、理算人员在人民法院指定日期出庭发生的交通费、住宿费、生活费和误工补贴。

（二）诉讼费用交纳的主体

1. 我国《诉讼费用交纳办法》规定，案件受理费由原告、有独立请求权的第三人、上诉人预交。被告提起反诉，依照本办法规定需要交纳案件受理费的，由被告预交。追索劳动报酬的案件可以不预交案件受理费。上诉案件的案件受理费由上诉人向人民法院提交上诉状时预交。双方当事人都提起上诉的，分别预交。但是，下列案件不交纳案件受理费：①裁定不予受理、驳回起诉、驳回上诉的案件；②对不予受理、驳回起诉和管辖权异议裁定不服，提起上诉的案件；③行政赔偿案件；④根据《行政诉讼法》规定的审判监督程序审理的案件。但是，下列情形的，由申请再审的当事人预交，双方当事人都申请再审的，分别预交：①当事人有新的证据，足以推翻原判决、裁定，向人民法院申请再审，人民法院经审查决定再审的案件；②当事人对人民法院第一审判决或者裁定未提出上诉，第一审判决、裁定或者调解书发生法律效力后又申请再审，人民法院经审查决定再审的案件。

2. 我国《诉讼费用交纳办法》规定，申请费由申请人预交，但是，对于申请执行人民法院发生法律效力的判决、裁定、调解书，仲裁机构依法作出的裁决和调解书，公证机构依法赋予强制执行效力的债权文书的，以及申请破产的，申请费不由申请人预交，执行申请费执行后交纳，破产申请费清算后交纳。

（三）诉讼费用交纳的时间

我国《诉讼费用交纳办法》规定，原告自接到人民法院交纳诉讼费用通知次日起7日内交纳案件受理费；反诉案件由提起反诉的当事人自提起反诉次日起7日内交纳案件受理费。

上诉案件的案件受理费由上诉人向人民法院提交上诉状时预交。上诉人在上诉期内未预交诉讼费用的，人民法院应当通知其在七日内预交。

申请费用申请人在提出申请时或者在人民法院指定的期限内预交。执行申请费执行后交纳，破产申请费清算后交纳。

当事人逾期不交纳诉讼费用又未提出司法救助申请，或者申请司法救助未获批准，在人民法院指定期限内仍未交纳诉讼费用的，由人民法院依照有关规定处理。

（四）诉讼费用交纳的缓交、减交或者免交

我国《诉讼费用交纳办法》规定，当事人交纳诉讼费用确有困难的，可以依照本办法向人民法院申请缓交、减交或者免交诉讼费用的司法救助。诉讼费用的免交只适用于自然人。人民法院对一方当事人提供司法救助，对方当事人败诉的，诉讼费用由对方当事人负担；对方当事人胜诉的，可以视申请司法救助的当事人的经济状况决定其减交、免交诉讼费用。

1. 诉讼费用交纳的免交。我国《诉讼费用交纳办法》规定，当事人申请司法救助，符合下列情形之一的，人民法院应当准予免交诉讼费用：①残疾人无固定生活来源的；②追索赡养费、扶养费、抚育费、抚恤金的；③最低生活保障对象、农村特困定期救济对象、农村五保供养对象或者领取失业保险金人员，无其他收入的；④因见义勇为或者为保护社会公共利益致使自身合法权益受到损害，本人或者其近亲属请求赔偿或者补偿的；⑤确实需要免交的其他情形。

2. 诉讼费用交纳的减交。我国《诉讼费用交纳办法》规定，当事人申请司法救助，符合下列情形之一的，人民法院应当准予减交诉讼费用：①因自然灾害等不可抗力造成生活困难，正在接受社会救济，或者家庭生产经营难以为继的；②属于国家规定的优抚、安置对象的；③社会福利机构和救助管理站；④确实需要减交的其他情形。人民法院准予减交诉讼费用的，减交比例不得低于30%。

3. 诉讼费用交纳的缓交。我国《诉讼费用交纳办法》规定，当事人申请司法救助，符合下列情形之一的，人民法院应当准予缓交诉讼费用：①追索社会保险金、经济补偿金的；②海上事故、交通事故、医疗事故、工伤事故、产品质量事故或者其他人身伤害事故的受害人请求赔偿的；③正在接受有关部门法律援助的；④确实需要缓交的其他情形。

基本程序

一、辅助立案与整理、移交案件

立案庭接收到原告的起诉材料、上诉人的上诉材料、一审法院移送的上诉材料、再审申请人申请再审的材料后，立案庭的书记员应当辅助法官办理立案与案件的整理、移交工作。

步骤1：辅助法官办理立案工作。

（1）对于一审案件而言，立案庭书记员需要完成以下工作：①填写立案审批表；②向原告预收诉讼费用；③如果能够当场向原告送达诉讼文书的，立案庭书记员应当场送达案件受理通知书、诉讼须知、举证通知书、送达地址确认书、授权委托书和法定代表人身份证明书等诉讼文书；④办理证据材料和诉讼材料签收；⑤录入案件审判流程管理系统，系统自动生成案号。

（2）对于二审案件而言，立案庭书记员需要完成以下工作：①书记员应当接收下级法院移送的上诉材料时，检查上诉材料是否齐全，检查内容包括：上诉移送函、上诉状、预收上诉费证明、答辩状、一审判决书（裁定书）3份、全部案卷材料和证据、案件审结报告、送达回证等其他诉讼材料；②填写立案审批表；③录入案件审判流程管理系统，系统自动生成案号。

注意：当事人直接向第二审人民法院上诉的，立案庭书记员应在5日内将上诉状移交原审人民法院。

（3）对于申请再审案件而言，立案庭书记员需要完成以下工作：①填写立案审批表；②如果能够当场向申请再审人送达诉讼文书的，立案庭书记员应当场送达再审裁定书或再审决定书、案件受理通知书、诉讼须知、举证通知书、送达地址确认书、授权委托书和法定代表人身份证明书等诉讼文书；③录入案件审判流程管理系统，系统自动生成案号。

（4）对于人民检察院抗诉的再审案件、最高人民法院或者上级人民法院、本院决定再审的案件而言，立案庭书记员需要完成以下工作：①填制立案审批表；②录入案件审判流程管理系统，系统自动生成案号。

步骤2：办理案件辅助分案、移交工作——立案庭书记员辅助分案、将案件材料移交审判庭书记员或者审监庭书记员。

辅助法官分案，立案庭书记员收集各审判庭、执行庭、审判监督庭的收案数据，报送分案法官，由分案法官进行分配案件，书记员录入案件审判流程管理系统。合理分案有利于审判庭、执行庭、审判监督庭等司法资源合理调配和充分利用，有利于审判庭、执行庭、审判监督庭等业务庭提高办案效率，有利于减少法院办案周期，方便当事人进行诉讼。

立案庭书记员将案件材料移送审判庭书记员或者审监庭书记员签收。

二、审查

接收立案庭书记员移交的案件时，审判庭书记员或者审监庭书记员要审查相关案件材料。

1. 对于一审案件而言，审判庭书记员需要审查的诉讼文书包括：立案审批表、起诉状及其副本、预收诉讼费用凭据、诉讼当事人和其他诉讼参与人的身份证明、证据材料及其清单等诉讼文书。欠缺的材料和手续应及时地告知当事人补齐。

注意：如果能够当场向原告送达诉讼文书的，审判庭书记员需要审查是否有案件受理通知书。

2. 对于二审案件而言，立案庭书记员需要审查的诉讼文书包括：上诉移送函、上诉状、预收上诉费证明、答辩状、一审判决书（裁定书）、诉前保全裁定、立案审批表、诉讼当事人和其他诉讼参与人的身份证明、证据材料及其清单等诉讼文书。

3. 对于申请再审案件而言，审监庭书记员需要审查的诉讼文书包括：立案审批表、再审裁定书或再审决定书、诉讼当事人和其他诉讼参与人的身份证明、证据材料及其清单等诉讼文书。

注意：如果能够当场向申请再审人送达诉讼文书的，审判庭书记员需要审查是否有案件受理通知书。

4. 对于人民检察院抗诉的再审案件、最高人民法院或者上级人民法院、本院决定再审的案件而言，审监庭书记员需要审查的诉讼文书包括：再审裁定书、立案审批表、诉讼当事人和其他诉讼参与人的身份证明、证据材料及其清单等诉讼文书。

注意：由人民检察院抗诉的再审案件需审查是否有再审抗诉书。

三、登记

对案件审查完毕后，审判庭书记员在案件登记表中登记案件相关信息。

步骤1：明确案件是一审案件、二审案件还是再审案件。

步骤2：选择适用一审案件登记表、二审案件登记表或者再审案件登记表。

步骤3：填制"案件统计卡片"、"办案质量跟踪卡"。

四、办理调卷

对于再审案件而言，审监庭书记员应当根据案件需要办理案卷的调卷工作。

步骤1：填制调卷函。

步骤2：调齐一审、二审案卷。

五、整理装订

审判庭书记员将审查和登记的案件材料整理装订完毕。

步骤1：将审查和登记的案件材料整理。

步骤2：将案件材料整理完毕后，完成装订。

六、汇报

向庭长或审判长汇报接收案件的审查、登记、调阅、装订的情况。

步骤1：审判庭的书记员或内勤将收到的材料登记之后向庭长或审判长进行汇报，由庭长或审判长确定案件的具体承办人员。

步骤2：按照庭长或审判长的批注，将案件材料分别交给相应的承办审判员，并由审判员在收案登记本中签收。

任务拓展

1. 查阅有关法律文件和案例材料，并结合法院工作实际情况，掌握行政案件案由的构成要素和确定方法。

2. 查阅有关法律文件和案例材料，并结合法院工作实际情况，掌握行政案件诉讼费用的交纳和诉讼费用的司法救助办法。

实训设计

一、实训目的

通过训练，能够熟练处理行政案件的沟通审判事宜的书记员工作。

二、实训内容

行政案件的受理包括案件的接收、检查、登记、初步装订等工作。

三、实训素材

1. 行政案件案例：田某系某省某县人，在某市某区福鑫公司打工。2014 年 1 月 31 日（农历正月初一），福鑫公司副经理让田某放爆竹并将香烟给了田某，田某在点燃第二支爆竹时，由于躲闪不及，将左眼崩伤，被送往医院治疗。出院后，田某向该区劳动和社会保障局提出工伤认定申请。劳动局派人对田某被爆竹炸伤的情况进行了调查了解，同时向用人单位发出举证通知书。2014 年 4 月 28 日，该区劳动和社会保障局依据《工伤保险条例》第 14 条第 1 项的规定对田某作出"同意认定为工伤"的认定结论。用人单位不服该区劳动和社会保障局的《工伤认定决定书》，向上级劳动和社会保障部门提出复议。上级劳动主管部门维持了该区劳动和社会保障局工伤认定。用人单位福鑫公司不服，提起行政诉讼。根据以上案例思考以下问题：人民法院是否应当予以受理？如果立案，如何填写案件审批表？是否需要缴纳诉讼费？

2. 案卷材料、案件登记簿（内勤案件登记簿和收案登记簿）、装订设备等。

四、实训情境设计

1. 教师说明实训内容、目的和要求。

2. 教师提供相关背景资料，由学生分角色扮演模拟有关行政案件场景，检查案卷材料是否齐全，并对案卷物证、书证进行清点，案件信息登记，案卷初步装订，报告审判长。

3. 教师对本次实训课进行总结，学生写出实训报告或心得。

附件

参考：《中华人民共和国行政诉讼法》、《最高人民法院关于执行〈中华人民共和国行政诉讼法〉若干问题的解释》、《最高人民法院关于人民法院立案工作的暂行规定》、《最高人民法院关于规范行政案件案由的通知》、《诉讼费用交纳办法》。

学习任务二　开庭审理前的文书制作与送达

任务导入

某市人民政府为建设"魅力都市"，通知要求广告公司在限期内自行拆除设立在高速路口的高立柱广告牌；逾期不拆的，强制拆除。某广告公司未在限期内自行拆除，某市人民政府强制拆除了该高立柱广告牌。该广告公司以该市人民政府为被告向法院提起行政诉讼，法院已于 2013 年 10 月 15 日对本案进行立案。

你作为本案的书记员，应当如何确定开庭时间？如何送达相关法律文书和开庭传票？本案是否需要进行开庭公告？

任务分析：书记员开庭文书制作与送达涉及开庭审理前制作相关法律文书和送达相关法律文书。

基本知识

一、起诉状副本的送达、答辩状的提出、答辩状副本的送达

《行政诉讼法》第 67 条规定，人民法院应当在立案之日起 5 日内，将起诉状副本发送被告。被告应当在收到起诉状副本之日起 10 日内向人民法院提交作出具体行政行为的有关材料，并提交答辩状。人民法院应当在收到答辩状之日起 5 日内，将答辩状副本发送原告。被告不提出答辩状的，不影响人民法院审理。

二、受理上诉

《最高人民法院关于执行〈中华人民共和国行政诉讼法〉若干问题的解释》第 66 条规定，当事人提出上诉，应当按照其他当事人或者诉讼代表人的人数提出上诉状副本。原审人民法院收到上诉状，应当在 5 日内将上诉状副本送达其他当事人，对方当事人应当在收到上诉状副本之日起 10 日内提出答辩状。原审人民法院应当在收到答辩状之日起 5 日内将副本送达当事人。原审人民法院收到上

诉状、答辩状，应当在 5 日内连同全部案卷和证据，报送第二审人民法院。已经预收诉讼费用的，一并报送。

基本程序

一、制作

为了开庭顺利进行，在开庭审理前首先要准备相关法律文书，为送达做准备。

步骤 1：对于一审案件而言，向原告制作法律文书，包括案件受理通知书、诉讼须知、举证通知书、送达地址确认书、答辩状副本、证据材料（被告在答辩状中提出的）、开庭传票、合议庭组成人员通知书等法律文书。

对于二审案件而言，向上诉人制作法律文书，包括受理案件通知书、诉讼须知、举证通知书、送达地址确认书、答辩状副本、证据材料（被上诉人在答辩状中提出的）、开庭传票、合议庭组成人员通知书等法律文书。

对于申请再审案件而言，向申请人制作法律文书，包括再审裁定书、案件受理通知书、诉讼须知、举证通知书、送达地址确认书、答辩状副本、证据材料（被申请人在答辩状中提出的）、开庭传票、合议庭组成人员通知书等法律文书。

对于人民检察院抗诉的再审案件、最高人民法院或者上级人民法院、本院决定再审的案件而言，向当事人制作法律文书，包括再审裁定书、案件受理通知书、应诉通知书、诉讼须知、举证通知书、送达地址确认书、开庭传票、合议庭组成人员通知书等法律文书。

步骤 2：对于一审案件而言，向被告制作法律文书，包括起诉状副本、应诉通知书、诉讼须知、举证通知书、证据材料（原告在起诉状中提出的）、送达地址确认书、开庭传票、合议庭组成人员通知书等法律文书。

对于二审案件而言，向被上诉人制作法律文书，包括应诉通知书、诉讼须知、举证通知书、送达地址确认书、上诉状副本、证据材料（上诉人在上诉状中提出的）、开庭传票、合议庭组成人员通知书等法律文书。

对于申请再审案件而言，向被申请人制作法律文书，包括应诉通知书、再审申请书副本、诉讼须知、举证通知书、送达地址确认书、证据材料（申请再审人在再审申请书中提出的）、再审裁定书、开庭传票、合议庭组成人员通知书等法律文书。

步骤 3：向其他诉讼参与人制作诉讼文书，主要是出庭通知书。

二、送达

为了开庭顺利进行，在开庭审理前，制作相关法律文书完毕后，要向案件当事人和其他诉讼参与人送达相关法律文书。在我国人民法院的实务工作中，诉讼文书的送达部门有三种情况：①有些法院的法律文书送达由立案庭办理；②有些法院的法律文书送达由审判庭办理；③有些法院的法律文书送达以审判庭办理为主，以立案庭办理为辅。本书采用以审判庭办理为主，立案庭办理为辅。

（一）对于一审案件而言，送达的程序

步骤1：案件立案后，审判庭书记员向原告送达法律文书，包括案件受理通知书、诉讼须知、举证通知书、送达地址确认书、授权委托书和法定代表人身份证明书等法律文书。

注意：案件立案后，如果能够当场向原告送达法律文书的，立案庭书记员应当场向原告送达以上法律文书。

审判庭书记员向被告送达法律文书，包括起诉状副本、应诉通知书、诉讼须知、举证通知书、证据材料（原告在起诉状中提出的）、送达地址确认书、授权委托书和法定代表人身份证明书等法律文书。

步骤2：收到被告的答辩状后，审判庭书记员向原告送达法律文书，包括答辩状副本、证据材料（被告在答辩状中提出的）等法律文书。

步骤3：审判庭书记员向原告和被告送达法律文书，包括开庭传票（在某些情况下可用拘传票）、合议庭组成人员通知书。同时，向其他诉讼参与人送达的诉讼文书：出庭通知书。

（二）对于二审案件而言，送达的程序

步骤1：签收下级法院移送的上诉材料后，审判庭书记员向上诉人送达法律文书，包括受理案件通知书、诉讼须知、举证通知书、送达地址确认书、授权委托书和法定代表人身份证明书等法律文书。

步骤2：签收下级法院移送的上诉材料后，审判庭书记员向被上诉人送达法律文书，包括应诉通知书、诉讼须知、举证通知书、送达地址确认书、授权委托书和法定代表人身份证明书等法律文书。

步骤3：审判庭书记员向上诉人和被上诉人送达的法律文书，包括开庭传票（在某些情况下可用拘传票）、合议庭组成人员通知书等法律文书。同时，向其他诉讼参与人送达的法律文书：出庭通知书。

（三）对于申请再审案件而言，送达的程序

步骤1：审监庭书记员向申请再审人送达法律文书，包括再审裁定书、案件受理通知书、诉讼须知、举证通知书、送达地址确认书、授权委托书和法定代表人身份证明书等法律文书。

审监庭书记员向被申请人送达法律文书，包括再审裁定书、应诉通知书、再审申请书副本、诉讼须知、举证通知书、送达地址确认书、授权委托书和法定代表人身份证明书、证据材料（申请再审人在再审申请书中提出的）等法律文书。

步骤 2：收到被申请人的答辩状后，审监庭书记员向申请再审人送达法律文书，包括答辩状副本、证据材料（申请人在答辩状中提出的）等法律文书。

步骤 3：审监庭书记员向申请再审人和被申请人送达法律文书，包括开庭传票（在某些情况下可用拘传票）、合议庭组成人员通知书。同时，向其他诉讼参与人送达的法律文书：出庭通知书。

（四）对于人民检察院抗诉的再审案件、最高人民法院或者上级人民法院、本院决定再审的案件而言，送达的程序

步骤 1：审监庭书记员向案件双方当事人送达法律文书，包括再审裁定书、案件受理通知书、应诉通知书、诉讼须知、举证通知书、送达地址确认书、授权委托书和法定代表人身份证明书、开庭传票、合议庭组成人员通知书等法律文书。

注意：由人民检察院抗诉的再审案件需送达抗诉书副本。

步骤 2：审监庭书记员向其他诉讼参与人送达法律文书，即出庭通知书。

（五）送达回证办理程序

送达回证的办理是以上所有案件法律文书送达的最后的必经程序。

步骤 1：在以上案件法律文书送达的同时，各庭书记员将送达回证送达受送达人签收。

步骤 2：各庭书记员取回已经签收的送达回证归卷。

任务拓展

思考如何在不违反法律规定的情况下提高行政案件的送达效率？

实训设计

一、实训目的

通过训练，能够明确该环节各项具体的工作任务以及它们之间的先后顺序，能够正确填写举证通知书、合议庭通知书、传票、送达回证等文书。

二、实训内容

行政案件的副本发送及有关文书的填制。

三、实训素材

1. 行政案件案例：2013年7月2日，某市某区劳动和社会保障局在专项检查中发现建设路上某汽车装潢部招用胡姓童工一名，随即对该单位下发了劳动保障监察调查询问通知书，要求提供相关材料，该单位未能提供。劳动局于7月11日对该单位下发了劳动保障监察行政处罚事先告知书和劳动保障监察行政处罚听证告知书，于7月22日正式下发了劳动保障监察行政处罚决定书。该汽车装潢部不服该行政处罚决定，遂提起行政诉讼。根据以上案例思考以下问题：审判庭书记员应当发送哪些诉讼文书？如何填写？

2. 空白的文书样式包括：受理案件通知书、传票、举证通知书、合议庭确定通知书等文书。

四、实训情境设计

1. 教师说明实训内容、目的和要求。

2. 教师提供相关背景资料，由学生分角色扮演模拟有关行政案件场景，准备副本即填写受理案件通知书、传票、举证通知书、合议庭确定通知书等文书，并且确定发送副本所应采取的方式和途径。

3. 教师对本次实训课进行总结，学生写出实训报告或心得。

附件

参考：《中华人民共和国行政诉讼法》、《最高人民法院关于执行〈中华人民共和国行政诉讼法〉若干问题的解释》。

学习任务三　办理开庭审理前的其他事务

任务导入

星河造纸企业在某市饮用水一级水源保护区内，随意排放污水和生活垃圾，严重污染水源地。某市环保局发现后，根据《水污染防治法》的规定，向该造纸企业作出行政处罚。该造纸企业不服处罚，以该环保局为被告向法院提起行政诉讼。

现本案决定开庭审理，在开庭审理前，法官刘某安排你作为本案的书记员。请问：为了保障庭审的顺利进行，你作为本案的书记员，应当配合法官做哪些准备工作呢？

任务分析：办理审理前的其他事务涉及的内容有：保全，管辖权异议，委托鉴定，证据展示、交换，调查取证，办理人民陪审员参加法院审理活动，安排开庭时间和法庭，发布开庭公告等事务。

基本知识

一、证据保全

《行政诉讼法》第 42 条规定，在证据可能灭失或者以后难以取得的情况下，诉讼参加人可以向人民法院申请保全证据，人民法院也可以主动采取保全措施。

《最高人民法院关于行政诉讼证据若干问题的规定》第 27 条规定，当事人根据《行政诉讼法》第 36 条[1]的规定向人民法院申请保全证据的，应当在举证期限届满前以书面形式提出，并说明证据的名称和地点、保全的内容和范围、申请保全的理由等事项。当事人申请保全证据的，人民法院可以要求其提供相应的担保。法律、司法解释规定诉前保全证据的，依照其规定办理。

《最高人民法院关于行政诉讼证据若干问题的规定》第 28 条第 1 款规定，人民法院依照《行政诉讼法》第 36 条规定保全证据的，可以根据具体情况，采取查封、扣押、拍照、录音、录像、复制、鉴定、勘验、制作询问笔录等保全措施。

二、管辖权异议

《最高人民法院关于执行〈中华人民共和国行政诉讼法〉若干问题的解释》第 10 条规定，当事人提出管辖异议，应当在接到人民法院应诉通知之日起 10 日内以书面形式提出。对当事人提出的管辖异议，人民法院应当进行审查。异议成立的，裁定将案件移送有管辖权的人民法院；异议不成立的，裁定驳回。

基本程序

一、办理证据材料和诉讼材料签收

步骤 1：接收证据材料和诉讼材料。

---

〔1〕 2014 年《行政诉讼法》修改后为第 42 条，下同。

步骤2：核对证据材料和诉讼材料。

步骤3：出具凭证，签名确认。对于当事人提供的证据材料而言，出具《证据材料清单》，签名确认；对于当事人提供的证据原件或原物而言，出具《收据》，签名确认；对于当事人提交的起诉状及副本、诉讼文书送达地址确认书和申请书等诉讼材料而言，出具《诉讼材料签收单》，签名确认。

二、证据保全

在办理庭审前准备过程中，证据保全分为依申请的证据保全和依职权的证据保全两种。

（一）依申请的证据保全的程序

步骤1：接受当事人的证据保全申请，及时告知承办法官。

步骤2：对合议庭审查申请的过程和结果予以记录。

步骤3：依据合议庭的裁定办理担保。

步骤4：将证据保全裁定书交付执行庭执行，同时送达当事人。

（二）依职权的证据保全的程序

步骤1：对合议庭审查的过程和结果予以记录。

步骤2：将证据保全裁定书交付执行庭执行，同时送达当事人。

三、管辖权异议

管辖权异议应当在提交答辩状期限内提出。

步骤1：接受当事人管辖权异议申请，及时告知承办法官。

步骤2：对合议庭审查申请的过程和结果予以记录。

步骤3：将管辖权异议的裁定送达原告、被告。

步骤4：办理当事人接到裁定后的不服裁定的上诉或者接受裁定的工作。

四、办理人民陪审员参加法院审理活动

人民陪审员参加法院审理活动的前提条件是第一审人民法院决定适用普通程序审理案件。

步骤1：告知双方当事人，有权申请由人民陪审员参加合议庭审判案件。

步骤2：接到当事人在规定期限内提交的申请后，经审查符合规定的，通知政工部门采取电脑生成等方式，从人民陪审员名单中以随机抽取的方式确定人民陪审员。特殊案件需要具有特定专业知识的人民陪审员参加审判的，人民法院可以在具有相应专业知识的人民陪审员范围内随机抽取。

步骤3：送达合议庭组成人员通知书，告知双方当事人随机抽取确定人民陪审员。

步骤4：邀请人民陪审员参加法院开庭审理，与人民陪审员协调好出庭时间，同时将案件基本信息告知人民陪审员，如当事人的姓名、案由等。如果人民陪审员确有正当理由不能参加审判活动，通知政工部门及时重新确定其他人选。

步骤5：向人民陪审员送达开庭通知。

五、安排开庭时间和地点

步骤1：在答辩期届满后开庭审理前，安排开庭时间。
步骤2：在答辩期届满后开庭审理前，安排开庭地点。

六、发布开庭公告

步骤1：填制开庭公告，包括当事人的姓名、案由、开庭时间、地点。
步骤2：对于公开审理的案件，在开庭前的3日，发布开庭公告。

注意：该任务与向原告和被告送达开庭传票、合议庭组成人员通知书以及向其他诉讼参与人送达出庭通知书是同一时间，即开庭前3日内。

任务拓展

1. 查阅有关法律文件和案例等相关材料，并结合法院工作实际情况，思考并掌握证据展示、交换的工作任务程序。

2. 查阅有关法律文件和案例等相关材料，并结合法院工作实际情况，思考并掌握调查取证的工作任务程序。

实训设计

一、实训目的

通过训练，能够明确和掌握办理庭审前行政案件证据保全、管辖权异议等其他事务。

二、实训内容

办理庭审前行政案件证据保全、管辖权异议等其他事务。

三、实训素材

1. 行政案件案例：张某系某市某区郝家沟村民，张某称，2014 年 3 月，其与邻居因相邻关系发生纠纷，在查看自己的《宅基地使用证》时，发现其宅基地的范围与实际不符，而且有两间东房未在该证中载明。张某于 2014 年 3 月 18 日向该区人民政府提出书面申请，要求该区人民政府复核张某宅基地的范围及相邻关系，并按实际情况重新核发《宅基地使用证》。该区人民政府认为《宅基地使用证》载明正确无误，作出不予重新核发的决定。张某不服该决定，向该市人民政府提出行政复议，该市人民政府维持该区人民政府的决定，张某对该区人民政府提出行政诉讼。你作为该案的书记员，应当协助承办法官办理哪些相关事项？应制作哪些相应的法律文书？

2. 空白的文书样式，包括证据保全申请书等文书。

四、实训情境设计

1. 教师说明实训内容、目的和要求。

2. 教师提供相关背景资料，由学生分角色扮演模拟有关行政案件场景，办理庭审前行政案件证据保全、管辖权异议等其他事务的工作方法。

3. 教师对本次实训课进行总结，学生写出实训报告或心得。

附件

参考：《中华人民共和国行政诉讼法》、《最高人民法院关于执行〈中华人民共和国行政诉讼法〉若干问题的解释》、《最高人民法院关于行政诉讼证据若干问题的规定》。

学习任务四　庭审的准备

任务导入

星河造纸企业不服某市环保局行政处罚决定一案于半小时后开庭，书记员田某担任庭审记录。田某应做哪些准备？

任务分析：庭审的准备涉及的内容有：检查法庭设备，核对出庭人员的情况并记入笔录，宣布法庭纪律，请审判人员入庭。

基本知识

一、庭前准备

开庭审理前，书记员应当查明当事人和其他诉讼参与人是否到庭，宣布法庭纪律。开庭审理时，由审判长核对当事人，宣布案由，宣布审判人员、书记员名单，告知当事人有关的诉讼权利义务，询问当事人是否提出回避申请。

二、人民法院法庭规则

人民法院法庭规则是人民法院审判工作顺利进行的法律保障，是人民法院体现其权威性的重要保障，是每个参加法院审判活动的人必须遵守的法律准则，任何人不得违反，否则，将承担相应的法律责任。比如，对哄闹、冲击法庭，侮辱、诽谤、威胁、殴打审判人员等严重扰乱法庭秩序的人，依法追究刑事责任；情节较轻的，予以罚款、拘留。具体内容见民事审判书记员工作。

基本程序

一、检查法庭设备

步骤1：在开庭前的15分钟，检查法庭的当事人、审判人员等的标牌是否齐全和摆放位置是否正确，以及法槌摆放位置是否正确。

步骤2：在开庭前的15分钟，检查法庭的电子设备是否齐全和功能运转是否正常。

二、核对出庭人员的情况并记入笔录

步骤1：在开庭前的15分钟，宣布当事人及其诉讼代理人入庭，出庭人员就座后，查明当事人及其诉讼代理人到庭情况，核对当事人及其诉讼代理人身份及其证件。

步骤2：在开庭前的15分钟，核对证人、鉴定人、专家的到庭情况、身份及其证件，请其退席，等候传唤。

步骤3：当事人、其他诉讼参与人没有到庭的，书记员应将情况及时报告审判长，并由合议庭确定是否延期开庭审理或中止诉讼。

步骤4：公开开庭的，应当检查参加旁听的人员是否适合，是否有现场采访的记者。

如发现有未成年人（经批准的除外）、精神病人或醉酒的人以及其他不宜旁听的人旁听开庭的，应当请其退出法庭或者向审判长报告。

如发现有记者到庭采访，应当确认其是否办理审批手续，并向审判长报告。如未经获得批准，应当明确告知记者不得录音、录像或者摄影；但应当允许记者作为旁听人员参加旁听和记录。

三、宣布法庭纪律

检查工作完毕后，完成宣布法庭纪律的工作。

步骤1：书记员站到书记员席的位置。

步骤2：控制好法庭秩序后，宣读法庭纪律：

（1）不满18岁的未成年人，精神病人，酗酒的人，被剥夺政治权利、正在监外服刑犯和被监视居住、取保候审的人，不准参加旁听。

（2）旁听人员不准录音、录像和摄影。

（3）旁听人员不准进入审判区，不得随意走动。

（4）不准喧哗、鼓掌、吵闹和实施其他妨碍审判活动的行为。

（5）未经审判长的许可不准发言、提问。如对本法庭的审判活动有什么意见，可以在闭庭后用书面材料向本院提出。

（6）不准吸烟和随地吐痰。

（7）关闭所携带的手机等通信工具。

四、请审判人员入庭

审判人员必须已经在庭外就绪，才能请审判人员入庭。

步骤1：宣读法庭纪律后，书记员宣布："全体起立，请审判长、审判员（陪审员）入庭。"

步骤2：待合议庭成员坐定后，书记员宣布："请坐下。"

步骤3：审判人员入庭后，书记员向审判长报告出庭情况："报告审判长，本案的当事人及其他诉讼参与人已全部到庭，法庭准备就绪，请开庭审理。"

任务拓展

查阅有关法律文件和案例等相关材料，并结合法院工作实际情况，思考如何协助行政审判庭法官处理违反法庭秩序的突发事件？

实训设计

一、实训目的

通过训练，能够明确开庭审理前书记员的各项具体工作任务以及它们之间的先后顺序，能够在实务当中熟练运用司法礼仪。

二、实训内容

行政案件开庭审理前书记员的各项具体工作任务以及它们之间的先后顺序。

三、实训素材

1. 行政案件案例：2013 年 10 月 7 日，王某承包了泽田商城的空调安装工程，刘某是王某雇佣的工人。从 2013 年 10 月到 2014 年 3 月，王某欠刘某工资 6300 元，现工头王某不知去向。某市某区劳动和社会保障局依据劳动法的相关规定，限该单位于 2014 年 4 月 25 日前支付刘某双倍工资。拒不履行的，处 2000 元以上 20 000 元以下的罚款。泽田商城依法提起行政复议。经过复议，该区人民政府决定维持原处罚决定。该区劳动和社会保障局申请该区人民法院强制执行。在此期间，泽田商城有限公司对该区劳动和社会保障局的处罚决定提起行政诉讼。你作为本案的书记员，在到达法庭后应当做哪些准备工作？

2. 法庭规则文本。

四、实训情境设计

1. 教师说明实训内容、目的和要求。

2. 教师提供各个案例的背景资料，由学生分角色扮演模拟有关行政案件场景，核对诉讼参与人到庭情况，宣布法庭纪律，请审判人员到庭，向审判长报告开庭前的准备工作。

3. 教师对本次实训课进行总结，学生写出实训报告或心得。

附件

参考：《中华人民共和国行政诉讼法》、《中华人民共和国人民法院法庭规则》。

学习任务五　庭审笔录、合议笔录、审判委员会笔录

任务导入

赵某系美华服装公司的业务经理，2010 年 7 月 15 日受雇于美华服装公司。2013 年 3 月 21 日，赵某向某区人力资源和社会保障局反映情况，称自己从 2010 年开始在美华服装公司工作以来未安排其休年假和未支付加班工资。该区人力资源和社会保障局根据相关劳动法律规定，作出要求美华服装公司支付赵某的年休假工资、加班工资以及赔偿金的行政处理决定。美华服装公司不服处罚，以该区人力资源和社会保障局为被告向法院提起行政诉讼。

该案件开完庭后，合议时合议庭成员的意见有重大分歧，该案件被提交审判委员会讨论决定。你作为书记员，应如何制作庭审笔录、合议庭评议笔录、审判委员会讨论决定案件笔录？

任务分析：该部分涉及的内容主要有庭审笔录、合议庭评议笔录以及审判委员会笔录。

基本知识

一、有关一审的基本知识

（一）审理方式

《行政诉讼法》第 54 条规定，人民法院公开审理行政案件，但涉及国家秘密、个人隐私和法律另有规定的除外。涉及商业秘密的案件，当事人申请不公开审理的，可以不公开审理。

（二）视为撤诉

《行政诉讼法》第 58 条规定，经人民法院传票传唤，原告无正当理由拒不到庭，或者未经法庭许可中途退庭的，可以按照撤诉处理；被告无正当理由拒不到庭，或者未经法庭许可中途退庭的，可以缺席判决。

（三）不适用调解

《行政诉讼法》第 60 条规定，人民法院审理行政案件，不适用调解。但是，行政赔偿、补偿以及行政机关行使法律、法规规定的自由裁量权的案件可以调解。调解应当遵循自愿、合法原则，不得损害国家利益、社会公共利益和他人合法权益。

（四）审案的依据

《行政诉讼法》第 63 条第 1 款、第 2 款规定，人民法院审理行政案件，以法律和行政法规、地方性法规为依据。地方性法规适用于本行政区域内发生的行政案件。人民法院审理民族自治地方的行政案件，并以该民族自治地方的自治条例和单行条例为依据。

（五）规章的适用

《行政诉讼法》第 63 条第 3 款规定，人民法院审理行政案件，参照规章。

二、有关二审的基本知识

（一）全面审查

《最高人民法院关于执行〈中华人民共和国行政诉讼法〉若干问题的解释》第 67 条第 1 款规定，第二审人民法院审理上诉案件，应当对原审人民法院的裁判和被诉具体行政行为是否合法进行全面审查。

（二）二审审理方式

1.《行政诉讼法》第 86 条规定，人民法院对上诉案件，应当组成合议庭，开庭审理。经过阅卷、调查和询问当事人，对没有提出新的事实、证据或者理由，合议庭认为不需要开庭审理的，也可以不开庭审理。

2.《最高人民法院关于执行〈中华人民共和国行政诉讼法〉若干问题的解释》第 67 条第 2 款规定，当事人对原审人民法院认定的事实有争议的，或者第二审人民法院认为原审人民法院认定事实不清楚的，第二审人民法院应当开庭审理。

三、有关再审的基本知识

《最高人民法院关于执行〈中华人民共和国行政诉讼法〉若干问题的解释》第 76 条规定，人民法院按照审判监督程序再审的案件，发生法律效力的判决、裁定是由第一审人民法院作出的，按照第一审程序审理，所作的判决、裁定，当事人可以上诉；发生法律效力的判决、裁定是由第二审人民法院作出的，按照第二审程序审理，所作的判决、裁定是发生法律效力的判决、裁定；上级人民法院按照审判监督程序提审的，按照第二审程序审理，所作的判决、裁定是发生法律效力的判决、裁定。人民法院审理再审案件，应当另行组成合议庭。

基本程序

一、庭审笔录

步骤1：记录庭审情况。应记录的内容包括：

（1）审判长、合议庭成员在庭审不同阶段先后向当事人所宣布、告知、询问的内容以及当事人回答、陈述、质证、辩解的内容。

（2）出示物证、书证、证人证言和视听资料等项证据以及当事人对各项证据表示的意见。

（3）当庭调解情况。

步骤2：及时核对庭审笔录与签名。

书记员负责监督当事人和其他诉讼参加人核签笔录，应当向当事人和其他诉讼参与人当庭宣读，也可以告知当事人和其他诉讼参与人当庭阅读或者5日内阅读。当事人和其他诉讼参与人核对无误后，由当事人和其他诉讼参与人签名或盖章。对于当事人和其他诉讼参与人认为自己的陈述记载有遗漏或差错，请求补充或修正的，记录员应将查阅的情况在笔录上注明并报请审判员决定，如果同意，记录员可以对笔录加以修正；如果不同意，记录员可将当事人及其他诉讼参与人的意见和审判员不同意修正的理由一并记录附卷。如当事人或其他诉讼参加人拒不签字，应记录下来，记明情况附卷。

庭审笔录经审判长审阅后与书记员共同签名。

二、记录合议庭评议

步骤1：记录合议庭评议的情况。

（1）评议时间、地点、合议庭成员。

（2）案由、当事人情况。

（3）合议庭成员对案件认定事实、采信证据和适应法律所发表的意见、理由和依据。

（4）合议庭评议结果。

（5）合议庭成员意见或保留意见。

评议中的不同意见，书记员应如实记入笔录。

步骤2：及时核对合议庭评议笔录与组织合议庭成员在评议笔录上签名。

步骤3：合议庭评议情况保密。

三、记录审判委员会讨论的案件

步骤1：记录审判委员会讨论的情况。

（1）讨论时间、地点、主持人、与会人员、列席人员、记录人、汇报案件的审判人员。

（2）案由、当事人情况。

（3）审判人员汇报的案件事实和合议庭评议的结果。

（4）各位委员和列席人员在讨论中发表的意见或保留的意见及各位委员的表决。

步骤2：及时核对审判委员会讨论笔录，由各审判委员会委员审阅无误后签名。

任务拓展

1. 查阅有关法律文件和案例等相关材料，并结合法院工作实际情况，思考并掌握行政案件撤诉的工作任务程序。

2. 查阅有关法律文件和案例等相关材料，并结合法院工作实际情况，思考并掌握行政案件中止诉讼、终结诉讼的工作任务程序。

实训设计

一、实训目的

通过训练，能够掌握行政案件的庭审笔录与合议庭评议笔录制作的基本要领，及其整理、核对与签字的方法，并可以应对庭审过程中出现的突发情况。

二、实训内容

行政案件的庭审笔录与合议庭评议笔录制作，及其整理、核对与签字。

三、实训素材

1. 行政案件案例：丁某某在某市某区的夜市上做卖麻辣串的生意，该区综合执法局以丁某某无证照违法经营为由扣押了丁某某的汽车和用于违法经营的工具等物品，并作出5万元的行政处罚。执法人员告知丁某某作出处罚的依据是

《无照经营查处取缔办法》的第 2 条规定，而执行依据是《无照经营查处取缔办法》第 9 条第 5 项的规定。随后综合执法局出具了行政执法检查表，又依据《无照经营查处取缔办法》第 14 条第 1 款的规定作出了处罚决定。丁某某不服该处罚决定，向法院提起行政诉讼。你作为本案的书记员，如何做好开庭记录工作？

2. 行政案件的庭审笔录与合议庭评议笔录制作所需的计算机、打印设备、电子文档，以及签字所需的笔和印泥。

四、实训情境设计

1. 教师说明实训内容、目的和要求。

2. 教师提供各个案例的背景资料，由学生分角色扮演模拟有关行政案件场景，制作庭审与合议记录。

3. 教师对本次实训课进行总结，学生写出实训报告或心得。

附件

参考：《中华人民共和国行政诉讼法》、《最高人民法院关于执行〈中华人民共和国行政诉讼法〉若干问题的解释》。

学习任务六　辅助法庭宣判的工作

任务导入

美华服装公司不服某区人力资源和社会保障局行政处罚决定一案，合议庭评议后决定另定日期宣判，田某作为书记员，应当如何协助合议庭宣判？

任务分析：辅助法庭宣判的工作涉及的内容包括协助裁判文书的制作与校对、制作法庭宣判的笔录及宣布退庭等。

基本知识

一、缺席判决

《行政诉讼法》第 58 条规定，经人民法院传票传唤，原告无正当理由拒不到庭，或者未经法庭许可中途退庭的，可以按照撤诉处理；被告无正当理由拒不到庭，或者未经法庭许可中途退庭的，可以缺席判决。

二、宣判

人民法院对公开审理或者不公开审理的案件，一律公开宣告判决。宣告判决时，必须告知当事人上诉权利、上诉期限和上诉的法院。

基本程序

一、协助裁判文书的制作与校对

步骤1：除承办法官制作的裁判文书外，书记员协助承办法官制作简单的裁定书，如保全裁定书、管辖权异议裁定书等。

步骤2：协助承办法官校对裁判文书，并打印。

二、法庭宣判的笔录及其宣布退庭

步骤1：经合议庭评议后，决定当庭宣判的。当庭宣判的笔录应当记明审判长的宣判内容及其依据。

步骤2：经合议庭评议后，决定定期宣判的。定期宣判的笔录应当记明：

（1）案由、宣判时间、地点和旁听人数。

（2）合议庭组成人员、书记员的姓名。

（3）到庭当事人的姓名、身份。

（4）宣读的判决书、裁定书的编号。

（5）当事人表示的态度、意见和要求。

步骤3：宣判笔录应当由当事人签名盖章，审判人员、书记员签名。

步骤4：在审判长宣布闭庭后，书记员应当宣布退庭，即宣布"全体起立，请合议庭成员退庭"。

任务拓展

1. 查阅有关法律文件和案例等相关材料，并结合法院工作实际情况，思考并掌握提高行政案件裁判文书制作的规范性、效率性的方法。

2. 查阅有关法律文件和案例等相关材料，并结合法院工作实际情况，思考并掌握提高行政案件裁判文书校对正确性、效率性的方法。

实训设计

一、实训目的

通过训练，能够掌握行政案件的裁判文书的制作与校对的基本要领，辅助法庭宣判的工作。

二、实训内容

行政案件的裁判文书的制作与校对，辅助法庭宣判的工作。

三、实训素材

1. 行政案件案例：个体出租车司机李某某，在营运过程中，在胜利街由西向东行驶至中心医院前与骑电动车的胡某相撞，发生交通事故。市交警支队某大队以调查取证为由，查扣李某某正在营运的出租车 21 天之久。为此，李某某以该交警大队违法查扣车辆为由，提起行政诉讼，诉请依法确认被告扣押行为违法，并赔偿损失 5300 元。作为书记员，应当如何制作与校对裁判文书？在开庭宣判前应当注意哪些事项？宣判后应当告知当事人哪些注意事项？

2. 行政案件的裁判文书的制作与校对的计算机、打印设备。

四、实训情境设计

1. 教师说明实训内容、目的和要求。

2. 教师提供各个案例的背景资料，由学生分角色扮演模拟有关行政案件场景，进行裁判文书的制作与校对。

3. 教师对本次实训课进行总结，学生写出实训报告或心得。

附件

参考：《中华人民共和国行政诉讼法》、《最高人民法院关于执行〈中华人民共和国行政诉讼法〉若干问题的解释》。

学习任务七　　送达裁判文书

任务导入

美华服装公司不服某区人力资源和社会保障局行政处罚决定一案，在定期宣判后，田某作为书记员，应当如何向双方当事人送达判决书？如果一审宣判以后，田某由于还有其他事务性工作，导致在半个月内判决一直未予送达。请问：田某的行为是否符合法律规定？在工作中若多项工作相互冲突时，如何解决？

任务分析：送达裁判文书分为两种情况，分别为当庭宣判的裁判文书的送达和定期宣判的裁判文书的送达。

基本知识

人民法院裁判文书的送达分为两种情况，分别为当庭宣判的裁判文书的送达和定期宣判的裁判文书的送达。当庭宣判的案件，应当在十日内发送判决书；定期宣判的案件，应当提前三日发布宣判公告，法院宣判后应当立即将判决书送达当事人。

基本程序

送达裁判文书。

步骤1：当庭宣判的裁判文书，应当在宣判后10日内向当事人及其他诉讼参与人送达。

步骤2：定期宣判的裁判文书，应当当庭向当事人及其他诉讼参与人送达。

注意：送达回证的办理是以上所有案件法律文书送达的最后的必经程序。在以上案件法律文书送达的同时，审判庭、审监庭书记员将送达回证送达受送达人签收。审判庭、审监庭书记员取回已经签收的送达回证归卷。

任务拓展

通过查阅相关资料和咨询法院书记员，考察当庭宣判的行政案件裁判文书，法院如何运用各种送达方式，最常用的方式是什么。

实训设计

一、实训目的

通过训练，能够掌握行政案件裁判文书的送达方法。

二、实训内容

行政案件裁判文书的送达方式和途径。

三、实训素材

1. 行政案件案例：刘某是某省某县人，2014 年 3 月 3 日，其驾驶一辆当地车牌号的微型"五菱"面包车到某市看望舅舅和妹妹，临行时，同村的张某夫妇也一同搭乘该车来该市。当车行至该市某区建设路十字路口时，被一人拦住检查营运证，随后过来一辆标有"中国公路"字样的车辆，挡住了刘某的去路。之后，从车上下来的几个人将刘某的车辆和一行人带回征费所。在此过程中，执法人员认为刘某来该市是张某夫妇花钱雇佣其车辆，刘某系非法营运。执法人员只交给刘某一张没有时间、也没让其签字的《道路运输车辆暂扣凭证》，便将车扣留。对于这一系列行为，刘某觉得心里憋屈，认为执法人员在整个过程中不以事实为依据，不进行调查，不遵守法定执法程序，侵犯了其合法权益，遂将该执法单位某市道路运输管理局诉至法院。作为书记员，你认为当庭宣判的文书如何填写和送达？定期宣判的文书如何填写和送达？

2. 行政案件的各种裁判文书。

四、实训情境设计

1. 教师说明实训内容、目的和要求。

2. 教师提供相关背景资料，由学生分角色扮演模拟有关的案件场景，进行各种行政案件裁判文书的送达方式和途径的演练。

3. 教师对本次实训课进行总结，学生写出实训报告或心得。

附件

参考：《中华人民共和国行政诉讼法》、《最高人民法院关于执行〈中华人民共和国行政诉讼法〉若干问题的解释》。

学习任务八　　办理报结、报送、退卷、执行

任务导入

美华服装公司不服某区人力资源和社会保障局行政处罚决定一案，双方当事

人收到判决书后，美华服装公司不服判决提起上诉。田某作为书记员，如何办理上诉事宜？

任务分析：办理报结、报送、退卷、执行涉及的内容为办理报结、办理上诉案件的报送、办理上诉案件的退卷、办理生效裁判的移送执行等内容。

基本知识

一、受理上诉

《最高人民法院关于执行〈中华人民共和国行政诉讼法〉若干问题的解释》第66条规定，当事人提出上诉，应当按照其他当事人或者诉讼代表人的人数提出上诉状副本。原审人民法院收到上诉状，应当在5日内将上诉状副本送达其他当事人，对方当事人应当在收到上诉状副本之日起10日内提出答辩状。原审人民法院应当在收到答辩状之日起5日内将副本送达当事人。原审人民法院收到上诉状、答辩状，应当在5日内连同全部案卷和证据，报送第二审人民法院。已经预收诉讼费用的，一并报送。

二、审限

（一）一审审限

《行政诉讼法》第81条规定，人民法院应当在立案之日起6个月内作出第一审判决。有特殊情况需要延长的，由高级人民法院批准，高级人民法院审理第一审案件需要延长的，由最高人民法院批准。

（二）二审审限

《行政诉讼法》第88条规定，人民法院审理上诉案件，应当在收到上诉状之日起3个月内作出终审判决。有特殊情况需要延长的，由高级人民法院批准，高级人民法院审理上诉案件需要延长的，由最高人民法院批准。

基本程序

一、办理报结

步骤1：填制结案登记册，填写处理结果和结案日期，录入案件审判流程管理系统。

步骤2：将审判员填写的结案卡片收集、保管好，完成案件的报结工作。

二、办理上诉案件的报送

步骤1：接收上诉状与送达上诉状副本。
步骤2：接收答辩状与送达答辩状副本。
步骤3：将全部案卷、证据、上诉移送函报送第二审人民法院审查。

三、办理上诉案件的退卷

步骤：二审案件结案后，应填写委托宣判函、退卷函，与二审判决书（裁定书）、送达回证、宣判笔录、原审卷宗一并退回原审法院。

四、办理生效裁判的移送执行

步骤：人民法院的裁判生效后，将生效裁判书、移送执行书、当事人的申请书移送执行庭执行。

任务拓展

查阅相关材料，并结合法院工作实际情况，思考并掌握不能按期审结的行政案件，审判庭书记员的工作任务程序。

实训设计

一、实训目的

通过训练，能够掌握行政案件有关诉讼费用的结算、办理上诉、调卷、退卷、执行等事务。

二、实训内容

有关诉讼费用的结算、办理上诉、调卷、退卷、执行等事务。

三、实训素材

1. 行政案件案例：李某是某市星海公司雇佣的促销员。2013年9月30日李某上晚班，晚10点下班后，李某骑电动车沿建设路由南向北行至建设路胜利街口南 50 米被同一方向的一轿车撞倒，肇事轿车逃逸，李某送往医院抢救无效死亡。2014 年 1 月 8 日，李某家属向该市某区劳动和社会保障局提出工伤认定申请，该区劳动和社会保障局于 2014 年 2 月 27 作出《工伤认定决定书》，依据《工伤保险条例》第 14 条第 6 项之规定，认定李某为因工死亡。某市星海公司不服该区劳动和社会保障局作出的《工伤认定决定书》，向该市劳动和社会保障局提出复议。该市劳动和社会保障局决定维持该区劳动和社会保障局作出的《工伤认定决定书》中的工伤认定结论。星海公司不服，提起行政诉讼。作为书记员，案件审结后，应当如何报结？

2. 行政案件的上诉、调卷、退卷、执行等文书。

四、实训情境设计

1. 教师说明实训内容、目的和要求。

2. 教师提供相关背景资料，由学生分角色扮演模拟有关行政案件案件场景，进行诉讼费用的结算、办理上诉、调卷、退卷、执行等事务的演练。

3. 教师对本次实训课进行总结，学生写出实训报告或心得。

附件

参考：《中华人民共和国行政诉讼法》、《最高人民法院关于执行〈中华人民共和国行政诉讼法〉若干问题的解释》。

学习任务九 案卷整理归档

◎ 任务导入

某市中级人民法院的张法官需要书记员田某将近期审理的一批案件整理归档。田某整理归档的行为有：

1. 将没有原件的复印件归入案卷。

2. 将摘录、复制的材料注明来源、名称、日期后归入案卷。

3. 将有关赃款、赃物等物证和诉讼费用的处理材料归入案卷。

4. 将案卷材料排列时，部分材料的顺序为法定代表人及诉讼代理人的身份证明及授权授权书、受理案件通知书、询问调查笔录及调查取证材料、应诉通知书回执、缴纳诉讼费通知及预收收据、答辩状及附件。

5. 验收时，由于档案部门接受人临时有事，田某代其签字。

请问：以上田某整理归档的行为存在哪些问题？

任务分析：案卷整理归档涉及的内容为立卷、配合案卷评查和案卷归档。

基本知识

案卷整理归档的基本知识。具体内容见法院诉讼文书管理工作。

基本程序

一、立卷

步骤 1：收集整理案卷材料。

步骤 2：按照法定审判程序的顺序排列案卷材料。

步骤 3：立卷编目。

步骤 4：装订卷宗。

二、配合案卷评查

对于案卷评查的办法和标准而言，我国人民法院有各自的规定，基本上都涉及三方面，分别为程序方面、实体方面和文书卷宗方面。程序方面主要涉及程序是否合法。实体方面包括：事实认定是否清楚，证据是否充分，定性是否准确，适用法律是否正确，法律文书的制作是否规范，裁判结果是否公正。文书卷宗方面主要涉及卷宗材料是否齐全，装订是否规范。

步骤 1：将已装订的卷宗移交法院评查部门进行评查。

步骤 2：如果卷宗评查合格，审判庭书记员才能进行案卷归档；如果卷宗评查不合格，审判庭书记员纠正后，将卷宗移交法院评查部门再进行评查。

三、案卷归档

步骤 1：案件结案后 3 个月内由书记员编写归档清册。

步骤 2：向档案管理部门移交归档。

任务拓展

1. 查阅有关法律文件和案例等相关材料，并结合法院工作实际情况，思考并掌握行政案件立卷编目的方法。

2. 查阅有关法律文件和案例等相关材料，并结合法院工作实际情况，思考并掌握装订行政案件卷宗的方法。

3. 查阅有关法律文件和案例等相关材料，并结合法院工作实际情况，思考并掌握提高行政案件的案卷评查合格率的方法。

实训设计

一、实训目的

通过训练，能够掌握行政案件案卷的整理装订，并能对行政案件案卷进行正确的归档。

二、实训内容

行政案件案卷的整理装订，并能对行政案件案卷进行正确的归档。

三、实训素材

1. 行政案件案例：郝某系某市某区村民，郝某的宅基地临街。2012 年 5 月 7 日，郝某在原先住宅的旁边建造两间房屋，作为商铺。2013 年 12 月 26 日，该区城管局在巡查过程中发现郝某的违法建筑物，因当时无法找到郝某，2014 年 1 月 3 日，该区城管局便在郝某所建住宅外墙张贴一份《某区城市管理行政执法行政处罚事先告知书》，后又于同年 1 月 7 日在相同位置张贴一份《某区城市管理行政执法行政处罚决定书》。郝某当时已知晓某区城管局拟作出的处罚，但置之不理。2014 年 1 月 15 日，该区城管局组织人员将郝某所建房屋拆除。郝某于 2014 年 1 月 16 日以该区城管局为被申请人向该区人民政府申请行政复议，要求确认该区城管局作出并执行的处罚决定书的具体行政行为违法并向郝某赔偿房屋被拆除的损失 27 万元。2014 年 2 月 26 日，该区政府作出维持该区城管局所作具体行政行为的决定。郝某不服，向法院提起行政诉讼。作为书记员，应当如何立卷和归档？案卷整理过程当中，应当注意哪些事项？

2. 行政案件的卷宗材料各一份，案卷装订工具若干。

四、实训情境设计

1. 教师说明实训内容、目的和要求。

2. 教师提供各个案例的背景资料，由学生分角色扮演模拟有关行政案件场景进行案卷整理与装订。

3. 教师对本次实训课进行总结，学生写出实训报告或心得。

附件

参考：《人民法院诉讼文书立卷归档办法》、《人民法院诉讼档案管理办法》、《关于人民法院诉讼档案保管期限的规定》、《人民法院诉讼档案保管期限表》。

参考文献

著作：

1. 沈宗灵主编：《法理学》，北京大学出版社 2000 年版。

2. 傅名剑：《法院诉讼档案管理实务》，人民法院出版社 2006 年版。

3. 张明丽：《书记员工作原理与实务》，法律出版社 2009 年版。

4. 华关祥主编：《书记员工作实务技能》，人民法院出版社 2013 年版。

5. 彭建新、何成兵编著：《书记员工作原理与实务》，中国政法大学出版社 2007 年版。

6. 杨凯：《书记员和法官助理职业技能培训教程》，人民法院出版社 2011 年版。

7. 江必新主编：《〈最高人民法院关于适用《中华人民共和国刑事诉讼法》的解释〉理解与适用》，中国法制出版社 2013 年版。

8. 彭建新、韩艳主编：《法院书记员工作实务》，华中科技大学出版社 2011 年版。

期刊论文：

1. 牛志红："浅谈诉讼档案"，载《公安与司法研究·新疆公安司法管理干部学院学报》1998 年第 3 期。

2. 许光丽："浅谈诉讼档案在审判工作中的作用"，载《法律文献信息与研究》2004 年第 3 期。

3. 张苏婷："基层法院诉讼档案工作之我见"，载《兰台世界》2013 年 S3 期。

4. 常兰会："人民法院诉讼档案形成规律研究"，2010 年广西民族大学硕士学位论文。

其他：

1. 张洪江："浅谈庭审笔录规范化制作"，载天津法院网，http：//tjfy. chinacourt. org/public/detail. php？id = 17749.

2. 廖超光："浅谈庭审笔录几点方法与技巧"，载中国法院网，http：//www. chinacourt. org/article/detail/2007/05/id/248514. shtml.

图书在版编目（ＣＩＰ）数据

法院书记员工作实务/许文海主编.—北京：中国政法大学出版社，2015.2（2024.1重印）
ISBN 978-7-5620-5909-7

Ⅰ. ①法… Ⅱ. ①许… Ⅲ. ①法院－书记员－工作－中国 Ⅳ. ①D926.2

中国版本图书馆CIP数据核字(2015)第030696号

出　版　者	中国政法大学出版社
地　　　址	北京市海淀区西土城路 25 号
邮　　　箱	fadapress@163.com
网　　　址	http://www.cuplpress.com (网络实名：中国政法大学出版社)
电　　　话	010-58908435(第一编辑部) 58908334(邮购部)
承　　　印	固安华明印业有限公司
开　　　本	720mm×960mm　1/16
印　　　张	19.5
字　　　数	360 千字
版　　　次	2015 年 2 月第 1 版
印　　　次	2024 年 1 月第 4 次印刷
定　　　价	39.00 元